智慧商业
创新型人才培养系列教材

# 智能物流设施与设备

主　编◎高贺云　张翠花
副主编◎徐丽蕊　朱鑫彦　王晓伟　赵　彧
主　审◎贺彩玲

人民邮电出版社
北　京

图书在版编目（ＣＩＰ）数据

　　智能物流设施与设备：慕课版 / 高贺云，张翠花主编. -- 北京：人民邮电出版社，2025.1
　　智慧商业创新型人才培养系列教材
　　ISBN 978-7-115-64361-2

　　Ⅰ. ①智… Ⅱ. ①高… ②张… Ⅲ. ①智能技术－应用－物流－设备管理－高等职业教育－教材 Ⅳ.
①F253.9-39

中国国家版本馆CIP数据核字(2024)第091233号

## 内 容 提 要

　　物流行业属于服务行业，快速高效地完成各项物流活动是物流行业的重中之重，而智能物流设施与设备的应用对物流活动的实践起到极其重要的作用。本书系统地介绍了物流行业中常见的各类智能设施与设备，主要内容包括配送中心作业设备、港口企业作业设备、运输作业设备、物流设备管理。

　　本书内容新颖、讲解透彻，既可作为本科院校、职业院校现代物流管理、供应链管理、物流工程等物流相关专业的教材，也可供广大物流行业研究人员和从业人员学习和参考。

◆ 主　　编　高贺云　张翠花
　　副 主 编　徐丽蕊　朱鑫彦　王晓伟　赵　彧
　　责任编辑　侯潇雨
　　责任印制　王　郁　彭志环
◆ 人民邮电出版社出版发行　　北京市丰台区成寿寺路 11 号
　　邮编　100164　电子邮件　315@ptpress.com.cn
　　网址　https://www.ptpress.com.cn
　　三河市兴达印务有限公司印刷
◆ 开本：787×1092　1/16
　　印张：13.75　　　　　　　　　2025 年 1 月第 1 版
　　字数：399 千字　　　　　　　2025 年 1 月河北第 1 次印刷

定价：54.00 元

读者服务热线：(010)81055256　印装质量热线：(010)81055316
反盗版热线：(010)81055315
广告经营许可证：京东市监广登字 20170147 号

# 前言

党的二十大报告提出"实施科教兴国战略，强化现代化建设人才支撑"。物流行业人才培养应该朝着数字化、智能化的方向发展。物流职业教育教材的改革应响应国家对职业教育教材改革的号召，在校企合作的基础上，结合物流企业生产实际，以工作过程模块化、系统化为导向，配合信息化教学手段，形成以任务驱动式、混合式教学为主要教学模式的教材体系。在这样的背景下，现代物流管理专业一线教师与物流行业专家一起，共同编写出这本新型教学模式下的特色教材——《智能物流设施与设备（慕课版）》。

**本书编写特色**

● 案例引导、层级式递进。本书由两大部分构成，第一部分为基本操作模块，主要包含学习情境一、二、三；第二部分为业务提升模块，即学习情境四。基本操作模块将企业实际工作过程进行模块化划分，教授学生基本知识，培养学生相关的专业技能与基本素质。业务提升模块的内容符合学生学习、认知的规律，由操作到管理，帮助学生实现可持续发展。

● 任务驱动式、混合式教学。本书结合精品在线开放课资源，开展任务驱动式教学，并利用线下课堂与线上教学资源实现课前、课中、课后融合，课内与课外融合；同时按照企业实际作业流程设计教学项目，使学生在完成具体项目的过程中学会相应的知识，提升相应的职业能力，掌握相应的操作技能。

● 模块丰富、立德树人。本书配合专业知识讲解增加"做一做""想一想"等板块，每个项目后引入"素养园地"，将技能与素养结合，促进学生德智体美劳全面发展。

**本书编写组织**

本书编写工作由现代物流管理专业的一线教师和行业专家共同编写完成。陕西工业职业技术学院高贺云、陕西工业职业技术学院张翠花负责策划并担任主编，陕西工业职业技术学院贺彩玲担任主审。编写具体分工如下：学习情境一中的项目一，以及项目二的任务一、任务二由陕西工业职业技术学院徐丽蕊编写；学习情境一中项目二的任务三由张翠花编写；学习情境一中项目二的任务四由中国诚通供应链服务有限公司唐安宁编写；学习情境一中的项目三由陕西服装工程学院王艳编写；学习情境一中的项目四由陕西工业职业技术学院赵彧编写；学习情

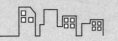

境二中的项目五由高贺云编写；学习情境二中的项目六由陕西工业职业技术学院雷淑珍编写；学习情境三由陕西工业职业技术学院王晓伟编写；学习情境四由陕西工业职业技术学院朱鑫彦编写。

　　尽管我们在编写过程中力求准确、完善，但书中可能还有不足之处，恳请广大读者批评指正，在此深表谢意！

编者

2024年10月

# 目录

# 学习情境一
## 配送中心作业设备

### 【情境描述】

　　配送中心是为了提供完善的配送服务而设立的经营组织，其核心职能是通过集货、储存、分拣、配货、运输等环节完成配送。配送中心货物运营的基本流程如下：供应商将货物送到配送中心后，配送中心经过接收货物、核对采购计划、进行货物检验等程序，将货物分别送到不同区域与位置的货架存放。当下游客户提出要货计划后，配送中心根据各客户的订单进行货物的分拣和配货，然后出库送货。尽管配送中心类型很多，但是不同类型配送中心的作业流程大同小异，其典型作业流程主要包括接货入库、上架储存、分拣配货、出库送货。

　　本部分内容教导学习者如何正确运用配送中心的各种物流设备完成配送任务，并让学习者按照配送中心的典型作业流程进行4个项目的学习。这4个项目分别是接货入库作业设备、上架储存作业设备、智能分拣配货作业设备、智能出库作业设备。

> **想一想**
> 　不同类型、不同规模的配送中心在物流设备配置上有哪些区别？配送中心的设备配置跟哪些因素有关？

### 【任务导入】

　　海尔集团在全国各地建有40多个配送中心，这些配送中心构成了海尔集团市场和客户需要的物流网络，并为管理系统提供了及时、准确的物流数据，实现了高效、准确、及时的数据采集和管理。假如你是海尔集团配送中心新入职的员工，请在熟悉配送中心的业务流程、设施设备的操作和各岗位的工作内容后，完成以下任务。

　　建议分小组完成，每个小组3~4人最佳，也可适当调整；根据所在区域，选择特定的配送中心作为调研对象；可以采用网络查询或者现场考察的方式，收集相关信息，并进行筛选、分析；小组讨论、分析问题，得出结论，并进行汇报。

　　1. 配送中心的作业设备有哪些？

_____

_____

_____

_____

_____

　　2. 搜集各类托盘、叉车、货架、仓库、分拣设备和输送设备的图片和视频，认识并对其进行分类、整理。

_____

_____

_____

_____

_____

3. 如何规范操作配送中心的作业设备，并做好日常的保养和维护工作？

_____

_____

_____

_____

_____

_____

# 项目一

# 接货入库作业设备

接货入库作业是仓库和配送中心入库作业的重要内容。对于常见的箱装货物，完成接货入库作业要用到哪些物流设备呢？

很多货物通常是装在托盘上用货车送到配送中心的，开展接货入库作业时，一般都是先采用叉车卸货，然后再进行验收，货物验收合格后用托盘搬运车或者叉车送入相应储存区。对于那些没有装在托盘上的货物，通常需要先把货物放置在托盘上，这被称为组托作业或码盘作业，以便于装卸搬运和储存。本项目的任务就是教授学习者如何正确运用托盘、叉车等设备对货物进行装卸、搬运和储存，完成接货入库作业。完成本项目的学习后，学习者应该达成以下学习目标。

 【学习目标】

### 知识目标

1. 熟悉托盘的种类、基本构造、正确使用与维护方法；
2. 掌握托盘货物的堆码方式和防塌措施，以及托盘的标准化；
3. 掌握叉车的概念、分类、优点和主要技术参数；
4. 熟悉常用的典型叉车和叉车的多功能属具。

### 能力目标

1. 能够正确选用托盘进行组托作业；
2. 能够对托盘货物采取正确的防塌措施；
3. 具有驾驶叉车进行装卸、搬运和储存作业的能力；
4. 初步具有管理叉车的能力。

### 德育目标

1. 培养安全意识；
2. 培养爱岗敬业的精神；
3. 培养规范作业的能力；
4. 培养吃苦耐劳的品质。

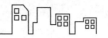

 **托盘的使用与维护**

 **【课前讨论】**

　　西安新杰家电配销有限公司（简称"新杰公司"）成立于2016年8月，是一家主要从事家电产品仓储、销售的企业。其供应商为国内多个家电生产厂家，客户则主要为一些同城家电批发商。2021年10月15日10时，新杰公司订购的货物到达仓储中心卸货区，等待入库。新杰公司入库通知单如表1-1所示。

表1-1　新杰公司入库通知单

编号：P2010515R01　　　　　　　　　　　　　　　　　　　　　　业务单号：R20210515-01

| 序号 | 供应商 | 商品名称 | 单位 | 数量 | 单价/元 | 金额/元 |
|------|--------|----------|------|------|---------|---------|
| 1 | 联想电脑公司 | 联想液晶显示器 | 台 | 24 | 1100.00 | 26400.00 |
| 2 | 方正电脑公司 | 方正显示器 | 台 | 12 | 800.00 | 9600.00 |
| | | | | | | |
| 总计 | | 人民币大写：叁万陆仟圆整 | | | | 36000.00 |

经办人：　　　　　　　　　　　　　　部门主管：

　　方正显示器的规格为600mm×400mm×200mm，联想液晶显示器的规格为526mm×388mm×172mm，请选择适宜的标准托盘对上述货物进行组托和入库验收作业。

　　实施建议：

　　1. 根据班级具体情况，分小组或个人在智慧树平台进行讨论、分析；

　　2. 在课堂上展示讨论结果，小组互评或教师点评；

　　3. 教师依据课前讨论情况反映的预习效果，调整授课重点。

> **想一想**
>
> 怎样进行安全规范的组托作业？

 **【任务描述】**

　　托盘曾被单一地看作包装附属物，其功能仅被限定在装卸搬运环节。近年来，物流行业在我国持续发展，托盘作为"活动的平台""可移动的地面"，在包装、运输、仓储、配送等其他物流活动中的功效十分突出；尤其是在"托盘一贯化运输""门到门"物流服务中，托盘更显示出不可替代的地位，成为现代物流与供应链的"宠儿"。

　　我国托盘业发展迅猛，托盘集装化、一贯化已经成为提升物流效率、降低物流成本的重要手段。那么，托盘究竟有何"神奇"特点？其结构如何？又该如何正确使用与维护呢？这就是本学习任务要解决的主要问题。通过完成"托盘的使用与维护"这一学习任务，学习者应能够说出常见托盘的类别；根据货物的不同，选用合适的托盘并采用合理的码盘方法；对码好盘的托盘货物采取合理的紧固措施，防止货物倒塌；对托盘进行正确的使用、维护和简单的修理。

 **【知识学习】**

## 一、托盘的概念

　　为了使物品能有效地装卸、运输、保管，我们往往需要将其按一定数量组合放置于一定形状的台面上。这种台面有供叉车从下部叉入并将台板托起的叉入口，以这种结构为基本结构的平板、台板和在这种基本结构基础上形成的各种形式的集装

<br>视频<br>托盘简介

器具，都可称为托盘。

托盘是一种重要的集装器具，是为适应物流领域的装卸机械化而发展起来的。托盘的发展可以说与叉车的发展同步。叉车与托盘的共同使用，形成了有效的装卸系统，从而使装卸机械化水平大幅度提高。据统计，若要把1000件单件质量为25kg的非集装货物移动60m后再码成货垛，若由1人使用搬运车操作，每车装10件，完成这一作业需要23.2h，而使用托盘与叉车集装搬运仅需0.8h，效率提高了29倍。

## 二、托盘的分类

托盘装载货物的种类千差万别，与之相适应的托盘种类也多种多样。按照构造的不同，托盘可分为平托盘、柱式托盘、箱式托盘、轮式托盘和其他托盘，如图1-1所示。

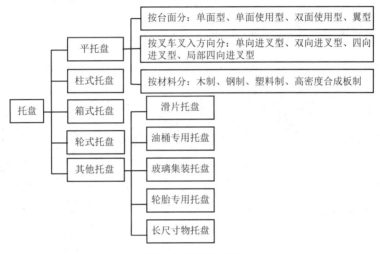

图1-1 托盘的分类

### 1. 平托盘

（1）平托盘的构造与分类。我们一般所说的托盘，主要是指平托盘。平托盘没有上部结构，是使用量最大的托盘，属于通用型托盘，其中木制平托盘是应用最为广泛的托盘。木制平托盘由铺板和纵梁两部分组成。平托盘的构造如图1-2所示。平托盘的类型如表1-2所示。

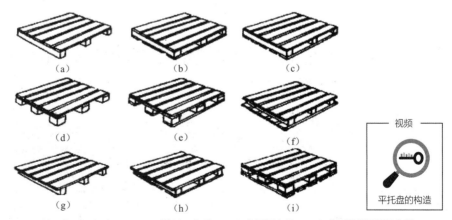

（a）单面双向型　（b）单面使用双向型　（c）双面使用双向型　（d）单面四向型　（e）单面使用局部四向型
（f）双面使用翼型　（g）单面单翼双向型　（h）单面使用单翼型　（i）双面使用双翼局部四向型

图1-2 平托盘的构造

表1-2　平托盘的类型

| 划分依据 | 名称 | 图例 | 说明 |
|---|---|---|---|
| 按台面不同划分 | 单面型托盘 | 图1-2（a）<br>图1-2（d）<br>图1-2（g） | 只有一面铺板的平托盘 |
| | 单面使用型托盘 | 图1-2（b）<br>图1-2（e）<br>图1-2（h） | 上下两面都有铺板，但有一面的铺板比较稀疏，仅能用一面堆码与载货的平托盘 |
| | 双面使用型托盘 | 图1-2（c）<br>图1-2（f）<br>图1-2（i） | 上下两面有相同的铺板，任何一面均可以用来堆码货物的平托盘 |
| | 翼型托盘 | 图1-2（f）<br>图1-2（g）<br>图1-2（h）<br>图1-2（i） | 铺板长度超出纵梁，可配合吊车使用的平托盘 |
| 按叉车插入方向不同划分 | 双向进叉型托盘 | 图1-2（a）<br>图1-2（b）<br>图1-2（c）<br>图1-2（g） | 仅允许叉车、托盘搬运车和托盘堆垛机从两个相反方向进叉的托盘 |
| | 四向进叉型托盘 | 图1-2（d） | 允许叉车、托盘搬运车和托盘堆垛机从四个方向进叉的托盘 |
| | 局部四向进叉型托盘 | 图1-2（e）<br>图1-2（i） | 允许叉车四向进叉，托盘搬运车和托盘堆垛机只能从两个方向进叉或不能进叉的托盘 |

**做一做**

到仓库或配送中心进行实地考察，搜集不同叉入口类型的托盘图片，并分析它们使用的广泛性。

（2）平托盘的材质与特征。平托盘的材质主要有木材、塑料、钢材、高密度合成板、纸等，其特点如表1-3所示。目前最常使用的是木制平托盘，但是近几年来，塑料制平托盘的应用量有大幅上升的趋势。

表1-3　不同材质平托盘的特征

| 托盘材质 | 特征 |
|---|---|
| 木材 | 木制平托盘基本为手工制作，具有取材方便、易于制造、维修容易、自重较轻、成本较低等优点，为大多数客户所选用，是托盘中最传统、普及最广的类型，有各种进叉形式和单双面形式 |
| 塑料 | 塑料制平托盘自重较轻，平整美观，整体性好，无味无毒，易于冲洗、消毒，不腐烂，不助燃，不产生静电火花，可回收，耐腐蚀性强，可着各种颜色。塑料制平托盘是整体结构，不存在透钉刺破货物的问题，是仓储的重要工具，适合周转使用。但是塑料制平托盘的承载能力不如钢制平托盘和木制平托盘，其容易变形且难以恢复。一般是双面使用型，双向进叉或四向进叉型，也有单面型，但是单面型的塑料制平托盘强度较低。由于塑料强度有限，很少有翼型塑料制平托盘 |
| 钢材 | 钢制平托盘的最大特点是强度高、不易损坏、不易变形、维修工作量小，但是其自重较重，人力搬运较为困难。钢制平托盘用角钢等异形钢材制成，有各种进叉型和单面、双面使用型等形式，其中翼型更具优势。钢制平托盘不仅可使用叉车装卸，还可利用吊具进行吊装作业 |

续表

| 托盘材质 | 特征 |
| --- | --- |
| 高密度合成板 | 这类平托盘采用各类废弃物经高温、高压压制而成，采用的是再生环保材料，抗高压，承重性能好，成本低，可以避免传统木制平托盘的木结、虫蛀、颜色差、湿度高等问题。这类平托盘适用于各类货物的运输，尤其是重货（如化工、金属类产品）的成批运输，是替代木制平托盘的最佳选择。这类平托盘还可免熏蒸、免卫生检疫，适用于出口运输 |
| 纸 | 纸制平托盘利用纸做原料，经冲孔、折叠、黏接制成 |

学有所思：

_____

_____

### 2. 柱式托盘

使用平托盘堆垛货物时，上层托盘完全压在下层的货物上。因此，下层货物必须堆码平整，具有一定的耐压力。这就使托盘货物的种类和堆垛高度都受到了限制，货物的堆叠一般不能超过3层，而且有些异形货物或者采用质量比较差的纸箱包装的货物都不能使用平托盘堆垛。

柱式托盘可以弥补平托盘的这一缺陷。柱式托盘的基本结构是在托盘的4个角安装固定式或可卸式的柱子。固定式柱式托盘的4个支柱与底盘固定连在一起，支柱多用型钢制作，柱脚略大，兼做承插的结构，与下一层托盘连接，有的柱顶加设横撑，以增加稳定性。可卸式柱式托盘在实际中使用比较广泛，它以平托盘为基体，支柱下端附设各种形式的小插件，嵌入平托盘的铺板和纵梁内。可卸式柱式托盘拆装方便，既可用作平托盘，又可减小空托盘的占用空间。柱式托盘如图1-3所示。

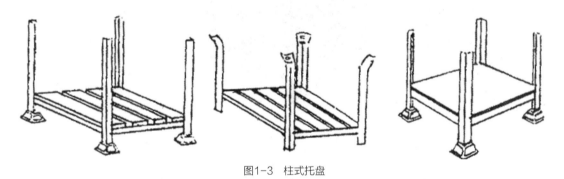

图1-3　柱式托盘

与平托盘相比，柱式托盘具有下列优点：

（1）货物可以堆叠4~5层，节约存储空间；

（2）货物不受重压，特别适合堆垛易碎货物；

（3）货物不受外形限制，可堆码异形货物；

（4）并列堆叠后形成一排货架，托盘内的部分货物可以任意取存，因此也适用于堆垛批量较小、进出零星的货物。

由于存在上述优点，柱式托盘在国外应用十分普遍。这类托盘构造简单，所需成本不高，国内也宜推广。

> **查一查**
> 查询用柱式托盘存放不同货物的图片，思考哪些货物适合使用柱式托盘。

### 3. 箱式托盘

箱式托盘的基本结构是沿托盘的四边有用板式、栅式、网式等各种箱板围成的箱体。有些箱体有顶板，有些则没有。箱板有固定式、折叠式和可卸式3种。箱式托盘的主要优点有：

（1）防护能力强，可以有效防止塌垛，防止货损；

（2）由于四周有护板、护栏，这种托盘装运范围较大，不但能装运可码垛的形状整齐的包装货物，也可装运各种异形或不稳定的货物。

箱式托盘如图1-4所示。

图1-4　箱式托盘

### 4. 轮式托盘

轮式托盘是在柱式托盘、箱式托盘的下部装有小型轮子的托盘。这种托盘不但具有一般柱式托盘和箱式托盘的优点，还可利用轮子做短距离移动。轮式托盘有利于在货物装车、装船后移动其位置，所以轮式托盘有很强的搬运性。轮式托盘如图1-5所示。

图1-5　轮式托盘

### 5. 其他托盘

其他类型的托盘主要包括滑片托盘、油桶专用托盘、玻璃集装托盘等各种专用托盘。其中，滑片托盘是一种新型托盘，由牛皮纸、塑料等材料简单折曲而成，也叫薄板托盘，如图1-6所示。滑片托盘需要配合推拉器使用。

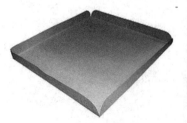

图1-6　滑片托盘

按材质来分，滑片托盘可分为塑料滑片托盘和纸制滑片托盘。塑料滑片托盘多用于仓库周转，可多次重复使用；纸制滑片托盘多用于一次性的发货。按推拉边来分，滑片托盘可分为一边滑片托盘、两边滑片托盘和四边滑片托盘。两边滑片托盘是标准的滑片托盘，一边滑片托盘常用于发货，四边滑片托盘常用于仓库周转。

滑片托盘的主要优势如下。

（1）降低了购置成本。纸制滑片托盘的购买单价最低为6元/m²，塑料滑片托盘的购买单价最低为8.5元/m²。按1250mm×1100mm的规格算，一个纸制滑片托盘的购置成本为8.25元，一个塑料滑片托盘的购置成本为11.69元；而一个木制托盘的购置成本为120元左右。

（2）节约了运费。滑片托盘体积小、质量轻，能更好地利用集装箱与运输车辆的容积，节省了运输与存储过程中占用的空间，从而节约了运费。

（3）提高了生产效率。滑片托盘可配合推拉器使用，实现全机械化操作。

（4）管理方便。滑片托盘不需修理，不需回收材料，不需循环利用，甚至不需周转，管理非常方便、简单。

> **想一想**
> 从平托盘到柱式托盘、箱式托盘、轮式托盘等，分析为满足不同货物的存放需求，托盘结构和外形的变化，并比较不同类型托盘上货物的搬运灵活性。

## 三、不同材质托盘性能的比较

托盘种类繁多，各种托盘在性能和成本等方面可以说是各有千秋。不同材质托盘的性能比较如表1-4所示。

表1-4 不同材质托盘的性能比较

| 性能指标 | 表现特征 |
| --- | --- |
| 耐腐蚀性 | 塑料制托盘最好，钢制托盘最差 |
| 耐潮湿性 | 塑料制托盘性能优异 |
| 耐虫蛀性 | 钢制托盘最好，塑料制托盘次之 |
| 平均寿命 | 木制托盘寿命较短，钢制托盘和塑料制托盘难分上下 |
| 自身质量 | 纸制托盘、木制托盘占有一定优势 |
| 承载性能 | 钢制托盘效果最好，纸制托盘效果较差 |
| 使用性能 | 塑料制托盘和钢制托盘均优于纸制托盘和木制托盘 |
| 经济性能 | 木制托盘有优势，纸制托盘次之，钢制托盘最贵 |

在实际使用中，由于用途不同，有些托盘是难以替代的。例如承载重型物品时，钢制托盘就有不可替代性。但是总体来看，塑料制托盘和纸制托盘较有发展前途，其中又以塑料制托盘为最。

## 四、托盘的特点

托盘和集装箱为集装系统的两大支柱，二者在许多方面优点、缺点互补，往往难以利用集装箱的地方可利用托盘，托盘难以完成的任务可用集装箱完成。

视频
托盘的性能与特点

### 1. 托盘的优点

托盘与集装箱相比的主要优点如下。

（1）自重轻。由于自重轻，因此托盘用于装卸、运输时消耗的劳动量较少，无效运输及无效装卸的可能性也较小。

（2）返空容易，返空时占用运力少。由于托盘造价不高，又很容易互相代用、互相抵补，因此无须像集装箱那样必须有固定的归属者，返空比集装箱容易。

> **想一想**
> 查询托盘作业相关视频，思考托盘的特点与提高配送中心作业效率和降低配送中心作业成本的关系。

（3）装盘容易。用托盘装载货物不像集装箱那样要使货物深入箱体内部，装盘后可对货物采用捆扎、紧包等技术处理，使用简便。

**2. 托盘的缺点**

托盘与集装箱相比的主要缺点如下。

（1）保护性比集装箱差，露天存放困难，需要有仓库等配套设施。

（2）适用的货物有限，不适合装载体积和质量大、形状不一的货物。

## 五、托盘货物的堆码方式

在托盘上放置同一形状的立体包装货物时，可采用各种交错咬合的办法堆码，以提高货物的稳定性。从货物在托盘上堆码的行列配置来看，有4种基本的堆码方式，如表1-5所示。

视频

托盘货物的堆码方式

表1-5　托盘货物的堆码方式

| 名称 | 图例 | 说明 |
|---|---|---|
| 重叠式 | （奇数层）（偶数层） | 各层堆码方式相同，上下对应。优点是操作速度快，各层重叠之后，货物4个角和4条边也重叠，能承受较大荷重。缺点是各层之间缺少咬合作用，稳定性差，容易发生塌垛。在货体底面积较大的情况下，采用这种方式可有足够稳定性。一般情况下，重叠式堆码再配以各种紧固方式不但能保持货体稳固，而且装卸操作省力 |
| 纵横交错式 | （奇数层）（偶数层） | 相邻两层货物在摆放时旋转90°，一层横向放置，另一层纵向放置，层间有一定的咬合作用，但不强。这种方式较简单，如果配合托盘转向器，工人则只用同一装盘方式便可实现纵横交错式装盘，劳动强度和重叠式相同。重叠式和纵横交错式均可与自动装盘机搭配使用。在正方形托盘边长为货物长、宽的公倍数的情况下可以采用这种方式，由此得到的货垛俯视图为正方形 |
| 正反交错式 | （奇数层）（偶数层） | 同一层中，不同列的货物以90°角垂直堆码，相邻两层货物的堆码形式是一层为另一层旋转180°的结果。这种方式类似于房屋建筑砖的砌筑方式，层间咬合作用较强，相邻层之间不重缝，因而堆码后稳定性很强，但操作较为麻烦，且货物之间不是垂直面互相承受荷载，所以下部货物易被压坏 |
| 旋转交错式 | （奇数层）（偶数层） | 同一层中，相邻的两个货物垂直堆码，两层间的角度堆码又相差180°，这样相邻两层之间互相咬合，货体稳定性较强，不易塌垛。其缺点是堆码难度较大，且中间形成空穴，会降低托盘装载能力 |

## 六、托盘货物的防塌措施

在装卸搬运和运输过程中，托盘货物不可避免地会受到来自各个方面的震动和冲击。为了防止托盘货物塌垛、散垛，避免货差、货损，必须采取有效的防塌措施。通常，防塌措施主要有下列几种。

**1. 用带子或绳子捆扎**

这是用带子或绳子等柔软索具对托盘货物进行捆扎以保证托盘货物稳定的方法，在防止箱类（瓦楞纸箱、木箱）货物散垛时经常采用。该方法按照扎带方式可分为水平捆扎、垂直捆扎和井式捆扎等。捆扎后固定的方法有打结、黏合、热熔、加卡箍等。该方法的缺点是未扎带部分容易发生货物脱出，且多层货物的堆压及搬运中的振动等容易使带子变松。

**2. 用绳网罩包裹紧固**

这种措施主要用于装有同类货物的托盘的紧固，多见于航空运输，将航空专用托盘与绳网罩结合起来，就可达到紧固的目的。将绳网罩套在托盘货物上，再将绳网罩下端的金属配件挂在托盘周围固定的金属片上（或将绳网罩下部覆罩在托盘边缘），可以防止形状不规则的货物发生倒塌。为了防水，可在绳网罩之下用防水层对货物加以覆盖，绳网罩一般采用棉绳、布绳或其他纤维绳等材料制成。

**3. 四角加框架加固**

将板式框架加在托盘货物相对的两面或四面，甚至顶部，如图1-7（a）所示，这种措施可以增强托盘货物的刚性。板式框架的材料以木板、胶合板、瓦楞纸板、金属板等为主。

**4. 加抗滑夹层**

在货箱上下层之间衬垫抗滑的纸片或塑料充气泡沫纸片等抗滑夹层，如图1-7（b）所示，这种措施可以减少货物水平滑移的可能性。

**5. 专用金属卡具固定**

对于某些托盘，可用专用的金属卡具把相邻的货物连接起来形成一个整体，防止个别货物分离滑落，如图1-7（c）所示。

**6. 黏合**

黏合有两种方法：一是在下层货箱上涂上胶水使得上下货箱黏合；二是在每层之间贴上双面胶条，将相邻两层货物通过胶条黏合在一起。这种方法对水平方向滑动的抵抗能力强，但在分离货物时，易从垂直方向使相邻两层货物分开，如图1-7（d）所示。这种方法的缺点是黏合剂的黏度会随温度变化而发生变化，在使用时应选择合适的黏合剂。此外，在使用时必须根据货物特性（质量、包装形态）来决定黏合剂的用量和涂布方法。

**7. 使用宽胶带**

使用宽胶带将托盘货物缠绕起来，使得整个托盘货物成为一个整体，如图1-7（e）所示。

**8. 垫楔块**

在托盘边缘垫内倾的楔块，将货物向中间挤紧，如图1-7（f）所示。

**9. 塑料薄膜捆扎**

塑料薄膜捆扎除了具有防塌的作用，还兼有防雨、防潮、透明等优点，并能使货物与托盘结合在一起，形成"集合包装"。塑料薄膜捆扎技术有多种：有的利用聚乙烯加热后收缩的特性，将薄膜贴盖在托盘货物上，在收缩箱内加热，令薄膜受热收缩，牢固地贴在货物上；有的采用拉伸的办法，用拉伸包装机使塑料薄膜紧束托盘货物。后者不需加热，用途更为广泛。塑料薄膜捆扎如图1-7（g）、图1-7（h）所示。

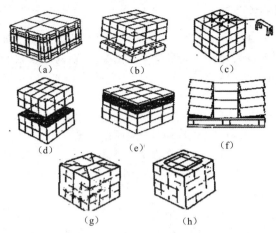

（a）四角加框架加固　（b）加抗滑夹层　（c）专用金属卡具固定　（d）黏合　（e）使用宽胶带
（f）垫楔块　（g）收缩塑料薄膜捆扎　（h）拉伸塑料薄膜捆扎

图1-7　托盘货物的防塌措施

## 七、托盘的正确使用与维护

物流企业通常使用的托盘数量较多，其损耗在物流费用中占有一定的比例。例如，上海某商储公司拥有木制托盘16万余块，按每块60元计算，价值约1000万元，耗用木材约8000m³，年报废率约7%，这些数据相当惊人。因此，合理使用托盘，减少损耗，延长其使用寿命，对每一个物流企业来说都具有十分重要的意义。在实际中，我们应该从以下几个方面加强对托盘的管理。

> **做一做**
> 测量仓库中现有托盘的尺寸并做好记录。

**1. 以木制托盘为例，在选购或制作托盘时，应严格保证托盘的质量**

主要要注意以下问题：

（1）木材种类、材质、铺板、横梁尺寸应符合国家标准，含水率要小于25%，节疤要少，边板不能有木结；

（2）钉子的规格、排列和数量要符合规定，钉子必须用80mm或90mm长的四线螺旋钉，而不能用普通圆钉，并且钉入之前要先钻孔；

（3）铺板时，钉的方向应该和木纹的方向一致；

（4）严格验收把关，剔除不合格的托盘，应该按照GB/T 4996—2014（《联运通用平托盘试验方法》）的测试标准对托盘进行测试。

**2. 在使用托盘的过程中，要严格执行操作规程**

其要点如下：

（1）叉车叉起托盘时，叉齿要保持水平，不应上下倾斜；

（2）叉车的叉齿必须对准叉孔，垂直于托盘，不斜着进出托盘；

（3）严禁甩扔空托盘，更不准让空托盘以边角落地；

（4）不准用叉齿推移、拖拉托盘；

（5）空托盘应用叉车整齐叠放，避免碰撞和日晒雨淋，单块空托盘不宜平放；

（6）如果用绳索捆扎货物，捆扎方向应与铺板平行，不应垂直于铺板，以免钉子受力松动。

**3. 加强对托盘的养护和维修**

其要点如下：

（1）托盘应由专人检查，一旦发现任何损坏，即应停止使用；

（2）一旦发现托盘损坏要及时修理，按标准更换板、钉，整修托盘直至其恢复原样。

在托盘的养护管理中，最为重要的一点是不使用破损状态的托盘。如果不经修理而照常使用破损状态的托盘，不仅会缩短托盘的寿命，还有可能造成货物破损和人身安全事故。

一般情况下，只要在采购、使用、保养、维修等方面严格按照上述要求去做，木制托盘的使用寿命可以达到10年。反之，托盘用一两年就可能报废。

## 八、托盘的标准化

### （一）国际标准平托盘

托盘标准化是实现托盘国际联运的前提，也是实现物流技术装备标准化的基础及产品包装标准化的依据。为了达到托盘国际联运的目的，托盘的尺寸或规格应有国际统一标准。ISO承认的托盘有6种规格。

**1. 1200mm×1000mm**

1200mm×1000mm的托盘（简称1210托盘）在英国、德国及荷兰等欧洲国家使用较多。

**2. 1200mm×800mm**

1200mm×800mm的托盘（简称1208托盘）也称欧洲托盘，在欧洲各国与加拿大、墨西哥等国家使用较多。

**3. 1100mm×1100mm**

1100mm×1100mm的托盘（简称1111托盘，或T11）的尺寸是根据国际集装箱的最小内部宽度（2330mm）确定的。日本、韩国、新加坡等国家和地区所使用的标准托盘即为1111托盘。由于1111托盘与ISO国际标准集装箱能匹配，因此其普及率很高。

**4. 1140mm×1140mm**

此规格的托盘是对1111托盘的改进，目的是充分利用集装箱内部空间。

**5. 1219mm×1016mm（或48in×40in）**

美国主要使用这种规格的托盘。

**6. 1067mm×1067mm（或42in×42in）**

澳大利亚主要使用这种规格的托盘，除此之外，澳大利亚也使用1111托盘。

### （二）国家标准平托盘

2007年，我国对1996年制定的托盘标准进行修订，形成了GB/T 2934—2007，其中规定的托盘规格共有两种，分别是1200mm×1000mm、1100mm×1100mm。这个标准是我国目前平托盘适用的最新标准。

对于各国的托盘规格，特别是欧洲托盘规格，相关单位在制定时都考虑到以下方面：保证托盘与桥梁、隧道、运输道路和货车站台设施的规格相适应，以及与货车、卡车等车辆的宽度相匹配，再根据托盘规格确定仓库支柱间距、货架尺寸等。所以，改变托盘规格涉及一系列复杂问题。对于托盘规格的标准，各个国家都按自己的基本设施情况来制定，如要变更就要付出很大代价。无论把哪一种规格作为标准规格，其他各国的利害得失都很大，所以各国间很难统一标准。但是，如果各国都使用同一规格的托盘，各国车辆的载货台等也被统一规格，各国进出口货物将会享受非常便利而又高效的物流服务。由此可见，要更好地促进世界经济发展，统一托盘规格是非常必要的。

## 九、托盘的使用方式

托盘的使用方式有两种。

**1. 托盘联运**

托盘联运又称一贯托盘运输，是指从发货人开始，通过装卸、运输、转运、保管、配送等物流环节，将托盘货物原封不动地送达收货人的一种"门

视频

托盘的标准化

**想一想**

托盘联运为整个物流供应链过程带来了哪些便利？

到门"的运输方式。托盘联运是托盘的重要使用方式。

在托盘联运中，托盘货物可以被整体作为处理对象，作业人员不需要逐个处理每件货物，这样就可大大减少人力装卸次数，防止事故及货损的发生，节省包装时间及包装费用，加快物流速度，取得良好的效果。

托盘联运是社会化的问题，很难在一个行业、一个部门或一个小地区被自行解决。因此，要解决托盘联运问题，必须实行全社会统一的托盘技术标准和托盘管理制度。用于联运的托盘要有固定的尺寸标准和有限的种类，不是所有托盘都能进入联运领域，如专用托盘等就不能进入联运领域。联运托盘大都为平托盘，以便实现叉车、货架、仓库的标准化。

**2. 托盘专用**

各个产业领域，各个流通领域，各个工厂、车间、仓库内部都希望提高工效，追求物流合理化。因此，托盘专用在某些领域存在优势。

托盘专用是指按某一领域的要求，在这一领域的各个环节，采用专用托盘作为贯通物流全过程的手段。实际上，这种方式在这一领域也是一种托盘联运。由于托盘专用要求按这一领域的特殊性选择效率最高的专用托盘，而无须顾及社会物流标准化的要求，因而选择的托盘更合理，并在这一领域有其他托盘无法比拟的技术、经济效果。托盘专用在较大的自用领域也可参照托盘联运的管理方式组织托盘交换，以解决托盘数量不足的问题。

平板玻璃专用托盘物流是托盘专用的典型例子。平板玻璃产量很大，但是这种产品不可能利用通用联运平托盘或其他形式的托盘进行装盘、运输。平板玻璃专用托盘解决了其他种类托盘不能解决的立装、紧固等问题，形成了这一领域的"门到门"贯通运输。

## 十、托盘在联运系统中的管理

托盘在联运系统中的管理和集装箱的管理有很大的不同，主要在于联运托盘种类少，尺寸及材料大体相同，价格相差不大，因此不需要像集装箱那样严格按计划返运，而且不像集装箱那样有明确的不可变的归属。基于这个特点，可只保留一定数量的托盘的归属权，允许个别托盘在联运系统中广泛进行交换，而不强调个别托盘的归属和返运。

**1. 托盘的使用方式**

联运系统中托盘有以下几种使用方式。

（1）对口交流方式。这种方式是指有关单位之间签订协议，各单位所属托盘可在若干有关单位之间传送，各单位共同承担接收、回送等义务，到一定时期进行清算。

（2）即时交换方式。这种方式是指以运输承担人和发货人为双方，当发货人发出一批托盘后，运输承担人则给予发货人同等批量的托盘。这种方式在趋向一体化的欧洲采用颇为广泛。

（3）租赁方式。这种方式是指托盘由托盘公司拥有，托盘公司在各地设营业点，货主自己不备托盘，需使用托盘时从托盘公司那里租用，接货后将空托盘归还给托盘公司，托盘公司拥有全部托盘并负责托盘的调配、维修、更换。

（4）租赁交换并用方式。这种方式是指运输当事人与货主之间对托盘采用交换方式，而与托盘公司之间对托盘采用租赁方式。

（5）结算交换方式。这种方式是针对即时交换方式的缺点而制定的。即时交换方式容易导致现场出现空托盘数量不足的情况，空托盘无法及时回收与返还，致使托盘货物滞留，从而影响整个运输过程的进行。采用结算交换方式时，托盘的流动方式与即时交换方式中的相同，只是双方不需要在现场交换托盘，而是通过传票处理，在规定的日期内返还托盘即可。不能按期返还或造成托盘丢失的要支付赔偿金。由于该方式对托盘回收、返还的责任范围等均有明确规定，因而较即时交换方式更有优越性。

**2. 托盘尺寸的选择**

托盘与货架、集装箱、运输车辆、卸货平台等物流设备有直接联系，因此托盘的尺寸是考虑其他物流设备结构、尺寸的基础。例如，托盘横梁货架的宽度通常为2300mm和2700mm，前一种货架可承放2个1200mm×1000mm的托盘，后一种货架可承放3个1200mm×800mm的托盘。选择托盘尺寸时应该考虑以下因素。

（1）运输工具的尺寸。托盘的尺寸应该与运输工具的尺寸相匹配，以充分利用运输工具的空间，提高装载率，降低运输费用，尤其要与海运集装箱和运输商用车的箱体内部尺寸相匹配。

（2）托盘装载货物的包装规格。应根据托盘装载货物的包装规格选择合适的托盘，尽量最大限度地利用托盘的表面积，控制所载货物的重心高度。托盘装载货物的合理指标为：托盘表面积利用率达到80%，托盘所载货物的重心高度不超过托盘宽度的2/3。

（3）托盘尺寸的通用性。应该尽可能地选用符合国际标准的托盘，便于托盘交换和使用。

小测验

（4）托盘尺寸的使用区域。托盘装载货物的流向直接影响托盘尺寸的选择。通常去往欧洲的货物要选择1210托盘或1208托盘；去往日本、韩国的货物要选择1111托盘；去往大洋洲的货物要选择1140mm×1140mm或1067mm×1067mm的托盘；去往美国的货物要选择1219mm×1016mm的托盘；国内常用1210托盘，这也是在全球应用最广的一种托盘。

# 任务二　叉车的使用与维护

## 【课前讨论】

任务一中已完成入库验收和组托作业的货物，由于存储时间较长，需放在重型货架中储存。该批货物已利用托盘搬运车拉至重型货架旁，现需完成货物的入库上架作业。请根据货物及仓库作业特点，准备作业设备，并说明理由。

实施建议：

1. 根据班级具体情况，分小组或个人在智慧树平台进行讨论、分析；
2. 在课堂上展示讨论结果，小组互评或教师点评；
3. 教师依据课前讨论情况反映的预习效果，调整授课重点。

## 【任务描述】

叉车被称为万能装卸车，是物流系统中最常用，也是物流领域最重要的设备之一。叉车主要用于厂矿、仓库、车站、港口、机场、货场、流通中心和配送中心等场所，也可进入船舱、车厢和集装箱内，对成件货物、包装件货物、托盘货物、集装箱货物等进行装卸、堆码、拆垛、短途搬运等作业，是托盘运输、集装箱运输必不可少的设备。叉车的主要属具是货叉。在换装其他属具后，叉车还可用于对散堆货物、非包装货物、长大件货物等进行装卸作业。叉车的用途非常广泛，它不仅广泛应用于物资储运、公路运输、铁路运输、水路运输等部门，而且在邮政和军事等领域也有应用。

通过完成叉车的使用与维护学习任务，学习者应该能学会对叉车进行合理归类，能够根据货物选择合适的叉车和叉车属具进行作业；应该初步掌握典型叉车的行驶驾驶技术和场地驾驶技术；能对电动式叉车和内燃式叉车进行合理的维护保养和正确的管理。

【知识学习】

## 一、叉车的概述

叉车又称铲车、叉式装卸车，是一种无轨、轮胎行走式装卸搬运车辆。

叉车作业时，仅依靠驾驶员的操作就能够实现货物的装卸、堆码、拆垛、搬运等作业过程，而不需装卸工人的辅助劳动。多年来，由于成件货物品种多、规格杂、外形不一、包装各异，因而对这些货物很难实现装卸机械化。叉车的问世，使这一难题得到了解决。使用叉车不但保证了安全生产，而且使搬运作业占用的劳动力大大减少，劳动强度大大降低，作业效率大大提高，经济效益十分显著。

叉车作业，可使货物的堆垛高度大大增加（可达4～5米）。因此，船舱、车厢、仓库的空间能得到充分利用（利用率可提高30%～50%）。叉车作业，可缩短装卸、搬运、堆码的作业时间，加速车船周转；可减少货物破损，提高作业的安全程度，实现安全装卸。叉车作业与大型机械作业相比，具有成本低、投资少的优点。所以，在物流装卸作业中应优先选用叉车。

### 二、叉车的分类

按照动力装置的不同，叉车可分为电动式叉车和内燃式叉车。

电动式叉车又称电瓶式叉车，是以蓄电瓶和直流电动机作为动力装置的叉车。其优点是噪声小，不污染环境，直流电动机可带载启动，传动系统简单，操作简便，营运费用低。电动式叉车适用于室内，搬运距离较短。

内燃式叉车是以内燃机作为动力装置的叉车。根据所用内燃机的不同，内燃式叉车又可分为汽油式叉车、柴油式叉车和液化气式叉车等。内燃式叉车的优点是燃料供应方便，能连续长时间作业，输出功率大，行走速度、货叉提升速度比电动式叉车快，爬坡能力比电动式叉车强，对路面质量的要求低；缺点是噪声大，排放的废气会污染环境，传动系统复杂，零部件容易磨损，机械故障较多，操作比较复杂。内燃式叉车适用于室外，搬运距离较长。一般情况下，大吨位的叉车都属于内燃式叉车。

按照结构和用途的不同，叉车可分为平衡重式叉车、插腿式叉车、前移式叉车、侧面式叉车及其他用途叉车。

按照车轮在地面支点数量的不同，叉车可分为三支点叉车与四支点叉车。

按照使用场合广泛程度的不同，叉车可分为通用叉车和专用叉车。

## 三、叉车的优点

叉车之所以在物流领域内飞速发展，是因为它具有其他装卸搬运设备不可比拟的优点。

（1）叉车有很强的通用性，在物流的几乎所有领域都有所应用，和托盘配合时通用性更强，可用于能被装载在托盘上的各种货物的装卸搬运。

（2）叉车有装卸、搬运双重功能，是装卸搬运一体化设备。在实际应用中，叉车将装卸、搬运两个操作合二为一，因而减少了一个物流环节，加快了作业速度。

（3）可以实现"一机多用"。配合各种叉车属具，通用性很强的叉车可变成专用性很强的叉车，用于进行各种特定的作业，这有利于提高作业效率。如采用货叉、串杆、倾翻叉架、推拉器等，叉车可用于进行各种品种、形状和大小的货物的装卸搬运作业。

（4）转弯半径小，机动性强，活动范围大。

正是因为具备上述优点，叉车作业已成为提高劳动效率、降低劳动强度的有效手段。

学有所思：

_____

_____

## 四、叉车的主要技术参数

### 1. 最大起升高度

最大起升高度是叉车在平坦坚实的路面上，门架垂直地把货物举升到最高位置时，货叉水平段的上表面到地面的垂直距离，以字母$H$表示，单位为m。

### 2. 载荷中心距

载荷中心距指货叉上标准货物的重心到货叉垂直段前臂的水平距离。载荷中心距以字母$C$表示，单位为mm，如图1-8所示。

### 3. 额定起重量

额定起重量是货物的重心处于载荷中心距以内时，允许叉车举起的最大质量，以字母$Q$表示，单位为t。

叉车作业时，如果货物体积庞大，或者货物在托盘上的位置不当，而使货物的实际重心超出了载荷中心距，为了保证叉车的稳定性，最大起重量就要相应减小，否则叉车就有倾翻的危险。货物的实际重心距超出载荷中心距越远，则允许的最大起重量越小。当起升高度超过了一定数值时，货物重心升高，叉车也会有倾翻的危险。所以，当起升高度较大时，最大起重量也要减小，起升高度越高，最大起重量减小的幅度越大。

图1-9为额定起重量为3t、以柴油机为动力装置的平衡重式叉车的载荷特性，该叉车的载荷中心距为500mm。

图1-8 载荷中心距

视频

叉车的主要
技术参数

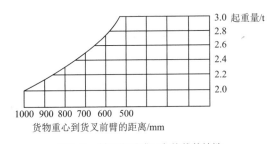

图1-9 某平衡重式叉车的载荷特性

叉车的额定起重量是叉车的重要参数，一般要明显地标注在叉车的车身上。

---

**想一想**

叉车额定起重量的单位通常为t，某叉车车身上标注着30，是否该叉车的额定起重量为30 t呢？

---

### 4. 最小转弯半径

最小转弯半径是叉车在无载低速行驶时，转向轮偏转最大角度时，瞬时转向中心距叉车最外侧的距离，以字母$R$表示，单位为m。

采用较短的车身、外径较小的车轮和增大车轮转向时的偏转角度等均可减小转弯半径。三支点叉车由于转向轮具有较大的偏转角度（接近或等于90°），在其他条件相同的情况下，其最小转弯半径比四支点叉车小。

**5. 起升速度和行驶速度**

起升速度是叉车在额定起重量下，门架垂直时货物起升的最大速度，以字母$v_起$表示，单位为m/min。行驶速度是叉车满载时的最大行驶速度，以字母$v_行$表示，单位为m/min。这两个指标是决定叉车装卸搬运工作效率的重要因素。

高起升速度是叉车发展的趋势。起升速度主要取决于叉车的液压系统。过高的起升速度容易导致货损和机损事故，给叉车作业带来隐患。电动式叉车由于受蓄电池和电动机功率的限制，其起升速度低于起重量相同的内燃式叉车。大吨位的叉车由于作业的安全要求和液压系统的限制，其起升速度比中小吨位的叉车低。当叉车的最大起升高度较小时，过高的起升速度难以被充分利用。根据港口装卸作业要求，起升速度以15～20m/min为宜。通常电动式叉车的起升速度为15～16m/min，内燃式叉车的起升速度为25～26 m/min。

据统计，叉车作业时，行驶时间一般占全部作业时间的2/3。因此，提高行驶速度、缩短行驶时间对提高叉车作业效率有很大意义。但是叉车的作业特点是运距短、停车和起步次数多，过分提高行驶速度，不仅会使发动机功率增大，经济性减弱，而且在作业时，过高的行驶速度容易导致安全事故，所以电动式叉车满载时的最高行驶速度应控制在12km/h之内，内燃式叉车满载时的最高行驶速度则应控制在20km/h以内。在港口露天货叉作业的内燃式叉车的行驶速度通常为15～25km/h。

**6. 满载最大爬坡度**

满载最大爬坡度是叉车在满载的情况下，在良好的干硬路面上，以低速挡等速行驶时能够爬上的最大坡度。坡度以垂直位移距离和水平位移距离的百分比表示，如图1-10所示。

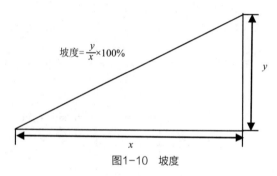

$$坡度 = \frac{y}{x} \times 100\%$$

图1-10　坡度

叉车的最大爬坡度分空载和满载两种情况。叉车的满载最大爬坡度一般由原动机的最大扭矩和低速挡的总传动比决定，空载最大爬坡度通常取决于驱动轮与地面的附着力。一般内燃式叉车的最大爬坡度为20%～30%。由于港口的路面场地比较平坦，港口叉车的最大爬坡度一般在16%以内。

**7. 门架倾角**

门架倾角是叉车在平坦、坚实的路面上，门架相对于垂直位置所能进行的前、后倾斜的最大角度，分别以字母$\alpha$和$\beta$表示，单位为°。一般前倾角为3°～5°，后倾角为10°～12°。

**8. 最小离地间隙**

最小离地间隙是叉车在轮压正常时，除车轮外车体上最低点至地面的距离，单位为mm。

> **想一想**
>
> 叉车的主要技术性能参数是什么？到实训中心现场考察叉车的各项技术参数，并做出记录。

最小离地间隙表示叉车无碰撞地越过地面凸起障碍物的能力。最小离地间隙越大，通过性越好，但最小离地间隙过大会影响叉车的稳定性。增大车轮直径可以使最小离地间隙增大，但会使叉车的重心提高，转弯半径增加。

**9. 通道宽度**

为使叉车在平稳且无干涉的条件下进行装卸或搬运作业，不同类型的叉车要求不同的通道宽度。通道宽度是反映叉车机动性的一项重要性能指标，包括直行通道宽度、直角交叉通道宽度和直角堆垛通道宽度。通道宽度不仅关系到叉车能否在特定的条件下作业，还影响储存面积利用率。部分叉车作业通道参考值如表1-6所示。

表1-6 部分叉车作业通道参考值

| 叉车种类 | 载荷能力/t | 车体宽度/m | 最小转弯半径/m | 最小直行通道宽度/m | 最小直角交叉通道宽度/m | 最小直角堆垛通道宽度/m |
|---|---|---|---|---|---|---|
| 平衡重式 | 1 | 1.0～1.1 | 1.8～2.0 | 1.0～1.1 | 1.6～1.8 | 2.8～3.6 |
| | 2 | 1.1～1.2 | 2.2～2.5 | 1.1～1.2 | 2.0～2.1 | 4.2～4.5 |
| | 3 | 1.2～1.5 | 2.6～3.0 | 1.2～1.5 | 2.0～2.5 | 5.0～5.5 |
| | 5 | 1.9～2.6 | 3.0～3.5 | 1.9～2.0 | 2.8～3.0 | 5.5～6.0 |
| 前移式 | 1 | 1.0～1.1 | 1.3～1.5 | 1.0～1.1 | 1.4～1.6 | 2.7～3.0 |
| | 1.5 | 1.0～1.1 | 1.5～1.8 | 1.0～1.1 | 1.5～1.7 | 3.0～3.5 |
| | 2 | 1.2～1.3 | 2.0～2.3 | 1.2～1.3 | 2.8～2.9 | 3.0～3.5 |
| | 2.5 | 1.2～1.3 | 2.2～2.3 | 1.2～1.3 | 2.8～2.9 | 3.0～3.5 |

> **想一想**
>
> 对比、分析平衡重式叉车和前移式叉车对作业通道宽度要求的差异，并思考其原因。

## 五、叉车的主要性能

叉车的各种技术参数反映了叉车的性能，叉车的主要性能如下。

**1. 装卸性**

装卸性指叉车起重和装卸的性能。装卸性的好坏对叉车的作业效率有直接影响。起重量大、载荷中心距大、工作速度高，则装卸性好。

**2. 牵引性**

牵引性指叉车在行驶、加速、牵引和爬坡等方面的能力。行驶速度高、加速快、牵引力大和爬坡度大，则牵引性好。

**3. 制动性**

制动性指叉车在行驶中根据要求降低车速及停车的能力，通常以一定行驶速度下制动时的制动距离进行衡量。制动距离越短，则制动性越好。叉车的制动性反映了叉车的工作安全性，我国内燃平衡重式叉车的相关标准对制动性做了如下规定：如果采用脚制动，叉车车速为20km/h，空载行驶时，紧急制动的制动距离不大于6m；叉车车速为10km/h，满载运行时，紧急制动的制动距离不大于3m；如果采用手制动，空载行驶时能在坡度为20%的下坡上停住，满载行驶时能在坡度为15%的上坡上停住。

视频
叉车的主要性能

**4. 机动性**

机动性指叉车的机动灵活性能。最小转弯半径小、要求的直角交叉通道宽度和直角堆垛通道宽度小，则机动性好。

**5. 通过性**

通过性指叉车克服道路障碍，通过各种不良路面的能力。外形尺寸小、轮压小、最小离地间隙大、驱动牵引力大，则通过性好。

**6. 操纵性**

操纵性指叉车操作的轻便性和舒适性。需要加在各种操作手柄、踏板及方向盘上的力小，司机座椅与各操作件的位置布置得当，则操纵性好。

**7. 稳定性**

稳定性指叉车抵抗倾翻的能力。稳定性有横向稳定性和纵向稳定性之分。

横向稳定性是指叉车行驶在有侧向斜度的路面和当叉车转弯时，抵抗侧向倾覆或溜滑的能力。当叉车行驶在横断面倾斜的道路上时，叉车所受的横向力容易使其侧滑或侧翻。叉车行驶在有很大横向倾角的道路上时，装载过高或装载偏于一侧都会使横向力增加。当某一侧车轮与地面之间的附着力过小时，就会造成横向翻车事故。当叉车转弯时，若装载不合理或车速太高，在离心力的作用下，叉车也会失去横向稳定性，造成翻车事故。

叉车在作业时，有可能由于货物对前轮支撑点产生的力矩过大而失去稳定，向前倾翻。因此，为了保证叉车的作业安全，必须使叉车沿车身前后方向具有必要的稳定性，这种稳定性称为纵向稳定性。

叉车的稳定性由正确的设计，即合理确定各部分和平衡重心的位置来保证。叉车的稳定性是保证叉车安全作业的重要条件。由于叉车在实际作业中的情况较为复杂，如需启动、制动、直线加速行驶、高速转弯、坡道转弯、提升和下降货物、门架前倾等，不同的动作组合成不同的工作情况，其形式是多种多样的。上述动作中许多都是动态的，因此较难用实际作业来反映稳定性。目前世界各国主要通过试验来检查叉车的稳定性。我国叉车标准规定，叉车应进行4种稳定性试验：叉车满载码垛时的纵向稳定性、叉车满载行驶时的纵向稳定性、叉车满载码垛时的横向稳定性、叉车空车行驶时的横向稳定性。

在日常工作中，叉车因超载、提升高度、装载位置等不正确，极易破坏纵向稳定性而发生事故。叉车装载对叉车的稳定性影响很大，因装载不当而发生事故的情况很多，所以叉车的装载应严格按有关规定执行，确保作业的安全。装载货物不合理对安全作业的影响有以下几种。

（1）装载超重。载重量增加，叉车的惯性相应增强，随之制动距离加长。转弯时，由于离心力增大，可能发生倾覆现象。载重量增加还易造成机械损坏，出现事故。

（2）装载倾斜。装载倾斜会使叉车的稳定性遭到严重破坏，在搬运中可能导致翻车事故。装载倾斜的叉车还会出现跑偏、侧滑等现象，甚至造成事故。

（3）装载超宽。装载超宽的叉车在通过狭窄路段时有可能发生事故。

（4）货物未装稳。货物未装稳会因道路颠簸造成货物掉下及损坏，甚至砸伤行人、损坏道路设施。高大货物倒塌还会砸坏驾驶室，危及驾驶员的安全。

（5）装载危险品。危险品在装卸搬运中稍有不慎，就可能导致发生后果惨重的事故。所以在作业前，驾驶员要了解所运危险品的性质及注意事项，与有关人员制定出安全措施以消除隐患，防止事故发生。

**8. 经济性**

经济性主要体现在叉车的造价和营运费用，包括动力消耗、生产率、使用方便和耐用程度等。叉车的经济性是选择、配置和使用叉车时要考虑的一个重要因素。

学有所思：

## 六、叉车的组成

下面以内燃式叉车为例介绍叉车的组成。内燃式叉车是一种复杂的机器，尽管吨位（即额定起重量）、型号、式样不同，但其一般都由以下4部分构成：动力装置、底盘、车身与工作装置、电气设备。

**1. 动力装置**

动力装置又称驱动装置，其作用是供给叉车行走机构和起重机构所需的动力。内燃式叉车的动力装置是内燃机，目前，内燃式叉车采用的发动机80%为往复活塞式内燃机。内燃机按使用的燃料不同分为汽油机、柴油机等。在物流生产中的叉车大部分采用的是柴油机，只有额定起重量较小的叉车采用汽油机。内燃机的动力分为两端输出，后端通过飞轮与离合器连接，将动力传递给动力系统；前端通过钢球联轴节，经分动箱将动力传递给液压齿轮油泵。

电动式（电瓶式、蓄电池）叉车是以蓄电池为动力源，采用直流串激式电动机的机动车辆。电动式叉车一般用于起重量较小的场合。

**2. 底盘**

叉车底盘的作用基本上与汽车底盘的作用相同，负责支撑全车、接收发动机输出的动力、使叉车按驾驶员的意志正常行驶。但是由于叉车的特殊功用，叉车与汽车在结构上有所不同。一般汽车的转向桥在前，驱动桥在后。而平衡重式叉车为了操纵方便和达到承载要求，驱动桥设在前面，转向桥设在后面。为了保证纵向稳定性，叉车还在转向桥的后面设置了平衡重块。

叉车底盘主要由传动系统、行驶系统、转向系统和制动系统等组成。

（1）传动系统。传动系统的作用是将发动机传来的动力有效地传递给车轮，满足叉车实际工作的需求。内燃式叉车的传动系统由离合器、变速器、驱动桥等组成。传动系统的传动方式有机械传动、液力传动和静压传动。

（2）行驶系统。行驶系统承受叉车的全部质量，传递牵引力、力矩和其他力，并缓冲地面对叉车的冲击，保证叉车平稳行驶。行驶系统由车架、车桥、悬架、车轮等组成。

（3）转向系统。转向系统负责在驾驶员的操纵下，控制叉车的行驶方向。其由转向机、转向联机机构两部分组成。其转向方式有机械转向器、具有液力助力器的机械转向器和全液压转向器。

（4）制动系统。制动系统使叉车能迅速地减速或停车，并使叉车能稳妥地停放，以保证安全。制动系统通常由手制动和脚制动两个独立部分组成。手制动又称驻车制动系统，主要用于叉车停放；脚制动又称行车制动系统，主要用于叉车行驶过程中的减速和停车。脚制动和手制动又都是由制动器和制动驱动机构组成。制动驱动方式有机械驱动机构和液压驱动机构两种。

**3. 车身与工作装置**

叉车的车身负责提供驾驶员操作环境及对整车各部件起防护作用。工作装置的功用是装卸、搬运货物。车身主要是指驾驶室。工作装置由液压系统、操纵系统、起重机构及属具等组成。其中起重机构的作用是直接承受全部货重，并使货叉升降和前后倾斜，完成货物的叉取、升降、堆码、卸载等作业。起重机构由以下部分组成：货叉、叉架（或挡货架）、门架、起升链条和链轮，如图1-11所示。

> **做一做**
> 在实训中心，指出内燃式叉车的各部分结构，并说出其功能。

**4. 电气设备**

内燃式叉车的电气设备包括蓄电池、发电机、起动机和发动机点火装置及照明、信号、仪表等装置。电动式叉车的电气设备主要包括电气控制系统及照明、信号等装置。

链轮
链条
门架
叉架
货叉

图1-11　叉车工作装置的起重机构

## 七、常用的典型叉车

### 1. 平衡重式叉车

视频

平衡重式叉车

平衡重式叉车是最通用的基本型叉车，如图1-11所示。其工作装置位于车身的前端，货物载于前端的货叉上，其后部有平衡重块，以平衡货物的倾翻力矩，其便因此得名。平衡重式叉车是目前应用最广的叉车，占叉车总量的80%左右。其前端装有的货叉可以自由地叉起托盘以取货和放货，并能沿门架升降，随着门架前倾或后倾。前倾的目的是方便取货和卸货，后倾的目的是保证货物在运行过程中不会从货叉上滑落。叉车可根据需要更换其他叉车属具。平衡重式叉车具有良好的动力性能，根据工作需要，其前进和后退的最大速度相同，前进挡和后退挡的数量相同。车体上方设有护顶架，部分平衡重式叉车设有司机室，以防止货物跌落砸伤司机。

平衡重式叉车结构上无支撑臂，而是以较长轮距和平衡重块来平衡载荷，所以其质量和体型较大，作业时需要较大的空间。同时，平衡重式叉车的货叉直接从前方叉取货物，对所叉取货物的体积一般没有要求；其动力较强、底盘较高，具有较强的地面适应能力和爬坡能力，适用于室外作业。

平衡重式叉车和一般货车在构造上主要有两处区别。

（1）平衡重式叉车的前轮为驱动轮，后轮为转向轮；一般货车与之相反，前轮为转向轮，后轮为驱动轮。

（2）平衡重式叉车的前进挡和后退挡一样多，前进和后退速度一样快；一般货车的前进挡更多，前进速度快，后退挡只有一个，并且后退速度很慢。

产生第一个区别的原因是平衡重式叉车的工作装置在前，货物的载荷在前方，而一般货车的载荷在车辆后方，其需要利用货物重加大驱动轮所产生的摩擦力。

产生第二个区别的原因是，平衡重式叉车的工作装置——货叉位于车辆前方，司机在叉取或放下货物时视线好，但是当搬运高大的货物时，货物会挡住司机的视线，车辆往往只能后退行驶，所以平衡重式叉车后退挡和前进挡的使用频率相差不多；而一般货车的工作装置在车后，司机视线良好，前进挡使用频率高。

> **想一想**
>
> 平衡重式叉车在结构上与一般货车有何区别？请解释这些区别产生的原因。

### 2. 前移式叉车

前移式叉车的特点是具有两条前伸的支腿，支腿前端有两个轮子。取货时货叉伸出，卸下货物后或带货移动时，货叉退回至接近车体的位置，因此前移式叉车行驶时的稳定性好。

前移式叉车有门架前移式叉车和货叉前移式叉车两种，如图1-12所示。门架前移式叉车的门架带着起升机构（包括货叉）沿着支腿内侧轨道前移，便于叉取货物。叉取完货物后，门架先起升一小段高度，再沿着支腿内侧的轨道回到原来的位置。货叉前移式叉车的门架则不动，货叉借助伸缩机构前伸，叉取货物。

视频

常用的典型叉车

（a）门架前移式叉车　　　　　　　　　　　　　（b）货叉前移式叉车

图1-12　前移式叉车

前移式叉车一般以蓄电池提供动力，额定起重量在3t以下。当门架向前升至顶端时，载荷重心落在支点的外侧，此时前移式叉车相当于平衡重式叉车；当货叉完全收回时，载荷重心落在支点的内侧，此时前移式叉车相当于电动堆垛机。两种特征的结合，使得前移式叉车具有操作灵活和高载荷的优点。此外，其车身小，身量轻，转弯半径小，机动性好，但缺点是行驶速度慢。其主要用于室内作业，但也能用于室外作业。

### 3. 侧面式叉车

侧面式叉车的门架、起升机构和货叉位于车体中部，如图1-13所示。其货叉位于车体的侧面，车体侧面还有货物平台。侧面式叉车取物时，门架向外伸出，叉取货物后货叉起升，门架退回，然后货叉下降，货物即被自动放置在货物平台上。

**想一想**

前移式叉车和侧面式叉车的结构特点，对其作业带来了哪些方便和不便？

侧面式叉车的优点：由于货物沿纵向放置，侧面式叉车适用于搬运条形长尺寸货物；货叉位于侧面，在出入库作业的过程中，车辆进入通道后货叉面向货架或货垛，这样在进行装卸时不必先转弯然后作业；货物放置在货物平台上，车辆行驶时稳定性好；相比平衡重式叉车，司机视野更好。其缺点是，门架和货叉只能向一侧伸出，当需要在对侧卸货时，必须先将侧面式叉车驶出通道并掉头。侧面式叉车适用于窄通道作业。

### 4. 插腿式叉车

插腿式叉车又称手动堆高机，其特点是前方带有小轮的支

图1-13　侧面式叉车

腿能与货叉一起伸入货物底部叉货，然后由货叉提升货物，如图1-14所示。由于货物重心位于前后轮之间，故这种叉车的稳定性好。其特点是起重量小，车速低，结构简单，外形小巧，对地面平整度要求较高，适合在狭窄的通道内工作。

（a）电动式插脚式叉车 　　　　　　　　（b）人工式插脚式叉车

图1-14　插腿式叉车

### 5. 高货位拣选式叉车

高货位拣选式叉车如图1-15所示，其主要作用是高货位拣选，适用于多品种、小批量货物出入库的高层货架仓库，也适用于那些仓库面积较小、高度较高，既需要很大的存储量及较高的搬运效率，又不想花巨额费用建自动仓库的情况。这种叉车的最大起升高度超过14m，通常巷道宽度为1.6m，额定载重量为1.5t，因此其在机械制造、电子电器行业使用得比较普遍。高货位拣选式叉车有上人式和不上人式两种，驾驶舱作为主体不随门架同时上升的为不上人式，驾驶舱随门架同时上升的为上人式。对比不上人式叉车，上人式叉车的优点是任何高度都可以保持水平操作，保证最佳视野，提高操作安全性。

> **查一查**
>
> 查询高货位拣选式叉车搬运货物的图片或视频，分析其作业特点，并体会其作业高度。

图1-15　高货位拣选式叉车

**6. 三向堆垛式叉车**

三向堆垛式叉车如图1-16所示。其货叉可以向前移动，也可以向左、向右转动，这使其适用于堆垛作业。

图1-16　三向堆垛式叉车

学有所思：

_____

_____

## 八、叉车的多功能属具

为了满足各类货物和各种作业的要求，多功能化已成为叉车发展的一种趋势。叉车可在短时间内通过更换属具，实现一车多用。常用的叉车属具有以下几种。

视频

叉车的多功能属具

**1. 货叉**

货叉是最常用的属具，是叉车重要的承载构件。货叉水平段的长度一般是载荷中心距的两倍，如果需要搬运体积大、质量轻的大件货物，需要更换加长货叉或在货叉上套装加长套。货叉如图1-17所示。

图1-17　货叉

**2. 串杆**

串杆又称挑杆，用于装卸环状货物，如圆盘、水泥管段、轮胎、卷钢等；有的串杆较长，可用于搬运地毯。串杆如图1-18所示。

图1-18　串杆

**3. 吊钩**

对于那些不便于叉取的货物，如捆扎、网袋装货物，可以采用吊钩进行作业。较多采用的是可变幅的吊钩，吊钩的幅度越大，其起重量越小。吊钩如图1-19所示。

**4. 倾翻叉架**

倾翻叉架可向前或向左、向右倾翻一定角度，用于原木等货物的装卸，也可用于铁屑、矿砂等散货的装卸。倾翻叉架如图1-20所示。

图1-19　吊钩

图1-20　倾翻叉架

**5. 推拉器**

推拉器可将货物直接推出货叉或者拉回货叉，从而可将货物堆垛得非常整齐。推拉器如图1-21所示。

**6. 夹持器**

夹持器由两个夹臂组成，夹臂有直角型和圆弧型两种。直角型夹臂的内侧为平面，这类夹臂适合搬运箱类货物和软包；圆弧形夹臂的内侧为弧面，这类夹臂适合搬运桶类货物和卷材。夹持器如图1-22所示。

图1-21 推拉器

图1-22 夹持器

## 7. 集装箱吊具

有些集装箱可以直接用货叉叉取，但20t以上的集装箱则必须使用集装箱吊具进行吊装，否则会造成集装箱变形或损坏。集装箱吊具如图1-23所示。

图1-23 集装箱吊具

### 九、叉车的选用

#### 1. 叉车选用应遵循的一般原则

叉车的种类很多，其结构特点和功能各不相同。因此，在选用叉车时，我们应根据货物的质量、状态、外形、尺寸及叉车的操作空间、驱动方式等进行合理选择，同时应选择适当的托盘，这样才能发挥叉车的使用价值。选用叉车时具体应遵循以下两点原则。

（1）满足使用性能要求。选用叉车时应合理确定叉车的技术参数，如额定起重量、各种速度、起升高度、门架倾角等。如果需要的起重量是非标准系列，最好使选用大于所需起重量的标准，这样较为经济；同时还应考虑叉车的通过性是否满足作业场地及通路要求，如最小转弯半径、最小离地间隙及门架处于最高位置和最低位置时的全高等。除此之外，叉车还要安全可靠，跑得快、停得下，无论在何种作业条件下，都有良好的稳定性。

视频
使用叉车搬运货物

（2）选择营运费用低、经济效益好的叉车。叉车除了要具有良好的使用性能，还应有较好的经济性，如使用费用低、燃料消耗少、维护保养费用低等。

视频
使用叉车装卸货物

#### 2. 选择叉车的主要依据

选用叉车时，可根据叉车的不同功用，确定所选叉车的类型，并根据作业区日吞吐量、作业区的高度和搬运距离确定叉车的技术参数和数量。

（1）作业区日吞吐量。作业区日吞吐量是指作业区（如车站、码头和仓库等）每天进出的货物的总重或搬运托盘的总数量。所选叉车的技术参数应与作业区日吞吐量相适应。我们要根据作业区日吞吐量来确定所选叉车的搬运能力和叉车的数量。叉车的搬运能力表现为叉车在一定时间内搬运的托盘数量或货物总重，它除了和叉车的额定起重量有关，还与叉车的使用环境和操作者有关。叉车的额定起重量是叉车的技术参数之一，是一个固定的数值。叉车的使用环境即作业区的大小及通道的长短。

（2）作业区的高度。根据作业区的高度来选择叉车货叉的最大起升高度。在选择时应保证货叉的最大起升高度高于作业区的高度。

（3）搬运距离。一般情况下，若在室内搬运且搬运距离近，可考虑选用电动式叉车；若在室外搬运且搬运距离较远，宜选用内燃式叉车。

#### 3. 影响选择叉车的其他因素

（1）托盘。大部分叉车都是以托盘为操作单位的，所以托盘的尺寸直接影响叉车的选择。如果托盘及所载货物的重心至货叉垂直段前臂的水平距离超过叉车的载荷中心距，叉车的载货能力将下降。目前使用最广泛的托盘是1200mm×800mm和1200mm×1000mm的四向式叉取式托盘，这两类托盘适用于各类叉车。

（2）作业区的场地。作业区场地的光滑度、平整度和承载能力会极大影响叉车的使用，尤其是室内作业区的场地。场地一般可分为3种情况：起伏较大的地面、波浪形的地面和平整的地面。如果作业区场地的承载能力不够，在选择叉车时应充分考虑叉车自重对地面的影响。

（3）电梯及集装箱的高度。如果叉车需要进出电梯或者在集装箱内作业，则电梯和集装箱的入口高度会影响叉车的选择，这时应充分考虑所选叉车是否能进入电梯及集装箱并在其内部作业。

### 十、叉车的正确使用

正确、合理使用叉车对于提高生产效率和降低营业费用具有十分重大的意义。

#### 1. 叉车司机应具备的条件

选用一名合格的司机是合理使用叉车的重要保证。叉车司机应具备下列条件。

（1）上岗前经过专门的技术培训。叉车司机必须经过安全教育和技术培训，通过基本理论学习和实际操作驾驶技术的训练，考核合格后方能驾驶叉车进行装卸作业。

（2）熟悉有关规章制度和安全操作规程，并且严格遵守，不得有任何违反。

（3）熟悉日常保养和维护工作，并认真负责、贯彻执行。

（4）叉车司机应该是专职人员，在驾驶叉车时必须聚精会神、专心致志。

**2. 叉车安全驾驶操作规程**

因为平衡重式叉车是物流生产中使用最为广泛的叉车，所以下面着重介绍平衡重式叉车的安全操作规程，主要包括检查车辆、起步、行驶和装卸4个部分。

（1）检查车辆。

① 叉车作业前，应检查外观，加注燃料、润滑油和冷却水。

② 检查启动、运转及制动性能。

③ 检查灯光、音响信号是否正常。

④ 叉车运行过程中应注意检查压力、温度是否正常。

⑤ 叉车运行后应检查外泄情况，如有外泄情况应及时更换密封件。

⑥ 对于电动式叉车，除应检查以上内容外，还应对电路进行检查。

（2）起步。

① 起步前，观察四周，确认无妨碍行车安全的障碍后，先鸣笛，后起步。

② 对于气压制动的叉车，气压制动表读数达到规定值后方可起步。

③ 在载物起步时，应先确认所载货物是否平衡可靠。

④ 起步时须缓慢平稳。

> **想一想**
>
> 叉车起步前应进行哪些安全检查？

（3）行驶。

① 行驶时，货叉底端距地高度应保持为300～400mm，门架须后倾。

② 行驶时不得将货架升得太高。进出作业现场或行驶途中，要注意上空有无障碍物刮碰。

③ 卸货后应先降落货叉至正常的行驶位置后再行驶。

④ 转弯时，如附近有行人或车辆，应先发出信号，并禁止高速急转弯。

⑤ 对于内燃式叉车，在下坡时严禁熄火滑行。

⑥ 非特殊情况，禁止在载物行驶过程中急刹车。

⑦ 载物行驶在坡度超过7°的上下坡场地和用高于1挡的速度上下坡时，非特殊情况不得使用制动器。

⑧ 叉车在运行时要遵守企业内交通规则，必须与前面的车辆保持一定的安全距离。

⑨ 叉车行驶时，载荷必须处在不妨碍行驶的最低位置，门架要适当后倾。除堆垛或装车外，不得升高载荷。

⑩ 叉车由后轮控制转向，所以必须时刻注意车后的摆幅，避免初学者驾驶时经常出现的转弯过急现象。

⑪ 禁止在坡道上转弯，也不应横跨坡道行驶。

（4）装卸。

① 叉载货物时，应按需要调整两货叉间距，使两货叉负荷均衡，两货叉不得偏斜，货物的一面应贴靠挡货架；叉载的质量应符合载荷中心曲线标志牌上的规定。

② 载物高度不得高于驾驶员的视线高度。

③ 在货物装卸过程中，必须用制动器制动叉车。

④ 货叉在接近或远离货物时应缓慢平稳，注意车轮不要碾压货物垫木，以免碾压物弹起伤人。

⑤ 货叉叉货时，应尽可能深地叉入载荷下面，还要注意叉尖不能碰到其他货物或物件。应通过最小幅度的门架后倾来稳定载荷，以免载荷向后滑动。放下载荷时可使门架略微前倾，以便于安放

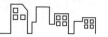

载荷和抽出货叉。

⑥ 禁止高速叉取货物和用叉头撞击坚硬物体。

⑦ 叉车作业时，禁止人员站在货叉上。

⑧ 叉车叉取货物时，禁止人员站在货叉周围，以免货物倒塌伤人。

⑨ 禁止用货叉举升人员从事高处作业，以免货物倒塌伤人。

⑩ 禁止用制动惯性放置物品。

⑪ 禁止在码头岸边直接叉装船上货物。

⑫ 禁止使用单叉作业。

⑬ 禁止超载作业。

**3. 电动式叉车蓄电池的充电**

电动式叉车的蓄电池是牵引型蓄电池，容量较大。在电动式叉车上使用的蓄电池组，输出电压为24～48V。

电动式叉车经常使用的是酸性蓄电池，电解液是浓度为27%～37%的硫酸水溶液，正极板是活性物质二氧化铅，负极板是海绵状铅。

严格地按照操作技术规程来进行充电，既能保证叉车保持良好的技术状态，提高工作效率，又能合理使用蓄电池，延长其使用寿命。这是使用蓄电池最重要的一环，凡是使用蓄电池工业车辆的物流部门都必须做到这一点。要做到这一点则必须有一支精通技术、能认真贯彻操作规程的充电技术队伍，建立科学的技术管理制度，完善充电及其他配套的各项设施。

电动式叉车的充电分为初次充电和日常充电。

（1）初次充电。将已经配好的20℃的电解液注入蓄电池内，高出正负极板15～20mm，此时蓄电池和电解液的温度会急剧上升，蓄电池需静置6h，待温度下降到30℃左右方可充电。充电电压应高于蓄电池串联电压的50%，电流应不小于5h放电率容量的15%。充电时由于有大量的气体产生，因此应把加液孔盖打开，便于排气，以防蓄电池爆炸。初次充电分为两个阶段进行。在第一阶段，以蓄电池容量的10%为充电电流（如500×10%=50A）；电压设置为（2.5×电瓶只数）V，第一阶段一般需要22～30h，当充到单只电压达2.4V时转入第二阶段。第二阶段以第一阶段充电电流的1/2继续充电（即50A÷2=25A），直至充入电量为额定容量的4.5～5倍为止，一般需要30～40h。

（2）日常充电。日常充电同样分两个阶段进行，充电电流与初次充电时相同，只是第一阶段需要7～12h，第二阶段需要3～5h。

**4. 使用蓄电池应注意的问题**

在一辆12t的电动式叉车的成本中，蓄电池费用占17%～20%。而在其营运费用中，蓄电池和充电的费用又占25%以上。合理使用蓄电池（合理充电和放电），可使蓄电池维持较长的寿命，合理使用、充电、放电的蓄电池在一般情况下可使用2～3年。但如果使用不当，蓄电池往往使用1年就要报废、更新。

（1）蓄电池应随购随用。未使用过的新蓄电池的保存期通常为1年，超期会影响其容量和使用寿命。应将蓄电池保存在0℃以上、30℃以下的干燥通风之处，并绝对避免潮湿。

（2）新蓄电池（或经干藏后再使用的蓄电池）在使用前要进行初次充电，之后要进行日常充电。充电的电压、容量、时间、电解液比重和温度等都有明确的操作技术规程，必须严格遵守。充电既要充足，又不能过度。

（3）必须按照额定容量放电，不得超负荷放电（如行车电动机与油泵电动机同时工作就会使蓄电池放电量过大）。

**想一想**

电动式叉车和内燃式叉车的使用场所有什么区别？

**想一想**

蓄电池使用过程中注意哪些问题能使蓄电池维持较长的寿命？

（4）不要过放电，放电到一定程度的蓄电池不能再继续使用。放电后的蓄电池应在短时间内及时充电（最长不超过12h），切忌长期搁置不管。

（5）电解液的比重、温度和容量与蓄电池的充电、放电有密切关系，要经常检查控制。如在使用过程中，由于蒸发的原因，电解液比重增大，就必须及时加注蒸馏水。

## 十一、叉车的维修、保养

良好的维修、保养不仅是保证叉车状态良好的必要条件，还是防止叉车过早磨损、延长叉车使用寿命和提高叉车经济效益的有效手段。

叉车的维修、保养分为三级进行。

### 1. 日常保养

日常保养应由司机每日进行。司机一般应进行使用前检查、出车中检查和使用后保养。日常保养的主要内容如下。

（1）清洁、擦拭门架、油缸、车体等外露部分的油污灰尘，保持叉车外部清洁。

（2）检查各部位紧固件，如螺丝、螺母和开口销等，如有松动或缺失，应紧固或配齐。

（3）检查电气线路接头的紧固情况，擦拭、打磨各接触器的接头，保证接触良好。

（4）检查制动油、液压油是否充足，如不充足要进行加油和注润滑油。

（5）检查蓄电池内电解液比重和液面高度是否正常。

### 2. 定期保养

叉车的定期保养包括一级保养和二级保养。一级保养每月进行一次，作业内容除日常保养作业项目外，以清洁、润滑、紧固为主，并检查有关制动、操纵等的安全部件。二级保养（停机）每半年进行一次，作业内容除一级保养作业项目外，以检查、调整为主，并拆检轮胎，进行轮胎换位。

小测验

### 3. 大修保养

大修保养每2～3年进行一次。

##  【素养园地】

### 司机视线被挡，盲目行驶作业致人重伤

某仓库理货员Q负责一批胶合板的验收入库工作。晚8点半，理货员Q由卸货现场准备进入库房内查看货物堆码情况，行至2号门时，遇叉车司机L驾驶载有2箱叠加胶合板（每箱重约1t）的叉车也经由2号门进库。由于叉车司机L的视线被前方货叉上的胶合板遮挡，加上现场光照不足，L没有看到正在前面行走的理货员Q（Q当时也没有留意身后行进中的叉车），进入库房时从Q身后将其撞倒，并将其上半身压在叉车底下，导致理货员Q骨盆骨折，多处肋骨骨折，胸腔内出血。

单位对该事故进行调查、分析认定，叉车司机L在作业中存在以下违规行为。

1. 为提高作业效率将货叉上货物堆码过高，导致货物遮挡视线，无法观察前方情况，作业中存在安全隐患。

2. 在夜间现场光照不足、货物遮挡视线的情况下，没有注意观察和确认前方路面和行人情况，贸然驾车行驶，导致事故发生。

3. 进出库门前也未按规定减速行驶并鸣笛示警。

另外，理货员Q安全意识淡薄，在作业现场及进出库房大门时，未注意观察身边作业叉车的行驶状态，未主动靠边行走或采取避让措施。

【测验与答疑】

线上测验

线上问答

 【自我测评】

根据学习情况，在表1-7的□中打"√"（A表示未理解，B表示基本理解，C表示完全理解）。

表1-7 自我测评表

| 项目 | 任务体系 | 评价指标 | 自我测评 |
|---|---|---|---|
| 项目一 | 任务一 | 1. 托盘的概念和分类 | □A □B □C |
| | | 2. 托盘的性能和特点 | □A □B □C |
| | | 3. 托盘货物的堆码方式 | □A □B □C |
| | | 4. 托盘货物的防塌措施 | □A □B □C |
| | | 5. 托盘的使用与维护 | □A □B □C |
| | | 6. 托盘的标准化 | □A □B □C |
| | | 7. 托盘的使用方式 | □A □B □C |
| | | 8. 托盘在联运系统中的管理 | □A □B □C |
| | 任务二 | 1. 叉车的概念 | □A □B □C |
| | | 2. 叉车的分类 | □A □B □C |
| | | 3. 叉车的优点 | □A □B □C |
| | | 4. 叉车的主要技术参数和主要性能 | □A □B □C |
| | | 5. 叉车的组成 | □A □B □C |
| | | 6. 常用的典型叉车 | □A □B □C |
| | | 7. 叉车的多功能属具 | □A □B □C |
| | | 8. 叉车的选用和正确使用 | □A □B □C |
| | | 9. 叉车的维修保养 | □A □B □C |

# 上架储存作业设备

项目二

仓库在接收货物之后，应将货物存入适当的位置，并进行合理的保管、养护，以确保货物的质量完好和数量无误。一般配送中心为了提高仓库的利用率，都将货物存储在货架上，所以需要进行上架储存作业。本项目的任务就是学习如何使用和管理好配送中心上架储存作业所用到的物流设施与设备——仓库、货架、自动化立体仓库、巷道堆垛机等，并对这些物流设施与设备进行适当的维护、保养。

 【学习目标】

## 知识目标

1. 熟悉各类仓库的特点及功能；
2. 熟悉各类货架的作用、功能和分类；
3. 掌握常用货架的结构特点与用途；
4. 掌握自动化立体仓库的基本情况、组成、分类、优点和应用中应注意的问题；
5. 掌握巷道堆垛机的分类、作用和工作特点。

## 能力目标

1. 培养对仓储设施设备的兴趣，并能正确使用、维护仓储设施设备；
2. 具有管理仓储设施设备的能力；
3. 能够正确使用货架；
4. 能够操作自动化立体仓库的设备，进行货物的出入库作业。

## 德育目标

1. 树立行业自信和专业自信；
2. 培养团队协作精神；
3. 培养爱岗敬业的品质；
4. 培养吃苦耐劳的精神。

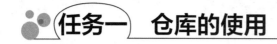 仓库的使用

## 【课前讨论】

2021年5月，物联云仓全国在线仓库新增75.43万m²，总面积超过3.29亿m²，在线可租面积超过4447.76万m²。仓库资源覆盖32个省份、230个城市、7543个园区。仓库按货物特点不同、保管条件不同、建筑结构不同，有多种分类。陕西省西安市某公司欲存储家居及日用品和部分医疗器械等货物，现需根据货物特性选择租赁合适的仓库并对货物长期存储。请在物联云仓平台查询西安、咸阳地区的可租赁仓库情况，综合租赁价格、地理位置等信息为该公司做出合理的选择，并说明理由。

实施建议：

1. 可根据班级具体情况，分小组或个人在智慧树平台进行讨论、分析；
2. 课堂展示讨论结果，小组互评或教师点评；
3. 教师依据课前讨论情况反映的预习效果，调整授课重点。

## 【任务描述】

仓库是进行仓库活动最为重要的设施，一个国家、一个地区、一个企业的物流系统中需要有各种各样的仓库，它们结构、形态各异，服务范围与服务对象也有着较大的差异。通过完成仓库的使用学习任务，学习者应能够根据货物的不同选用合适的仓库，根据货物的特性选择合适的储存区域及储位，对货物进行适宜的保管及养护，并能根据某个仓库的基本数据计算仓储设施的参数。

## 【知识学习】

### 一、什么是仓库

仓库是保管、储存物品的建筑物和场所的总称，如库房、货棚、货场等。仓库的种类很多，由于各种仓库所处的地位不同，所承担的储存任务不同，储存的货物品种规格繁多、性能各异，因此仓库可按照营运形态、保管条件、建筑结构、功能等分为不同的类型。

视频

仓库的种类

### 二、仓库的种类

#### 1. 根据营运形态分类

（1）自用仓库。自用仓库即各生产或流通企业为了满足本企业物流业务的需要而修建的附属仓库。这类仓库只储存本企业的原材料、燃料、产品或货物，一般工厂、企业、商店的仓库及部队的军勤仓库多属于这一类。

（2）营业仓库。营业仓库是专门为了经营储运业务而修建的仓库，是面向社会服务的，或以某个部门的物流业务为主，兼营其他部门的物流业务，如商业、货物、外贸等系统的储运公司的仓库等。营业仓库由仓库所有人独立经营，或者由分工的仓库管理部门独立核算经营。

（3）公共仓库。公共仓库属于公共服务的配套设施，为社会物流服务，如铁路车站的货场仓库、港口的码头仓库、公路货场的货栈仓库等。与前两种仓库相比，公共仓库的使用频率更高。

#### 2. 根据保管条件分类

（1）普通仓库。普通仓库是在常温下储存货物的仓库，用于存放一般性的货物，这类货物对于仓库没有特殊的要求，只要求仓库具有通用的库房或者堆场。普通仓库如一般的金属材料仓库、机电产品仓库等。普通仓库设施较为简单，但储存的货物种类繁杂，对作业过程和保管方法的要求均不同。普通仓库如图2-1所示。

图2-1 普通仓库

（2）保温仓库。保温仓库是用于储存对湿度、温度等有特殊要求的货物的仓库，包括恒温库、恒湿库及冷藏库等。这类仓库要有隔热、防寒、密封等功能，并配备专门的设备，如空调、制冷机等。保温仓库如图2-2所示。

图2-2 保温仓库

（3）特种仓库。特种仓库是用来储存危险品的仓库，如石油库、化学危险品库，以及专门用于储存粮食的粮仓等。特种仓库中的储存物种类单一、保管方法一致，但需要特殊的保管条件。特种仓库如图2-3所示。

**想一想**

哪些货物需要用保温仓库储存？请举例说明。

（a）危险品仓库

（b）粮仓

图2-3　特种仓库

（4）水上仓库。水上仓库指漂浮在水面的储存货物的趸船、囤船、驳船或其他水上建筑，或者在水面保管木材、在水下保管货物的水域。近年来由于国际运输油轮的超大型化，许多港口因水深限制不能让大型船舶直接进港卸油，往往要在深水区设立大型水面油库（超大型油轮）作为仓库转驳运油。水上仓库如图2-4所示。

图2-4　水上仓库

（5）气调仓库。气调仓库指用于存放要求控制库内氧气和二氧化碳浓度的货物的仓库，如图2-5所示。

图2-5　气调仓库

学有所思：
_____
_____

### 3. 根据建筑结构分类

（1）平房仓库。通常一层的仓库称为平房仓库。平房仓库结构简单，建筑费用低，人工操作比较方便，如图2-6所示。

图2-6　平房仓库

（2）楼房仓库。楼房仓库是指二层及二层以上的仓库，它可以减少土地占用面积。楼房仓库中，货物的层间移动需要借助设备才能完成，进出库需要采用机械化或者半机械化方式进行作业。楼房仓库的层间货物可依靠垂直运输机械移动，也可以依靠坡道相连。楼房仓库如图2-7所示。

图2-7　楼房仓库

（3）罐式仓库。罐式仓库构造特殊，呈球形或者圆柱形，主要用来储存石油、天然气或液体化工品，如图2-8所示。

图2-8　罐式仓库

（4）简易仓库。简易仓库构造简单、造价低廉，一般是在现有仓库不足而又不能及时建库的情况下采用的临时代用仓库，包括一些固定或活动的简易货棚等，如图2-9所示。

**想一想**

简易仓库适宜储存哪些种类的货物？

图2-9　简易仓库

（5）高层货架仓库。高层货架仓库本身是平房结构，但顶很高，内部设层数多，具有可保管10层以上托盘的仓库棚。在作业方面，高层货架仓库主要使用计算机进行管理，使用堆垛机、起重机等装卸搬运机械设备自动运转，能实现机械化和自动化操作。高层货架仓库也称为自动化立体库或者无人仓库，如图2-10所示。

**想一想**

利用网络查询几个高层货架仓库的高度并记录。

**4. 根据功能分类**

（1）储存仓库。储存仓库主要对货物进行保管，以解决生产和消费不均衡的问题，如将当年生产的大米储存到第二年卖，或将常年生产的化肥集中在春、秋季节供应。

（2）流通仓库。流通仓库除具有保管功能之外，还具有流通加工、装配、包装、理货及配送功能，具有周转快、附加值高、时间性强的特点，能减少连接生产和消费的流通过程中货物因停滞而产生的费用。

图2-10　高层货架仓库

（3）配送中心 。配送中心是向市场或直接向消费者配送货物的仓库。配送中心往往具有存货种类众多、存货量较少的特点，除了要进行货物包装拆除、配货组合等作业，一般还开展配送业务。

（4）保税仓库（保税货场）。保税仓库是经海关批准，在海关监管下，专供存放未办理关税手续而入境或过境货物的仓库。也就是说，保税仓库是获得海关许可的能长期储存外国货物的本国国土上的仓库。同理，保税货场是获得海关许可的能装卸或搬运外国货物并将其暂时存放的场所。

## 三、仓库的功能

仓库在物流系统中扮演着极为重要的角色，仓库的最基本功能是储存和保管货物。为了满足市场小批量、多样化的需求，仓库还担负着流通加工、拣选、配送和信息服务等功能。以系统的观点来看待仓库，仓库应该具备以下功能。

### 1. 储存和保管功能

仓库具有一定的空间，用于储存物品，并根据所储存物品的特性配备相应的设备，以保持物品完好。例如，储存挥发性溶剂的仓库必须设有通风设备，以防空气中挥发性物质含量过高而引起爆炸；贮存精密仪器的仓库需防潮、防尘、恒温，因此应设立空调等设备。在仓库作业时，还有一个基本要求，就是防止搬运和堆放时碰坏、压坏物品，因此要求搬运器具和操作方法不断改进和完善，使仓库真正起到储存和保管的作用。

### 2. 调节供需的功能

现代化大生产的形式多种多样，从生产和消费的连续来看，每种产品都有不同的特点。有些产品的生产是均衡的，而消费是不均衡的；还有一些产品的生产是不均衡的，而消费是均衡不断地进行的。要使生产和消费协调起来，就需要仓库起到"蓄水池"的调节作用。

### 3. 调节货物运输能力的功能

各种运输工具的运输能力是不一样的。船舶的运输能力很强，海运船的运输能力一般是万吨级的，内河船舶的运输能力也有几百吨至几千吨。火车的运输能力较弱，每节车箱能装运30～60吨，一列火车的运量最多达几千吨。汽车的运输能力很弱，一般每辆车能装4～10吨。它们之间的运输衔接是很困难的，这种运输能力的差异，也能通过仓库进行调节。

### 4. 配送和流通加工的功能

现代仓库的功能已处在由保管型向流通型转变的过程之中，即仓库从以储存、保管货物为中心

向以流通、销售为中心转变。仓库不仅要有储存、保管货物的设备，还要增加分拣、配套、捆绑、流通加工、信息处理等设备。这样既扩大了仓库的经营范围，提高了仓库的综合利用率，又方便了消费者，提高了服务质量。

### 5. 信息传递功能

以上功能的改变，导致仓库对信息传递的要求提高。在处理与仓库活动有关的各项事务时，我们需要依靠计算机和互联网，通过电子数据交换和条形码技术来提高仓储物品信息的传输速度，及时而又准确地了解仓储信息，如仓库利用水平、进出库的频率、仓库的运输情况、客户的需求，以及仓库人员的配置等。

### 6. 产品生命周期的支持功能

在供应链运作中，仓库以满足客户需求为目的，对产出地和销售地之间的货物、服务和相关信息进行计划、执行和控制，以实现高效率和低成本的正向和逆向的流动与储存，进而支持产品的整个生命周期。

### 7. 退货管理中心的功能

随着强制性质量标准的贯彻和环保法规约束力度加大，制造商和配送商要负责进行包装材料的回收，必然导致退货和再循环回收等逆向物流的产生。逆向物流与传统供应链方向相反，要将最终消费者持有的不合格产品、废旧物品回收到供应链的各个节点。作为供应链中的重要一环，仓库在逆向物流中承担了退货管理中心的职能，负责及时、准确定位问题货物，通知所有相关方面和发现退回货物的潜在价值，为企业增加预算外或抢救性收入；改进退货处理过程，控制可能发生的偏差；评估并最终改善处理绩效等。

## 四、仓库的参数

仓库在规划和使用时，经常要运用一些反映仓库能力及工作状态的参数，现将主要参数简述如下。

视频

仓库的参数

### 1. 仓库建筑系数

仓库建筑系数是各种仓库建筑物实际占地面积与库区总面积之比。

$$仓库建筑系数 = \frac{仓库建筑物占地面积}{库区总面积} \times 100\%$$

该参数反映库房及用于仓库管理的建筑物在库区内排列的疏密程度。

### 2. 库房建筑面积

库房建筑面积是仓库建筑结构的实际占地面积，用仓库外墙线所围成的平面面积来计量。多层仓库的建筑面积是每层的平面面积之和。

其中，除去墙、柱等无法利用的面积后的是有效面积，有效面积从理论上来讲都是可以利用的。但是，有效面积中，有一些是无法直接进行生产活动的，如楼梯等，除去这一部分的剩余面积称使用面积。

### 3. 库房建筑平面系数

库房建筑平面系数是衡量使用面积所占比率的参数。

$$库房建筑平面系数 = \frac{库房使用面积}{库房建筑面积} \times 100\%$$

### 4. 库房面积利用率

库房面积利用率是衡量使用面积中实际存放货物所占面积的比率的参数。

$$仓库面积利用率 = \frac{堆存货物面积}{使用面积} \times 100\%$$

这个参数表示使用面积被有效利用的程度，也对应、衡量出未实际存放货物面积所占比率。

**5. 库房高度利用率**

库房高度利用率是反映库房空间高度被有效利用程度的参数。

$$库房高度利用率 = \frac{货垛或货架平均高度}{库房有效高度} \times 100\%$$

这个参数和库房面积利用率起的作用是一样的，即衡量仓库使用面积的有效利用程度。

**6. 仓容**

仓容指仓库中可以存放货物的最大数量，以质量单位t表示。

仓容大小取决于面积大小、单位面积承载货物质量的能力，以及货物的安全要求。仓容反映的是仓库的最大储存能力，是衡量流通生产力的重要参数。

想一想
粮仓配送中心绩效评价的考核指标侧重应有何不同？

**7. 仓容利用率**

仓容利用率指实际库容量与仓容之比，一般以年平均值为考核计算依据，反映仓容利用程度的高低。

$$仓容利用率 = \frac{实际库容量}{仓容} \times 100\%$$

**8. 仓库有效容积**

仓库有效容积指仓库有效面积与有效平均高度的乘积。以往的仓库指标，主要描述仓库平面利用的情况，按仓容指标的计算方法，仓容等于仓库使用面积乘以单位面积储存量，与仓库高度关系不大。而有时仓容并不能反映仓库容积利用情况。随着高平房仓库及立体仓库的出现，面积利用指标已不能完全反映仓库的利用情况。

$$仓库有效容积 = 仓库有效面积 \times 有效平均高度$$

**9. 仓库容积利用率**

仓库容积利用率指仓库有效容积中实际使用的容积所占的比率。

$$仓库容积利用率 = \frac{实际使用的容积}{仓库有效容积} \times 100\%$$

**10. 仓库周转次数**

仓库周转次数是年入库总量或年出库总量与年平均库存之比，反映仓库动态情况，是生产性仓库和流通仓库的重要指标。在年出入库总量一定的情况下，提高周转次数，则可降低静态库存的数量，从而用较小的仓库完成较多的任务。

$$仓库周转次数 = \frac{年进（出）库总量}{年平均库存}$$

## 五、仓储设备的分类和特点

在物流系统中，仓库扮演着极为重要的角色，具备很多重要功能。同时，仓储活动也离不开仓储设备的支持。仓储设备是指仓库进行生产和辅助生产作业及保证安全作业所必需的各种机械设备的总称。

**1. 仓储设备的分类**

按照功能的不同，仓储设备可分为储存设备（货架）、物料搬运设备、分拣设备、计量设备、货物保养设备、检验维修设备、安全设备等。

按照作业方式的不同，仓储设备可分为搬运机械设备（叉车、输送机等）、起

视频
仓库设备的分类与特点

重吊装机械设备（桥式起重机、龙门起重机等）和存取设备（巷道堆垛机、装卸堆垛机器人等）。

小测验

按照使用范围的不同，仓储设备可分为专用机械设备和通用机械设备。

按照作业形式的不同，仓储设备可分为固定式机械设备和流动式机械设备。

**2. 仓储设备的特点**

仓储设备是在特定环境中完成特定的物流作业功能，它们在结构、外形和功能上差异很大，但同时又有一些共性。

（1）一般在物流节点内工作，其作业场所固定，工作范围相对较小，运行路线比较固定。

（2）对安全性、节能性、环保性和经济性的要求高。

（3）机械化、自动化程度高。

（4）专业化、标准化程度高。

学有所思：
_____
_____

# 任务二　货架的使用

## 【课前讨论】

随着货架行业的发展，货架可以通过不同的组合形式运用于各行各业，不仅提高了企业的仓库空间利用率，而且给企业的仓库管理带来了诸多便利。要想合理运用仓库空间，在有限的空间内存放更多的货物，正确选择合适的货架就显得非常重要。选择货架时，首先需要考虑如何有效利用空间，如何提高仓库的利用率；其次需要考虑如何促进货物之间的流动，便于管理利用空间，这时可以将货物进行分类，分析货物特点和需要的货架类型。某仓库规划储存的货物主要有日用品及家居用品，主要为箱装货物。请为该仓库选择合适的货架，并说明理由。

实施建议：

1. 可根据班级具体情况，分小组或个人在智慧树平台进行讨论、分析；

2. 课堂展示讨论结果，小组互评或教师点评；

3. 教师依据课前讨论情况反映的预习效果，调整授课重点。

## 【任务描述】

货架泛指存放货物的架子，在仓储中占有非常重要的地位。为了改善仓储环境和条件，货架不仅要有一定的数量，而且要具有多种功能。通过完成货架的使用学习任务，学习者应能够根据货物的不同选用合适的货架，了解如何选择合适的货架，才能有效提高仓库的空间利用率。

## 【知识学习】

### 一、什么是货架

在仓储设备中，货架是指专门用于存放成件物品的保管设备，根据GB/T 18354—2021《物流术语》，货架是指由立柱、隔板或横梁等结构件组成的储物设施。货架在仓库中占有非常重要的地位，随着现代工业的迅猛发展，物流量的大幅度增加，为实现仓库的现代化管理，改善仓库的功能，货架不仅要数量多，而且要具有多种功能，并能满足机械化、自动化要求。

## 二、货架的作用

货架在现代物流活动中起着相当重要的作用。仓库管理能否实现现代化，与货架的种类、作用有直接的关系。货架的作用有如下几点。

（1）货架是一种架式结构物，可充分利用仓库空间，提高仓库利用率，提高仓库储存能力。

（2）存入货架中的货物互不挤压、损耗小，因此货架可保证货物本身的完整，减少货物的损失。

（3）货架中的货物存取方便，便于清点和计量，可做到先进先出。

（4）货架可以采取防潮、防尘、防盗、防破坏等措施，从而保证货物的质量。

（5）很多新型货架的结构和功能有利于实现仓库的机械化及自动化管理。

## 三、货架的分类

### 1. 按货架的发展分类

（1）传统式货架，包括层架、层格式货架、抽屉式货架、橱柜式货架、U形架、悬臂式货架、栅架、鞍架、气罐钢筒架、轮胎专用货架等。

（2）新型货架，包括旋转式货架、移动式货架、装配式货架、调节式货架、托盘式货架、驶入式货架、高层货架、阁楼式货架、重力式货架、臂挂式货架等。

视频

货架的分类

### 2. 按货架的适用性分类

按货架的适用性，货架可分为通用货架与专用货架。

### 3. 按货架的制造材料分类

按货架的制造材料，货架可分为钢货架、钢筋混凝土货架、钢与钢筋混凝土混合式货架、木制货架、钢木合制货架等。

### 4. 按货架的封闭程度分类

按货架的封闭程度，货架可分为敞开式货架、半封闭式货架、封闭式货架等。

### 5. 按结构特点分类

按货架的结构特点，货架可分为层架、层格式货架、橱柜式货架、抽屉架、悬臂式货架、栅形架等。

### 6. 按货架的可动性分类

按货架的可动性，货架可分为固定式货架、移动式货架、旋转式货架、组合货架、可调式货架、流动储存货架等。

> **做一做**
>
> 绘制货架分类的思维导图。

### 7. 按货架的结构分类

（1）整体结构式：货架直接支撑仓库屋顶和围墙。

（2）分体结构式：货架与建筑物分为两个独立的系统。

### 8. 按货架的载货方式分类

按货架的载货方式，货架可分为悬臂式货架、橱柜式货架、棚架。

### 9. 按货架的构造分类

（1）组合可拆卸式货架。

（2）固定式货架，其中又分为单元式货架、一般式货架、流动式货架、贯通式货架。

### 10. 按货架高度分类

（1）低层货架：高度在5m以下。

（2）中层货架：高度在5～15m。

（3）高层货架：高度在15m以上。

**11. 按货架质量分类**

（1）重型货架：每层货架载质量在500kg以上。

（2）中型货架：每层货架载质量在150～500kg。

（3）轻型货架：每层货架载质量在150kg以下。

## 四、货架的类型

### （一）层架

**1. 结构与种类**

层架由主柱、横梁、层板构成，架子本身分为数层，层间用于存放货物，如图2-11所示。

图2-11　层架

层架应用广泛、种类繁多，一般可进一步划分如下。

（1）按层架存放货物的重量级，层架可分为重型层架、中型层架和轻型层架3种。层架的尺寸规格可在很大范围内变动，一般而言，轻型层架主要由人工进行装货、取货操作，尺寸规格及承载能力都和人的搬运能力相匹配，高度一般在2.4m以下，厚度在0.6m以下；中型、重型货架则要大得多，高度可达4.5m，厚度可达1.2m，宽度可达3m。几种常见轻型货架如图2-12所示，其尺寸规格及最大容许荷重见表2-1。

视频

层架与层格架

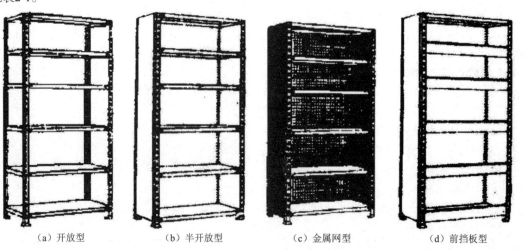

（a）开放型　　　　（b）半开放型　　　　（c）金属网型　　　　（d）前挡板型

图2-12　几种常见轻型货架

表2-1 轻型货架尺寸规格及最大容许荷重

| 厚度 | 最大容许载荷 | | | |
|---|---|---|---|---|
| | 宽900mm | 宽1200mm | 宽1500mm | 宽1800mm |
| 150mm | 100kg | 100kg | 150kg | 150kg |
| 300mm | 150kg | 150kg | 150kg | 150kg |
| 600mm | 150kg | 150kg | 150kg | 200kg |

（2）按货架结构，层架可分为装配式、固定式及半固定式3种。装配式层架多用于轻型货架，采用轻钢结构，较为机动灵活；固定式层架坚固、结实、承载能力强，多用于重型、中型层架。

（3）按货架封闭程度，层架可分为开放型、半开放型、金属网型、前挡板型等若干种。

（4）按层板安装方式，层架可分为固定层高及可变层高两种。

**2. 特点及用途**

层架具有结构简单、省料、适用性强等特点，便于作业，但存放货物的数量有限。

中型、重型层架一般采用固定式层架，坚固、结实、承载能力强；能储存大件货物或中型、重型货物，可配合叉车等使用；能充分利用仓容面积，提高仓储能力。

轻型层架一般采用装配式层架，较灵活机动，结构简单，承载能力较差；适于人工存取轻型或小件货物，存放货物数量有限，是人工作业仓库的主要储存设备。

**（二）托盘式货架**

**1. 结构与种类**

托盘式货架俗称横梁式货架，或称货位式货架，通常为重型货架，在国内的各种仓储货架系统中最为常见，是存放装有货物的托盘的货架。托盘式货架多为钢材结构，也可用钢筋混凝土结构，可做单排型连接，也可做双排型连接。托盘式货架的尺寸大小，视仓库的大小及托盘的尺寸大小而定。

> 视频
>
> 托盘式货架

**2. 特点及用途**

用托盘装载货物时，如将托盘直接堆码，会存在如下问题。

（1）用平托盘直接堆码，两盘之间及最下层的货物会受到挤压，甚至造成货物损坏，这种堆码方法也不能做到先进先出。

（2）当各个托盘装载不同货物时，只能单摆，不能堆码，导致仓容利用率低。

（3）使用柱式托盘或框架式托盘时，虽然可以堆码，使货物不受挤压，但堆码的货物不能太高，否则稳定性差，不安全。

采用托盘式货架，每一个托盘占一个货位，能克服上述问题。较高的托盘式货架可使用堆垛起重机存取货物，较低的托盘式货架可用叉车存取货物。托盘式货架可实现机械化装卸作业，便于单元化存取，可提高仓容利用率，也可提高劳动生产率，实现高效率的存取作业，并且便于实现计算机的管理和控制。

最普通的一种托盘式货架如图2-13所示，其优点是存取方便，拣取效率高。但是这种货架的储存密度较低，需要较多的通道。这种形式的货架适用于品种数量、批量中等货物的储存，层高在6m以下，以3～5层为宜。此外，它可任意调整组合、施工简易、经济实惠、出入库不受先后顺序影响，一般的叉车都可使用。

> **想一想**
>
> 托盘式货架的货物上架入库用到的设备有哪些？

在选用托盘式货架时，应考虑储存单元的尺寸、质量和堆放层数，以便决定支柱和横梁尺寸。图2-13所示的为一般的托盘堆放方式，即一个横梁开口存放两个托盘。

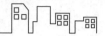

图2-13　托盘式货架

## （三）层格式货架

### 1. 结构与种类

层格式货架的种类和结构与层架类似，区别在于层格式货架的某些层甚至每层都用间隔板分成若干个格，如图2-14所示。

图2-14　层格式货架

### 2. 特点及用途

一般来说，层格式货架每格只能放一种货物。其存放的货物不易混淆，但存放数量不多，并且层间光线暗，不易存取。层格式货架主要用于存放规格复杂多样，必须互相间隔开的货物。

## （四）抽屉式货架

### 1. 结构与种类

抽屉式货架与层格式货架类似，区别在于抽屉式货架的层格中有抽屉，如图2-15所示。

### 2. 特点及用途

抽屉式货架属于封闭式货架，具有防尘、防湿、避光的作用，用于存放怕尘土、怕湿等的小件贵重物品，如刀具、量具、精密仪器、药品等。

视频

抽屉式货架、橱柜式货架

---

**想一想**

对比、分析抽屉式货架与橱柜式货架适宜存放的货物类型的差异。

---

图2-15　抽屉式货架

### （五）橱柜式货架

**1. 结构与种类**

橱柜式货架在层格式货架或层架的前面装上橱门，将上下左右及前后均封闭起来，门可以是开关式，也可以是左右拉开式或卷帘式。门可以是木质、玻璃质、钢质的，也可以是各种纱门。橱柜式货架如图2-16所示。

图2-16　橱柜式货架

**2. 特点及用途**

橱柜式货架也属于封闭式货架，其特点及用途和抽屉式货架相似，用于存放贵重物品、文件、文物及精密配件等。

### （六）U形架（H形架）

**1. 结构与种类**

U形架外形呈U形，组合叠放后呈H形。为了能重叠码放和便于吊装作业，货架的两边上端形成吊钩形角顶，如图2-17所示。

---

**查一查**

利用网络查找U形架储存货物的图片，总结U形架适宜储存哪些常见的货物。

---

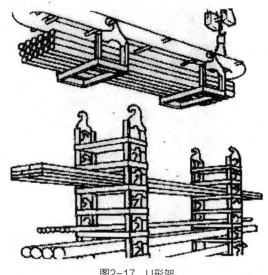

图2-17　U形架

### 2. 特点及用途

U形架结构简单，但强度很高，价格较低，码放货物时可叠高，因而可提高仓库的利用率。此外，U形架可随货收发，因而可节省收发时的倒装手续，实现机械化操作，做到定量存放。U形架主要用于存放量大的管材、型材、棒材等大型长尺寸金属材料、建筑塑料等。

### （七）悬臂式货架

#### 1. 结构与种类

悬臂式货架由3～4个塔形悬臂和纵梁相连而成，如图2-18所示，分单面和双面两种。悬臂式货架用金属材料制造，为防止材料碰撞或产生刻痕，可在金属悬臂上垫上木质衬垫，也可用橡胶带保护材料。悬臂式货架的尺寸不一，一般根据所放长条形材料的尺寸大小而定。

> **查一查**
> 利用网络查找悬臂式货架储存货物的图片，总结悬臂式货架适宜储存哪些常见的货物。

图2-18　悬臂式货架

### 2. 特点及用途

悬臂式货架适于存放轻质的长条形材料，可用人力进行存取操作，重型悬臂式货架适用于存放长条形金属材料。

### （八）栅架

#### 1. 结构与种类

栅架分固定式和活动式两种，有用钢材焊接或铆接而成的，也有用钢材与木材混合制成的，规格尺寸有多种，如图2-19所示。

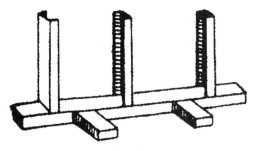

图2-19 栅架

### 2. 特点及用途

栅架存取材料方便，可实现机械化作业，缺点是占地面积大，仓容利用率低，主要用于存放长条形金属材料。

### （九）驶入式货架
#### 1. 结构与种类

驶入式货架又称进车式货架，其结构如图2-20所示。这种货架采用钢质结构，钢柱上一定位置有向外伸出的水平突出构件。当托盘送入时，突出的构件将托盘底部的两个边托住，使托盘本身成为货架横梁。当货架上没有放托盘货物时，货架正面便成了无横梁状态，这时就形成了若干通道，可方便叉车等作业车辆出入。

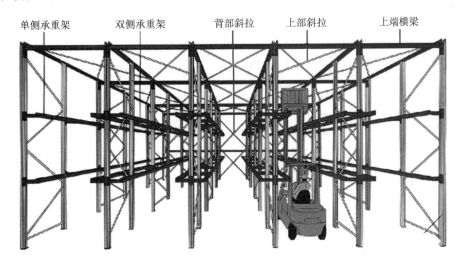

图2-20 驶入式货架

### 2. 特点及用途

驶入式货架的特点是叉车可直接驶入其中进行作业。叉车以与货架正面垂直的方向驶入，在最内部设有卸放托盘货物的位置，取货时再以从外向内的顺序取货。驶入式货架能起到保管场所及叉车通道的双重作用，但叉车只能从货架的正面驶入。这样虽然可提高仓容利用率及空间利用率，但是很难实现先进先出。因此，货架的每一巷道只宜保管同一品种的货物，并且只适用于保管品种少、批量大且不受保管时间限制的货物。驶入式货架是高密度存放货物的重要货架，仓容利用率可达90%以上。

> **查一查**
>
> 利用网络查找驶入式货架出入库作业视频，并分析驶入式货架的优缺点。

### （十）移动式货架

**1. 结构与种类**

移动式货架又叫动力式货架，通过货架底部的电机驱动装置，它可在水平直线导轨上移动。这种货架一般设有控制装置和开关，在30秒内控制货架移动，叉车可进入存取货物，如图2-21所示。此外，这种货架有变频控制功能，可控制移动和停止时的速度，以防货架上的货物抖动、倾斜或倾倒。在其适当位置还安装有定位用的光电传感器和可刹车的齿轮马达，能提高定位精度。

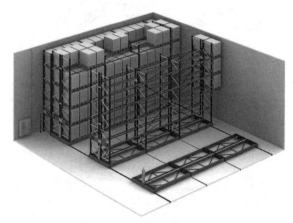

图2-21　移动式货架

**2. 特点及用途**

（1）比一般固定式货架储存量大很多，能节省空间。

（2）适合保管品种少、批量大、进出频率低的货物。

（3）能节省地板面积，面积利用率达80%。

（4）可直接存取每一项货品，不受先进先出的限制。

（5）高度可达12m，单位面积的储存量可达托盘式货架的2倍左右。

（6）成本高，施工慢。

### （十一）重力式货架

重力式货架又称流动式货架，是现代物流系统中一种应用广泛的设备，如图2-22所示。其原理是利用货物的自重，使货物在有一定高度差的通道上，从高向低运动，从而完成进货、储存、出库的作业。

图2-22　重力式货架

### 1. 结构与种类

重力式货架和一般的层架从正面看基本相似，但是其深度比一般的层架深得多，其结构类似于许多层架密集靠放。每一层隔板前端（出货端）低、后端（进货端）高，有一定坡度。有一定坡度的隔板可制成滑道形式，货物沿滑道从高向低滑动，也可制成滑轨、辊子或滚轮，以提高货物的运动性能。

视频

重力式货架

图2-22展示的是一个带辊子滑道的重力式货架，这种货架的辊子或滚轮结构有固定式和托起式两种。固定式辊子或滚轮一旦装上之后，不能再改变。托起式辊子或滚轮则可在不需要滚动时落入槽内，货物则托放于槽板上，以保持稳定。需要使货物运动时，只要给槽内软管充气，使之鼓胀，就能将辊子或滚轮托起，使货物离开槽板而置于滚轮之上，这样货物便能在自重作用下沿辊子或滚轮向低处运动。

### 2. 特点及用途

（1）单位库房面积储存量大。重力式货架是密集型货架的一种，能够大规模密集存放货物。与移动式货架相比，其规模可做得很大，可以存放从1kg以下的轻体小件物到集装托盘，甚至小型集装箱。图2-23所示为托盘重力式货架。

**查一查**

利用网络查找重力式货架出入库作业视频，并分析重力式货架实现先进先出的作业过程。

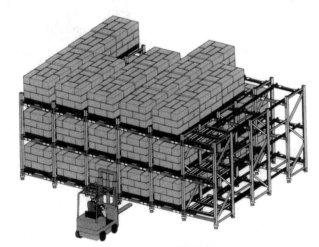

图2-23　托盘重力式货架

由于密集程度很高，减少了通道数量，采用重力式货架可有效节省仓库面积。由普通货架改为重力式货架后，仓库面积可节省近50%。

（2）固定了出入库位置，缩短了出入库工具的运行距离。采用普通货架出入库时，搬运工具，如叉车、作业车需要在通道中穿行，这样易出差错且运行线路难以规划，运行距离也长。采用重力式货架后，叉车和作业车运行距离可缩短1/3。

（3）由于入库作业和出库作业完全分离，两种作业可各自向专业化、高效率方向发展。而且在出入库时，工具不互相交叉、干扰，使得事故率降低、安全性增强。

（4）和驶入式货架等密集储存方式不同，重力式货架绝对保证先进先出，因而符合仓库管理现代化的要求。

（5）和一般货架相比，重力式货架大大缩小了作业面，有利于进行拣选活动。

使用重力式货架时必须注意货架总深度（即导轨长度）不能过深，否则不可利用的上下"死角"会较大，影响空间利用效果。而且，如果坡道过长，下滑的可控性会较差。下滑的冲力较大，则易导致下滑不畅或者下滑受阻，导致托盘货物倾翻。为了使下滑流畅，如果坡道较长，应在中间加设阻尼装置；为了使托盘货物下滑至最底端时不至于因冲击力过大而倾翻，应在坡道最低处设缓

冲装置和取货分隔装置。因此，此类货架设计、制造、安装的难度较大，成本较高。此类货架不宜过高，一般在6m以内，单托货物质量一般在1000kg以内，否则其可靠性和可操作性会减弱。

### （十二）阁楼式货架

#### 1. 结构与种类

阁楼式货架的结构有两种，一种为底层货架承重，上部搭置楼板形成一层新的库面；另一种是由立柱承重，上部搭置楼板形成新的库面。有的阁楼式货架的二层库面为地堆式（见图2-24），而有的阁楼式货架在二层库面上也设置了货架（见图2-25）。

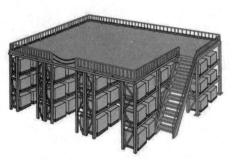

图2-24 底层货架承重的阁楼式货架

图2-25 立柱承重的阁楼式货架

#### 2. 特点及用途

阁楼式货架是在已有的仓库工作场地上面建造阁楼，在阁楼上面放置货架或直接用于放置货物，将原有的平房仓库改为两层的楼房仓库，货物的提升可用输送机、提升机、电葫芦、升降台等进行。在阁楼上面可用轻型小车或托盘牵引车进行货物的堆码。这种货架的特点是充分利用空间，一般用于旧库改造。

一般的旧库，库内有效高度为4～5m，如果安装一般的货架或者就地堆放货物，在操作上受人的高度限制，只能利用2m左右。采用阁楼式货架后，可几乎成倍提高原有仓库利用率，缺点是存取作业效率低。

阁楼式货架主要用于存放储存期较长的中小件货物。

### （十三）旋转式货架

旋转式货架又称回转式货架，它是为适应目前生产及生活资料由品种少、批量大向品种多、批量小发展的趋势而发展起来的一类现代化保管储存货架。这种货架的出现，可以解决货物品种迅猛增加所带来的拣选作业工作量大、劳动强度高、系统日益复杂的问题。

按照货物的拣选方式，货架可以归纳为两种：一种是货物存放在固定的货架内，供操作者取货；另一种是货架可以按水平、垂直、立体方向旋转，货物随货架移动到操作者面前，而后被操作者选取。旋转式货架属于后一种。

旋转式货架在存取货物时，可用微机控制，也可用控制盘控制，货格根据下达的指令，以最近的路线自动旋转至拣货点停止。这种货架储存密度大，货架间不设通道，和固定式货架比，可节省30%～50%的占地面积。由于货架会转动，使用这种货架时拣货路线短、拣货效率高、拣选差错少。根据旋转方式的不同，这种货架可分为垂直旋转式、多层水平旋转式与整体水平旋转式3种。

#### 1. 垂直旋转式货架

（1）结构。这种货架类似于垂直提升机，在提升机的两个分支上悬挂有成排的货格，提升机可顺时针旋转，也可逆时针旋转。货架高2～6m，正面宽2m左右，共10～30层不等，单元货位载重

100~400kg，回转速度为6m/min左右。其结构如图2-26所示。

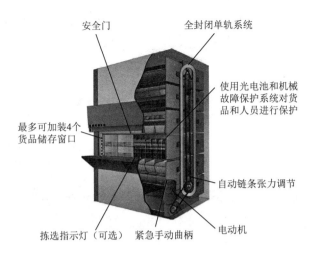

图2-26　垂直旋转式货架

（2）特点及用途。垂直旋转式货架属于拣选型货架，占地空间小，存放的货物品种多，最多可达1200种。另外，货架货格的小隔板可以拆除，从而可以灵活地储存各种长度的货物。货架的正面及背面均设置拣选台面，可以方便安排出入库作业。在旋转控制上使用有编号的开关按键即可以轻松操作，也可以利用计算机控制，形成联动系统，将指令要求的货格经最短路线送至拣选位置。

这种货架主要适用于品种多、拣选频率高的货物；如果取消货格改成支架，可用于成卷货物的存取，如地毯、纸卷、塑料布等。

**2. 多层水平旋转式货架**

（1）结构。此种货架的最佳长度为10~20m，高度2~3.5m，单元货位载重200~250kg，回转速度约20~30m/min。

（2）特点及用途。多层水平旋转式货架是一种拣选型货架，如图2-27所示。这种货架的各层可以独立旋转，每层都有各自的轨道，用计算机操作时，可以同时执行几个命令，使各层货物从近到远、有序地到达拣货点，拣选效率很高。

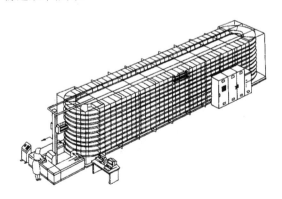

图2-27　多层水平旋转式货架

此外，这种货架储存货物的品种多，可达2000种以上，主要用于出入库频率高、多品种拣选的配送中心等。

### 3. 整体水平旋转式货架

（1）结构。这种货架由多排货架联结，每排货架又有若干层货格，货架做整体水平式旋转，每旋转一次，便有一排货架到达拣货点，可对这一排的各层货物进行拣货，其结构如图2-28所示。

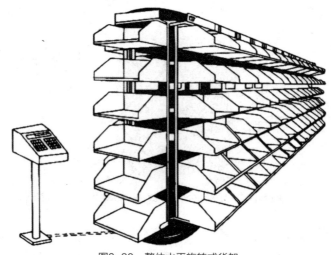

图2-28　整体水平旋转式货架

（2）特点及用途。这种货架每列可放置同种货物，但包装单位应不同，如上部货格放置小包装、下部货格放置大包装，拣选时不再计数，只取需要数量的包装即可；也可以在一列货架的不同货格放置互相配套的货物，一次拣选可在一列中将相关货物拣出；这种货架还可做小型分货式货架，每列不同货格放置同种货物，货架旋转到拣货点后，将货物按各客户分货要求拣出，分放到各客户的指定货位，使拣选、分货结合起来。

> **想一想**
> 如何延长仓储货架的使用寿命？

所以，整体水平旋转式货架主要是拣选型货架，也可看成是拣选、分货一体化的货架。这种货架旋转时动力消耗大，不大适用于拣选频率太高的作业，所放置的货物主要是各种包装单位的货物，种类的数量受货架长度制约。整体水平旋转式货架也可制成长度很长的货架，可增大储存容量，但由于动力消耗大、拣选等待时间长，不适于随机拣选，在需要成组拣选或可按顺序拣选时可以采用。这类货架规模越大、长度越长，其拣选功能便越会逐渐向分货功能转化，成为适用于小型分货领域的分货式货架。

仓库通常使用的货架与仓库建筑相比，结构简单、制造容易且灵活性很强，所以是很容易采用的。现代仓库中的某些货架已逐渐向高科技发展。货架的地位也由货架从属于仓库，变成仓库从属于货架。当前使用的货架，从技术水平最低的一般层架到自动化货架，在很广的领域中发展，因而适用领域极广。

学有所思：
_____

_____

## 五、储存设备的选用

一般储存设备的选用应按照系统化的原则，从经济和效率的角度综合考虑各项因素，选择最适应的类型。储存设备选用的考虑因素如图2-29所示。

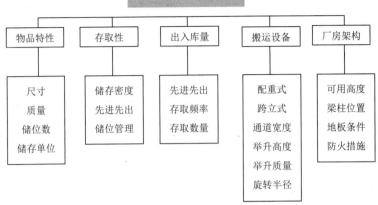

图2-29 储存设备选用的考虑因素

**1. 物品特性**

所储存物品的外形、尺寸直接关系到货架规格的选定，物品的质量则直接影响到的货架强度的选择。不同的储存单位，如托盘、容器或单品均有不同的货架选用类型。此外，在预估总储位数时，必须考虑到企业未来两年的成长需求。

**2. 存取性**

一般存取性与储存密度是相对的。也就是说，为了得到较高的储存密度，必须相对牺牲物品的存取性。虽然有些形式的货架可得到较佳的储存密度，但其储位管理相对较为复杂，也常无法做到先进先出。唯有立体自动仓库存取性与储存密度俱佳，但其相对投资成本较高。因此选用何种形式的储存设备，可说是各种因素的折中，也是一种策略的应用。不同储存设备特性比较如表2-2所示。

表2-2 储存设备特性表

| 比较项目 | 托盘式货架 | 驶入式货架 | 移动式货架 | 自动化立体仓库 |
|---|---|---|---|---|
| 货架占用面积 | 大 | 小 | 小 | 小 |
| 储存密度 | 低 | 高 | 高 | 高 |
| 空间利用 | 普通 | 很好 | 非常好 | 非常好 |
| 存取性 | 非常好 | 差 | 好 | 非常好 |
| 先进先出 | 可 | 不可 | 可 | 可 |
| 通道数 | 多 | 少 | 少 | 多 |
| 单位纵深货位数 | 1 | 最多15 | 1 | 2 |
| 堆叠高度/m | 6 | 10 | 10 | 14 |
| 出入库能力 | 中 | 小 | 小 | 大 |

**3. 出入库量**

某些形式的货架虽有很好的储存密度，但出入库量却不高，适用于低频率的作业。出入库量是非常重要的数据，也是选用储存设备的考虑重点。不同的储存单位、出入库频率与其相适应的设备储存类型的参考数据如表2-3所示。

表2-3 存储设备以出入库区分

| 存储单位 | 高频度 | 中频度 | 低频度 |
|---|---|---|---|
| 托盘 | 重力托盘式货架（20~30托盘/h）<br>自动化立体仓库（30托盘/h）<br>水平旋转自动货架（10~60s/单位） | 托盘式流动货架（10~15托盘/h） | 驶入式货架（10托盘/h以下）<br>驶出式货架<br>移动式货架 |
| 容器 | 容器流动货架<br>轻负载自动仓库（30~50箱/h）<br>水平旋转自动仓库（20~40s/单位）<br>垂直旋转自动仓库（20~30s/单位） | 轻型货架（中量型） | 抽屉式流动货架 |
| 单品 | 单品自动拣取系统 | 轻型货架（轻量型） | 抽屉式货架 |

### 4. 搬运设备

仓库的存取作业是通过搬运设备来完成的。叉车是一般的通用搬运设备，而货架的通道宽度会直接影响到叉车的选用。所以，货架通道宽度应该根据叉车的作业通道宽度来选择。

### 5. 厂房架构

仓库厂房的架构也会影响储存设备的选用。仓库的可用高度会限制货架高度，梁柱位置会影响货架长度，仓库的地板条件与防火措施等因素也是选用货架的类型时要考虑的因素。

# (任务三) 自动化立体仓库的使用

## 【课前讨论】

近几年，不管是电子、化工还是汽车、烟草等行业，都纷纷选择了适合自己的自动化立体仓库，并且自动化立体仓库的应用范围和使用率每年都在增长。医药生产行业是最早使用自动化立体仓库的行业之一，自动化立体仓库能够让医药产品保持最佳的品质，并且便于对医药产品进行分类管理。如今，汽车制造、连锁零售、机械加工、食品饮料、电子制造、军工系统、烟草配送、电子商务、医药配送、图书印刷、烟草制造等行业，也纷纷开始使用自动化立体仓库。请查找资料并讨论自动化立体仓库在各行业的应用现状。

实施建议：

1. 可根据班级具体情况，分小组或个人在智慧树平台进行讨论、分析；
2. 课堂展示讨论结果，小组互评或教师点评；
3. 教师依据课前讨论情况反映的预习效果，调整授课重点。

## 【任务描述】

自动化立体仓库是当前仓储技术水平较高的形式，应用非常广泛，适用于工业生产领域、物流领域、商品制造领域、军事应用领域等。自动化仓库技术是现代物流技术的核心，它集自动化立体仓库及规划、管理、机械、电气于一体，是一门综合性的技术。自动化立体仓库的最大高度已超出40m，最大库存量可达数万甚至10多万个货物单元，可以做到无人操控按计划入库和出库的全自动化控制，并且可以对仓库实现计算机网络管理。

通过完成自动化立体仓库的使用学习任务，学习者应了解自动化立体仓库的基本构成和优势，掌握自动化立体仓库的基本工作原理和操作方法，熟悉自动化立体仓库的工作流程，并了解自动化立体仓库的发展前景。

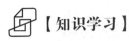 【知识学习】

## 一、什么是自动化立体仓库

视频

自动化立体仓库简介

自动化立体仓库又称自动仓储系统，是指不用人工直接处理，能自动储存和取出物料的系统。它采用高层货架储存货物，用起重、装卸、运输机械设备进行货物出库和入库作业，主要通过高层货架充分利用空间进行货物存取，所以还被称为自动化高架仓库系统。图2-30所示为海尔集团的自动化立体仓库。

图2-30　海尔集团的自动化立体仓库

高层货架一般用钢材制作，也可用钢筋混凝土制作。常用的物料搬运设备有巷道堆垛机、桥式堆垛机、高架叉车、辊子输送机、链式输送机、升降机、自动导向车等。

## 二、自动化立体仓库的分类

### （一）按建筑形式分类

**1. 整体式**

这种仓库中货架既是储存货物的构件，又是建筑承重构件，它的上部支撑屋盖，四面围上保温墙板就形成了仓库建筑物。这种结构无论在材料消耗、施工量，还是仓库空间利用方面，都是比较经济合理的。这种结构质量轻，整体性好，对抗震也特别有利。

> **想一想**
> 目前比较常见的自动化立体仓库是整体式还是分离式的？

**2. 分离式**

分离式是指在仓库建筑物内独立地建起货架，货架与建筑物是分开的。这种结构适用于利用原有建筑物做库房的情况，当仓库高度在12m以下，且地面荷载不大时，采用这种结构还是比较方便的。由于这种仓库可以先建库房后立货架，因此施工安装比较灵活方便。

自动化立体仓库的建筑形式如图2-31所示。

### （二）按库房高度分类

按库房高度，自动化立体仓库可分为高层、中层和低层3种，一般5m以下为低层，5~12m为中层，12m以上为高层。

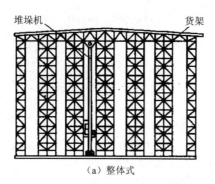

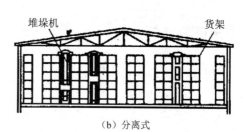

（a）整体式　　　　　　　　　　　　　　　　（b）分离式

图2-31　自动化立体仓库的建筑形式

对于自动化立体仓库的库房高度，国外一般认为10～20m较佳，最高可达40～45m。美国绝大多数自动化立体仓库的高度为13～18m，18m以上的只占10%，30m以上的更少。瑞士的推荐高度为15～16m。为了减少建库投资，瑞典各公司在1975年后，倾向于建造8m高的自动化立体仓库。日本由于多地震，自动化立体仓库一般比较矮，规模也较小。1972年后，日本的简易自动化立体仓库得到发展。日本的单层建筑高7～8m，改建成生产工序型自动化立体仓库，价格便宜，安全可靠，容易操作，便于中小企业采用，近年来其数量有较大增加。

我国现行建筑设计防火规范将货架高度超过7m的机械化或自动化控制的高架库定义为立体仓库。

**（三）按库容量分类**

自动化立体仓库的库容量一般以所能储存货物的单元托盘数表示。一般库容量在2000个托盘以下的为小型库，库容量在2000～5000个托盘的为中型库，库容量在5000个托盘以上的为大型库。目前自动化立体仓库的最大库容量已达10万多个托盘。

**（四）按仓库作业的控制方式分类**

按仓库作业的控制方式，自动化立体仓库可分为手动控制、远距离控制和电子计算机控制3种。手动控制包括手动和半自动两种，远距离控制包括单机自动和远距离集中控制两种，电子计算机控制包括离线控制、在线控制和计算机在线实时控制3种。

学有所思：

## 三、自动化立体仓库的基本构成

自动化立体仓库基本由以下部分构成。

**1. 高层货架**

高层货架是用于储存货物的钢结构，目前主要有焊接式货架和组合式货架两种基本形式。

**2. 托盘（货箱）**

托盘（货箱）是用于承载货物的器具，亦称工位器具。

**3. 巷道堆垛机**

巷道堆垛机是用于自动存取货物的设备，按结构形式分为单立柱和双立柱两种基本形式，按服务方式分为直道、弯道和转移车3种基本形式。

视频

自动化立体仓库的基本构成

**4. 输送机系统**

输送机是自动化立体仓库的主要外围设备，负责将货物运送到堆垛机或从堆垛机将货物移走。输送机种类非常多，常见的有辊道输送机、链条输送机、升降台、分配车、提升机、皮带机等。

**5. AGV系统**

AGV系统即自动导向小车，根据导向方式分为感应式导向小车和激光式导向小车。

**6. 自动控制系统**

自动控制系统是驱动自动化立体仓库系统各设备的系统，目前以现场总线方式的控制模式为主。

**7. 库存信息管理系统**

库存信息管理系统亦称中央计算机管理系统，是自动化立体仓库系统的核心。目前典型的自动化立体仓库系统均采用大型的数据库系统构筑典型的客户机/服务器体系，可以与其他系统（如ERP系统等）联网或集成。

视频

自动化立体
仓库的使用

## 四、自动化立体仓库的特点

自动化立体仓库出现以后，获得了迅速的发展，这主要是因为这种仓库具有一系列突出的优点，在整个物流系统中具有重要的作用。但同时，其也有缺点存在。

**1. 自动化立体仓库的主要优点**

（1）采用高层货架，立体储存，能有效地利用空间，减少占地面积，降低土地购置费用。

> **想一想**
>
> 如何趋利避害，发挥自动化立体仓库的优势？

用人工存取货物的仓库，货架高2m左右。用叉车的仓库可达3～4m，但所需通道的宽度要达到3m多。用这种仓库储存机电零件，单位面积储存量一般为0.3～0.5t／m²。而自动化立体仓库目前最高的已经超出40m，它的单位面积储存量比普通的仓库高得多。一座货架高15m的自动化立体仓库，储存机电零件和外协件，其单位面积储存量可达2～15t／m²，是普通货架仓库的4～50倍。对于一座拥有6000个货位的仓库，如果托盘尺寸为800mm×1200mm，则普通的货架仓库高5.5m，需占地3609m²，而30米高的自动化立体仓库占地面积仅为399 m²。

（2）仓库作业全部实现机械化和自动化，能大大节省人力，实现"无人化仓库"，减少劳动力费用支出。

（3）改善工作条件，减轻劳动强度，减少收发差错，提高作业效率。

（4）采用托盘式货箱储存货物，货物的破损率显著降低；库内容易进行温度、湿度控制，有利于货物的保管。

（5）货位集中，便于控制与管理，特别是利用计算机，不但能实现全部作业过程的自动控制，还能进行信息处理，实现库存货物的先进先出，并有利于防止货物的丢失和损坏。

总之，自动化立体仓库的出现，使有关仓储的传统观念发生了根本性的改变。原来那种固定货位、人工搬运和码放、人工管理、以储存为主的仓储作业已改变为优化选择货位，按需要实现先进先出的机械化、自动化仓库作业。这种仓库在储存货物的同时，可以对货物进行跟踪及必要的拣选和组配，并根据整个企业生产的需要，有计划地将库存货物按指定的数量和时间要求送到恰当地点，以满足均衡生产的需求。从整个企业物流的宏观角度来看，货物在仓库中短时间的停留只是物流中的一个环节，在完成拣选、组配以后，货物将继续流动。自动化立体仓库本身是整个企业物流的一部分，是它的一个子系统。用形象一些的说法，可以说，自动化立体仓库的出现使"静态仓库"变成了"动态仓库"。

**2. 自动化立体仓库的主要缺点**

（1）结构复杂，配套设备多，需要大量的基建和设备投资。

（2）高层货架要使用大量的钢材，货架安装精度要求高，施工比较困难，且施工周期长。

（3）控制系统一旦发生故障，整个仓库将处于瘫痪状态，收发作业就会中断。

（4）储存货物的品种受到一定限制，对长、大、笨重货物必须单独设立储存系统。

（5）对仓库管理和技术人员的素质要求较高，相关人员必须经过专门培训方能胜任。

### 五、自动化立体仓库系统的发展趋势

**1. 自动化技术不断提高**

随着控制器（PLC、运动控制卡）和通信技术的不断发展，现有的自动化立体仓库控制系统主要以PLC作为控制核心，并采用计算机管理系统与PLC进行数据交换。随着互联网+时代的到来，云计算、大数据等技术都将促使自动化立体仓库的自动化技术水平不断提高。

**2. 与工艺流程结合更为紧密**

自动化立体仓库与生产企业的工艺流程密切结合，成为生产物流的一个组成部分，柔性加工系统中的自动化立体仓库就是一个典型例子。在配送中心，自动化立体仓库与货物的拣选、配送相结合，成为配送中心的一个组成部分。

**3. 储存货物品种多样化**

自动化立体仓库可储存货物的品种非常多样，大到长6m以上、重4~10t的钢板、钢管等长大件货物，小到电子元器件，甚至是汽车，自动化立体仓库均可储存。

**4. 提高仓库出入库周转率**

除管理因素外，提高仓库出入库周转率技术上主要是提高物料搬运设备的工作速度。巷道堆垛机的起升速度已达90m／min，运行速度达240m／min，货叉伸缩速度达30m／min，在有的高度较高的自动化立体仓库中，可采用上下两层分别用巷道堆垛机进行搬运作业的方法提高出入库能力。

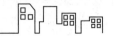

小测验

**5. 提高仓库运转的可靠性与安全性，以及降低噪声**

自动化立体仓库可在自动控制与信息传输中采用可靠性高的硬件、软件，增强抗干扰能力；可采用自动消防系统，为货架涂刷耐火涂层；可开发新的更可靠的检测与认址器件；可采用低噪声车轮和传动元件；等等。

**6. 专家系统的应用**

近年来人工智能技术迅猛发展，使得将专家系统运用到自动化立体仓库的控制系统成为可能。专家系统在自动化立体仓库中主要可用于仓库的设计、搬运系统的设计和储运设备的选用等方面。例如，使用专家系统可以确定堆垛机的行走路线和运行方案，控制管理堆垛机进行出入库操作并确定最佳参数，缩短作业时间。

## 任务四 巷道堆垛机的使用

### 【课前讨论】

巷道堆垛机的主要用途是在高层货架的巷道内来回穿梭，将位于巷道口的货物存入货格，或取出货格内的货物运送到巷道口。请从金属结构形式、起重机运行支承方式和取货作业方式等角度讨论巷道堆垛机的分类及特点。

实施建议：

1. 可根据班级具体情况，分小组或个人在智慧树平台进行讨论、分析；

2. 课堂展示讨论结果，小组互评或教师点评；

3. 教师依据课前讨论情况反映的预习效果，调整授课重点。

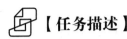

## 【任务描述】

作为自动化立体仓库的核心物流设备，巷道堆垛机是随着自动化立体仓库的出现而发展起来的专用起重机。它是自动化立体仓库中应用最广泛的物料搬运设备，也是物流仓储系统中最重要的设备。通过完成巷道堆垛机的使用学习任务，学习者应能够识别常见巷道堆垛机的类型；了解巷道堆垛机由哪几部分构成，熟悉巷道堆垛机的工作原理；能够操作巷道堆垛机对货物进行入库与出库作业；能对巷道堆垛机进行合理的保养和维护，防止巷道堆垛机因保养或保管不善而损坏。

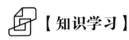

## 【知识学习】

### 一、什么是巷道堆垛机

巷道堆垛机是自动化立体仓库中最重要的运输设备，也称巷道堆垛起重机，如图2-32所示。

图2-32　巷道堆垛机

它的主要用途是在高层货架的巷道内来回穿梭运行，将位于巷道口的货物存入货格，或取出货格内的货物运送到巷道口。这种使用方式对巷道堆垛机在结构和性能上提出了一系列严格的要求。图2-33为叉车和巷道堆垛机占用通道宽度的比较。

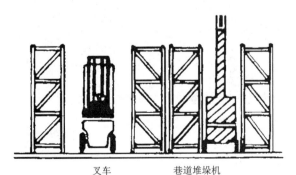

叉车　　　　　巷道堆垛机

图2-33　叉车和巷道堆垛机占用通道宽度的比较

巷道堆垛机的额定起重量一般为几十千克到几吨，其中0.5t的使用最多。它的行走速度一般为4～124m/min，提升速度一般为3～30m/min。

## 二、巷道堆垛机的特点

（1）整机结构高而窄，采用巷道堆垛机的自动化立体仓库很高，而货架巷道又非常狭窄，巷道堆垛机的宽度一般和所搬运的单元货物宽度相等。

（2）巷道堆垛机的金属结构除要满足强度要求外，还应有足够的刚性和精度。制动时机架顶端水平位移一般要求不超过20mm，而且振动衰减时间要短。机架立柱上升降导轨的不垂直度应严格控制，一般全长不应超过5mm。

（3）巷道堆垛机配备有特殊的取货装置，常用的有伸缩货叉和伸缩平板，能向两侧货格伸出存取货物。

（4）巷道堆垛机的电力拖动系统要同时满足快速、平稳、准确和安全4方面的要求。

① 快速：工作速度高、起动制动快，尽量缩短搬运时间。

② 平稳：起动制动要平稳，以防止货物单元在货台上发生滑移或者装在托盘上的货物发生倒塌，减少金属结构的动载荷；同时保证司机的舒适度，并使起重机上的电子元件免受冲击。

③ 准确：巷道堆垛机的电力拖动系统应能保证巷道堆垛机与货台准确地停靠在指定位置，停准偏差一般不超过10mm，这就要求巷道堆垛机具有良好的低速特性。

④ 安全：必须配备齐全的安全装置，并在电气控制上采取一系列联锁和保护措施。

## 三、巷道堆垛机的分类与作用

巷道堆垛机通常按其结构形式、支承方式和作业方式进行分类，如表2-4所示。

视频

巷道堆垛机的分类

表2-4　巷道堆垛机的分类与作用

| 分类 | | 特点 | 作用 |
|---|---|---|---|
| 按结构形式分类 | 单立柱型 | 1. 金属结构由一根立柱和上、下横梁组成（或仅有下横梁）<br>2. 自重较轻，但刚性较差 | 一般用于起重量2t以下、起升高度不超过16m的仓库 |
| | 双立柱型 | 1. 金属结构由两根立柱和上、下横梁组成一个刚性框架<br>2. 刚性好，自重较单立柱型重 | 1. 适用于各种起升高度的仓库<br>2. 起重量可达5t或更大<br>3. 能够适用于高速运行、快速起动和制动的场合 |
| 按支承方式分类 | 地面支承型 | 1. 支承在地面轨道上，用下部车轮支承和驱动<br>2. 上部设水平导向轮<br>3. 运行机构布置在巷道堆垛机下部 | 1. 适用于各种起重量和起升高度的仓库<br>2. 用途最广 |
| | 悬挂型 | 1. 仓库屋架下装设轨道，起重机悬挂于轨道下翼缘运行<br>2. 仓库货架下部设导轨，起重机下部设水平导向轮靠在导轨上，防止摆动过大<br>3. 运行机构设在巷道堆垛机上部 | 1. 适用于起重量较小、起升高度较低（不高于15m）的仓库<br>2. 便于从一个巷道转移到另一个巷道<br>3. 使用较少 |
| | 货架支承型 | 1. 巷道两侧货格顶部敷设轨道，起重机支承在两侧轨道上运行<br>2. 仓库货架下部设导轨，起重机下部设水平导向轮靠在导轨上，防止摆动过大<br>3. 运行机构设在起重机上部 | 1. 适用于起重量较小、起升高度均较低的仓库<br>2. 使用很少 |
| 按作业方式分类 | 单元型 | 1. 对整个货物单元进行出入库<br>2. 起重机载货台需备有叉取货物的装置<br>3. 自动控制时，机上无司机 | 1. 适用于整个货物单元出入库的作业，或者"货到人"的拣选作业<br>2. 使用最广泛 |
| | 拣选型 | 1. 堆垛机上设有机室，由司机从货物单元中拣选一部分货物出库<br>2. 载货台上可以不设叉取装置，直接由司机手动操作取货<br>3. 全自动拣选式堆垛机用自动取货装置拣选 | 1. 适用于"人到货"的拣选作业<br>2. 大多为手动与半自动控制<br>3. 全自动拣选式堆垛机使用极少 |

## 四、巷道堆垛机的结构和组成

巷道堆垛机由起升机构、运行机构、载货台及取货装置、机架、电气部分（包括电力拖动系统和控制机构）和安全保护装置等组成。

### （一）起升机构

起升机构由电动机、制动器、减速机、滚筒或链轮及柔性件组成。常用的柔性件有钢丝绳和起重链两种。除一般的齿轮减速机外，由于需要比较大的速比，蜗轮蜗杆减速机和行星减速机的使用也不少。起重链传动装置多数装在上部，通常配有平衡重块，以减小提升功率。起升机构为了结构紧凑，常常使用带制动器的电机。起升机构的工作速度一般为15～25m/min，最高可达45m/min。但不管选多快的工作速度，都应备有慢速挡，一般为3～5m/min，主要是为了使运动机构能平稳准确地停在规定位置，以便存取货物。

### （二）运行机构

运行机构由电机、联轴节、制动器、减速箱和行走轮组成。按所在位置的不同，运行机构可以分为地面运行式、上部运行式、中间运行式等，其中地面运行式使用最广泛。这种运行机构一般用2个或4个车轮，沿敷设在地面上的单轨运行。在起重机的顶部有两组水平轮沿着固定在屋架下弦上的轨道导向。如果起重机车轮与金属结构通过垂直小轴铰接，起重机就可以走弯道，从一个巷道转移到另一个巷道工作。上部运行式起重机又可分为支撑式和悬挂式两种，前者支承在货架顶部敷设的两条轨道上运行，起重机下部有两组水平轮导向；后者则是悬挂在位于巷道上方的工字钢下翼缘运行，下部同样有水平轨导向。

运行机构的工作速度视仓库长度和需要的出入库频率而选定，一般为80m/min以下，较高为120m/min，最高可达180m/min。除工作速度外，还需要添加一挡慢速，为4m/min，这是为了便于存取货物，保证提供需要的停止精度。对于自动控制的巷道堆垛机，为了在近距离（如小于6个货格的距离）运行时缩短慢速爬行时间，在工作速度和慢速之间还需加一挡中速，为20m/min。

视频

巷道堆垛机
的结构和组成

### （三）载货台及取货装置

载货台是货物单元承接装置，通过钢丝绳或链条与起升机构连接。载货台可沿立柱导轨上下升降。取货装置安装在载货台上，如果巷道堆垛机有司机室，司机室一般也装在载货台上，随载货台的升降而上下移动。对于只需要拣选一部分货物的拣选式堆垛机，载货台上不设取货装置，只有平台供放置盛货容器之用。

取货装置一般是货叉伸缩机构，货叉可以横向伸缩，以便向两侧货格送入或取出货物。货叉结构常用三节伸缩式，由前叉、中间叉、固定叉及导向滚轮等组成。货叉的传动方式主要有齿轮—齿条和齿轮—链条两种。货叉的伸缩速度一般为15m/min以下，高的可达30m/min，在低于10m/min时需配备慢速挡，在起动和制动时用。

### （四）机架

机架由立柱和上、下横梁连接而成，是巷道堆垛机的承载构件。机架有单立柱和双立柱两大类。单立柱结构的机架只有一根立柱和上下横梁（或仅有下横梁）。这种结构质量比较轻、制造工时短、消耗材料少，巷道堆垛机运行时，司机的视野比双立柱的好得多，但这种结构的机架刚度较差，一般适用于高度不到10m、低载荷的巷道堆垛机。双立柱结构的机架由两根立柱和上、下横梁组成一个长方形框架。这种结构强度和刚性都比较好，适用于起重量较大或起升高度较高的巷道堆垛机。

### （五）电力拖动系统

巷道堆垛机的电力拖动系统除极个别外，多采用变速的电力拖动系统，常用的有以下几种：晶闸管供电直流调速系统、交流变极电动机换速、交流双电动机变速、晶闸管交流定子调压调速、涡

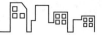

流制动器调速、变频调速等。

### （六）控制机构

#### 1. 手动控制

手动控制是巷道堆垛机最基本的控制方式。这种方式是由司机在司机室内，用手柄或按钮来操作纵横运行、起升、货叉伸缩等运作，认址、变速、对准等全部靠司机来完成。该方式简单、经济，司机劳动强度较大，作业效率较低，适用于出入库频率不高、规模不大的仓库。

#### 2. 半自动控制

这种控制方式是由手动控制方式改进而来的，不同型号的半自动控制巷道堆垛机的自动化程度也各不相同，但都是由机构所配置的检测装置自动发出停车信号，控制巷道堆垛机自动停准。这种方式可显著提高巷道堆垛机的作业效率，降低司机的劳动强度。自动停准功能是半自动控制方式的主要功能，此外，有的巷道堆垛机还有自动换速、自动认址、自动完成货叉伸缩存取货物的功能。这种控制方式除手动操纵盘外，一般还设有简单的继电器逻辑控制装置。这种方式具有经济实用、便于维修等优点，适用于出入库比较频繁、规模不大的仓库。

#### 3. 全自动控制

这种机构作业方式的主要特点是巷道堆垛机上不需要司机。在机上便于地面操作的部位装有设定器，操作人员站在巷道口的地面，通过机上设定器，设定出入库作业方式和地址等。机上装有自动认址装置和运动逻辑控制装置，在操作人员设定完毕，并按下起动按钮后，巷道堆垛机开始自动运行、升降、认址、停准及存取货物等，实现自动操作。

机上控制装置可以是电子式或继电器式的专用或通用顺序控制装置，也可以是单片微型计算机。

设定器可以采用数字按钮、选择开关、拨码开关及读卡器等。读卡器可使用专用的设备，在专用卡片上穿有与货格地址相对应的信息孔。自动控制方式具有操作简单、作业效率高等优点，适用于出入库频率高、起重机台数不多且未配置输送机的中小规模（货格一般不超过2000个）仓库。

#### 4. 远距离集中控制

这种机构作业方式是将出入库作业的控制装置和地址设定器安装在地面集中控制室内。操作者通过设定器设定出入库地址和作业方式，并将其输入地面或机上的控制装置（包括计算机）中，经过计算和判断，发出巷道堆垛机运行的控制命令，实现巷道堆垛机的远距离集中控制。由于地面控制装置远离巷道和巷道堆垛机，需要配备巷道堆垛机和地面控制室内的信息传送系统，常用的传输方法有电缆传输和感应传输两种。这种方式适用于出入库频繁、规模比较大、有多台起重机和输送机、有较大容量（货格数在2000个以上）的仓库，特别是有低温、黑暗、对人体有害等特殊环境的仓库，可以节省人力、改善劳动条件、提高仓库作业效率，但初始投资和维护费用较高。

### （七）安全保护装置

由于巷道堆垛机是在又高又窄的巷道内快速运行的设备，因而必须特别重视它的安全性。其除一般起重机常备的安全装置与措施（如各机构的终端限位保护和缓冲电动机过热与过电流保护、控制电路的零位保护等）外，还应结合实际需要增加下列各种保护措施。

（1）在运行和起升方向，距终端开关一定距离处设强迫减速开关，以确保及时减速。

（2）货叉伸缩机构只有在运行机构和起升机构都不工作时才能起动。反过来，如果货叉已离开中央位置，运行机构便不能启动。

（3）起升机构钢丝绳过载和松弛保护。

（4）对于司机室随载货台升降的巷道堆垛机，必须装设断绳捕捉器。

（5）不论什么原因，一旦载货台发生下降超速现象，下降超速保护装置就必须立刻将货台夹住。

对于全自动控制的巷道堆垛机，除上述各种保护措施外，还需增设下列安全装置。

（1）货格虚实探测装置。在入库作业中，货叉将货物单元送入货格之前，先用一个机械的或者光电的探测装置检查一下该货格内有无货物。如果无货，则伸出货叉将货物存入货格；如果已有货，则报警停止后续的运作。

（2）空出库检测。在出库作业中，货叉伸进货格完成取货动作之后，如果在货台上检测不到有货物存在，则报警。

小测验

（3）伸叉受堵保护。货叉伸出受堵时，伸缩机构传动系统中装设的安全离合器打滑进行保护。如果延续一定时间后，货叉尚未伸到头，则报警。

（4）货物位置和外形检测。如果货物单元在载货台上位置偏差超过一定限度，或者倒塌失形，检测装置便报警，巷道堆垛机不能继续工作。

（5）巷道堆垛机停准后才能伸货叉。

（6）货叉在货格内做微升降时，用检测开关限制微升降行程或限制其动作时间，以防止货叉微升降过度，损坏货物、机构或货架。

（7）对系统中的关键检测器件，如货格探测开关、货叉原位开关等采用软件自检措施，以及时发现并更换失灵器件。

（8）巷道堆垛机开始工作前应发出声光警告。

## 【素养园地】

### 行业前瞻——自动化立体仓库发展现状

自动仓储技术是物流装备技术的一部分。自动仓储技术从狭义上讲即自动化立体仓库，从广义上讲还包括自动输送系统（含各种输送机、穿梭车、AGV等）、自动拣选与分拣系统、自动识别系统等。中国自动仓储技术的市场应用经历了漫长的过程，目前已经覆盖了烟草、医药、零售、机械制造等国民经济的主要方面，在航空、金融、军事领域也有新开拓，各行业对自动化立体仓库的需求推动了自动化立体仓库的快速发展。

从自动化立体仓库规模来看，近年来随着企业现代化物流理念的进一步发展，自动化立体仓库与企业生产系统一体化发展逐步成熟，中国自动化立体仓库技术取得较大的进步，形成了多系列、多品种、多档次、高性价比的产品线，可以覆盖绝大多数应用行业。

商务部流通业发展司数据显示，全国立体仓库面积2012年底为1.40亿m²，2017年为2.74亿m²，2017、2018年我国新建自动化立体仓库均超过800座，2019年我国自动化立体仓库保有量为6000座左右，2021年我国自动化立体仓库行业专利申请量达63件，同比增长8.62%，2022年1—11月我国自动化立体仓库行业专利申请量已达到35件。其中，电商、快递、零售、冷链行业等服务领域需求增速明显较工业制造领域更快，服装、新能源等新兴行业亦开始发力。

## 【测验与答疑】

线上测验

线上问答

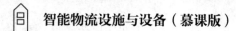 

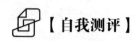【自我测评】

在表2-5中的□中打"√"（A表示未理解，B表示基本理解，C表示完全理解）。

表2-5　自我测评表

| 项目 | 任务体系 | 评价指标 | 自我测评 |
|---|---|---|---|
| 项目二 | 任务一 | 1. 仓库的含义 | □A □B □C |
| | | 2. 仓库的种类 | □A □B □C |
| | | 3. 仓库的功能 | □A □B □C |
| | | 4. 仓库的参数 | □A □B □C |
| | | 5. 仓库设备的分类和特点 | □A □B □C |
| | 任务二 | 1. 货架的含义和作用 | □A □B □C |
| | | 2. 货架的分类 | □A □B □C |
| | | 3. 货架的类型 | □A □B □C |
| | | 4. 存储设备的选用 | □A □B □C |
| | 任务三 | 1. 自动化立体仓库的含义 | □A □B □C |
| | | 2. 自动化立体仓库的分类 | □A □B □C |
| | | 3. 自动化立体仓库的基本构成 | □A □B □C |
| | | 4. 自动化立体仓库的特点 | □A □B □C |
| | | 5. 自动化立体仓库系统的发展趋势 | □A □B □C |
| | 任务四 | 1. 巷道堆垛机的含义 | □A □B □C |
| | | 2. 巷道堆垛机的特点 | □A □B □C |
| | | 3. 巷道堆垛机的分类与作用 | □A □B □C |
| | | 4. 巷道堆垛机的结构和组成 | □A □B □C |

# 项目三 智能分拣配货作业设备

在配送中心，分拣配货是非常重要的一项作业，它是整个配送作业系统的核心业务。在配送的搬运成本中，分拣作业的成本约占90%，分拣时间占整个配送中心作业时间的30%~40%。因此，合理使用分拣作业设备，对提高配送中心的作业效率和服务水平具有决定性的作用。

分拣配货作业都是在仓库或保管货架内进行的，整个作业过程一般包括4个环节：行走、拣取、搬运和分类。拣货时，作业人员或者设备必须接触并拣取货物，缩短人员或设备的行走及货物的运动距离，提高分拣作业效率。分拣作业操作中，首先需确认货物的品名、规格、数量等内容是否与分拣信息传递的指示一致。在出货频率不高且货物体积小、批量少、搬运的质量在人力范围所及的情况下，可采用人工分拣方式；对于体积大、质量也大的货物，可以利用叉车等搬运设备辅助作业；对于出库频率很高的货物，应采用自动分拣系统。为了提高分拣效率，配送中心或仓库一般会在收到多个客户的订单后，按分批作业的方式进行拣取。然后，根据不同的客户或送货路线将货物分类集中；有些需要进行流通加工的货物还可根据加工方式进行分类，加工完毕后再按一定方式进行出货。分类完成后，货物经过查对、包装就可以出货、转运、送货。学习者在本项目的任务就是学习如何正确运用自动分拣设备和人工分拣设备进行货物的分拣配货作业，完成发货前的准备。

## 【学习目标】

### 知识目标

1. 熟悉自动分拣设备的主要组成部分、分拣原理及应用；
2. 熟悉托盘搬运车的含义、分类、工作原理及操作方法；
3. 熟悉手推车的分类及特点；
4. 掌握电子标签拣选系统的原理及应用。

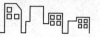

## 能力目标

1. 能够正确选用、使用和管理自动分拣设备；
2. 能够正确选用和使用托盘搬运车；
3. 能够正确选用和使用手推车。

## 德育目标

1. 培养节约、优化意识；
2. 培养团队协作精神；
3. 培养认真负责的工作态度；
4. 培养吃苦耐劳的精神。

# 任务一　自动分拣设备的使用

## 【课前讨论】

为了提升电商企业的配送效率，提高客户服务水平，京东决定自建仓储配送体系，相继以北京、上海、广州、成都、武汉、沈阳、西安和杭州为中心，建立了"亚洲一号"智能物流中心，形成了京东八大物流枢纽。"亚洲一号"是集商品暂存、订单处理、分拣配送功能于一体的电子商务运营中心，配备了各类先进的自动化分拣设备。

视频

京东"亚洲一号"
无人仓

请上网查询京东"亚洲一号"运营中心的相关资料，介绍该中心配备的相关自动化分拣设备及其特点。

实施建议：

1. 可根据班级具体情况，分小组或个人在智慧树平台进行讨论、分析；
2. 课堂展示讨论结果，小组互评或教师点评；
3. 教师依据课前讨论情况反映的预习效果，调整授课重点。

## 【任务描述】

> 想一想
>
> 自动分拣与人工分拣的优缺点是什么？

自动分拣设备是自动分拣系统的主要设备，是按照预先设定的计算机指令对物品进行分拣，并将分拣出的物品送达指定地点的机械。它可以根据客户的要求、场地情况，对物品按照客户、地名、品名进行自动分拣、装箱、封箱。通过完成本任务，学习者应能够说出常见的自动分拣设备的类别，并且掌握其工作原理；了解自动分拣系统的主要组成和分拣原理；了解电子标签拣选系统；熟悉自动分拣设备的选型原则，能根据货物的不同选用合适的自动分拣设备进行分拣配货作业。

## 【知识学习】

### 一、分拣的概念

分拣是指为进行货物输送、配送，把货物按不同品种、不同地点和不同单位分配到所设置的不同场地的一种货物搬运活动，也是将货物从集中到分散的处理过程。因此，分拣的关键是对货物去向的识别、对识别信息的处理和对货物的分流处理。

按分拣方式的不同，分拣可分为人工分拣和自动分拣两大类。

人工分拣基本上是利用人工搬运，或利用最简单的器具和手推车等，把所需的货物分门别类地送到指定地点。这种分拣方法劳动强度高、分拣效率低、差错率高。

自动分拣是指货物进入分拣系统并被送到指定分配位置的整个过程，都是按照人们的指令靠自动设置来完成的。这种设置由接收分拣信息的控制设置、计算机网络、搬运设置、分支设置、缓冲站等构成。除了用终端的键盘、鼠标或其他方式控制装置输入分拣指示信息的作业，其他作业全部采用自动控制。因此，自动分拣处理能力较强，分拣货物数量也较大。

## 二、自动分拣系统的组成和分拣原理

自动分拣系统类型很多，但其主要组成部分基本相仿，大体上由进货输入输送机、分拣指令设定装置、合流输送机、送喂料输送机、分拣传送装置及分拣机构、分拣卸货道口、计算机控制系统等7部分组成。自动分拣系统的详细组成图如图3-1所示。

视频
可伸缩式输送机

视频
自动分拣系统的组成和分拣原理

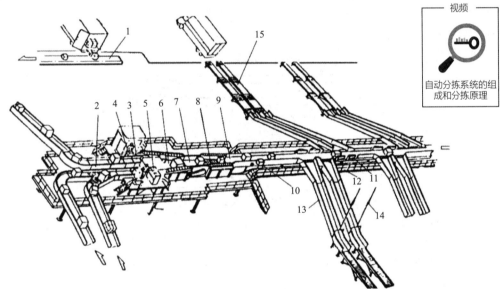

1. 输入输送机　2. 辊道合流输送机　3. 进货装置　4. 键盘输入　5. 微机信息处理机
6. 皮带合流输送机　7. 中继输送机　8. 定位装置　9. 钢带分拣机　10. 激光扫描器
11. 括板推出器　12. 取出辊道输送机　13. 滑道　14. 起吊装置　15. 伸缩辊道输送机

图3-1　自动分拣系统的组成

### 1. 进货输入输送机

送来的货物放在收货输送机上，经检查验货后，送入分拣系统。

配送中心由于吞吐量大，为了提高自动分拣设备的分拣量，往往采用多条输送带组成的收货输送机系统，以供几辆、几十辆乃至百余辆卡车同时卸货。这些输送机多是辊柱式输送机和胶带式输送机。例如，连锁零售业的配送中心以分配商品为主，大多采用由几条辊柱式输送机组成的收货系统；而货物集散中心往往沿卸货站台设置胶带输送机，待验货后，将货物放在输送机上进入分拣系统。

值得一提的是，有些配送中心使用了伸缩式输送机，这种输送机能伸入卡车车厢内进行收货，从而大大降低了工人搬运作业的劳动强度。伸缩式输送机如图3-2所示。

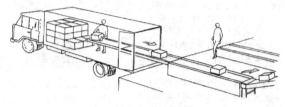

图3-2 伸缩式输送机

**2. 分拣指令设定装置**

设定装置通常用于在待分拣货物的外包装上贴上或打印上表明货物品种、规格、数量、货位、客户名、目的地等内容的标签。货物在进入分拣设备前，由信号设定装置把分拣信息（如目的地、客户名等）输入计算机中央控制器，控制装置根据标签上的代码，在货物到达分叉处时，可以正确引导货物的流向。当货物出库时，标签上的信息可以变为分拣指令，引导货物流向指定的输送机的分支上，以便集中发运。在自动分拣系统中，分拣信息转变为分拣指令的方式有以下4种。

（1）人工键盘输入。这种方式是操作者一边看货物包装上粘贴的标签或书写的号码，一边在键盘上输入信息。人工键盘输入操作简便、费用低、限制条件少，但操作者必须长时间集中注意力，劳动强度大，易出差错（看错、键错，据国外研究资料显示，差错率为1/300），而且输入的速度一般只能在1000～1500件/时，效率较低，如图3-3所示。

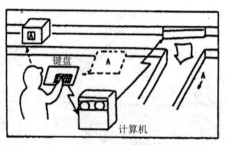

图3-3 人工键盘输入

（2）声控方式输入。这种方式是将操作者的声音预先输入计算机中，当货物经过设定装置时，操作者将包装上的标签代码依次读出，计算机将声音接收并转换为分拣信息，发出指令，传送到分拣系统的各执行机构，如图3-4所示。

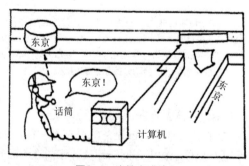

图3-4 声控方式输入

声控方式输入比人工键盘输入的速度要快些，可在3000～4000件/时，操作者比较省力，可空出双手。但声控方式输入事先需要储存操作者的声音，当操作者偶尔因咳嗽声哑时，就有可能发生差错。

（3）激光扫描条形码方式输入。这种方式是在被分拣货物包装上贴（或印）上代表物流信息的条形码，输送带上的激光扫描器自动识别条形码上的分拣信息，并传输给计算机。由于激光扫描器的扫描速度极快，能达到100～120次/秒，故能将输送机上高速移动的货物的条形码正确读出，如图3-5所示。

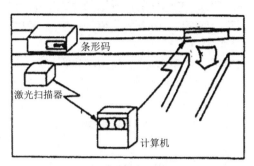

图3-5 激光扫描条形码方式输入

激光扫描条形码方式输入的费用较高，但输入速度快，可在5000件/时以上，差错率极低，规模较大的物流中心都采用这种方式。

（4）计算机程序控制输入。这种方式是根据客户需要货物的品种和数量，预先编好程序，把全部分拣信息一次性输入计算机，计算机按照程序执行。计算机程序控制方式是当前最先进的方式，它需要与条形码技术结合使用，而且还需置于整个企业的计算机经营管理系统之中。一些大型的现代化配送中心把各个客户的订货单一次性输入计算机，在计算机的集中控制下，货物从货架上被拣选取下，在输送带上由条形码喷印机喷印条形码，然后进入分拣系统，全部过程实现自动化。

**3. 合流输送机**

大规模的分拣系统因分拣数量较大，往往需要由2～3条传送带输送被拣货物，它们在分别经过各自的分拣信号设定装置后，必须经过辊柱式输送机组成的合流装置，该装置能让到达汇合处的货物依次通过。假设有A、B、C三条输送机，货物在经过合流交汇处时，由计算机"合流程序控制器"按照谁先到达谁先走的原则控制；若同时到达，按A→B→C的程序原则控制。

**4. 送喂料输送机**

货物在进入分拣设备之前，先经过送喂料输送机。它的作用有两个方面：一是依靠光电管的作用，使前后两货物保持一定的间距（最小为250mm），均衡地进入分拣传送带；二是逐渐加快货物到分拣设备主输送机的速度，如图3-6所示。

图3-6 翻盘式分拣机送喂料输送机

**5. 分拣传送装置及分拣机构**

这是自动分拣设备的主体，包括两个部分：货物传送装置和分拣机构。前者的作用是把被分拣的货物送到设定的分拣道口，后者的作用是把被分拣的货物推入分拣道口。各种类型的分拣设备，其主要区别就在于采用了不同的货物传送装置（如钢带输送机、胶带输送机、托盘输送机、辊柱式输送机等）和分拣机构（如推出器、浮出式导轮转向器、倾盘机构等）。

**6. 分拣卸货道口**

分拣卸货道口是用来接纳由分拣机构送来的被分拣货物的装置，它的形式多种多样，具体采用什么形式主要取决于分拣方式和场地空间。分拣卸货道口一般采用斜滑道，其上部接口处可设置动力辊道，把被分拣货物"拉"入斜滑道。

斜滑道可看作暂存未被取走货物的场所。当斜滑道满载时，光电管会阻止被分拣货物继续进入分拣卸货道口。此时，该分拣卸货道口上的"满载指示灯"会闪烁发光，通知操作者赶快取走滑道上的货物，消除积压现象。一般分拣系统还设有专用道口，以汇集无法分拣和因满载无法进入指定分拣卸货道口的货物，并另行处理。有些自动分拣系统使用的斜滑道在不使用时可以向上吊起，以便充分利用分拣场地。

**7. 计算机控制系统**

计算机控制系统是向各个执行机构传递分拣信息，并控制整个分拣系统的指挥中心。自动分拣的实施主要靠计算机控制系统把相应的分拣信号传送到相应的分拣卸货道口，并指示启动分拣机构，把被分拣货物推入分拣道口。

分拣设备通常采用脉冲信号跟踪法。送入分拣设备的货物，经过跟踪定时检测器，并根据计算机存储器的记忆，计算出到达分拣道口的距离及相应的脉冲数。当被分拣货物在输送带上移动时，安装在该输送机轴上的脉冲信号发生器会发出脉冲信号并计数，当数到与计算机计算出的脉冲数相同时，其会立即输出启动信号，使货物改变移动方向，滑入相应的分拣卸货道口。

自动分拣设备能使企业的分拣处理能力大大提高，且自动分拣设备分拣量大，准确率高。

学有所思：

_____

_____

# 三、常见的自动分拣设备

在分拣系统中，分拣设备是最主要的设备，在各行各业使用十分广泛。由于分拣对象在质量、外形上都有很大差别，小的可以是信件，大的可以是长达15m的大型物品，因此分拣设备的种类繁多，大致可以分为以下几类。

视频

常见的自动
分拣设备

**1. 钢带推出式分拣机**

钢带推出式分拣机的主体是整条的钢带输送机。按钢带的设置形式，该分拣设备可分为平钢带式和斜钢带式两种。以平钢带式为例，钢带推出式分拣机工作简图如图3-7所示。

分拣人员阅读编码带上的货物地址，在编码键盘上按下相应的地址键，携带有地址代码信息的货物即被输送至缓冲储存器上排队等待。

当控制柜中的计算机发出上货信号时，货物即进入平钢带推出式分拣机。货物前沿挡住货物探测器时，探测器发出到货信号。计算机控制紧靠探测器的消磁、充磁装置，首先对钢带上的遗留信息进行消磁，再将该货物的地址代码信息以磁编码的形式记录在紧挨货物前沿的钢带上，使其成为自携带地址信息，从而保持信息和货物同步运动的关系。

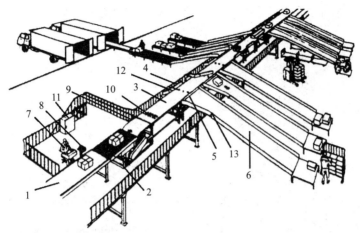

1. 编码带　2. 缓冲储存器　3. 平钢带　4. 导向接板　5. 过渡板　6. 滑道　7. 编码键盘
8. 监视器　9. 货物探测器　10. 消磁、充磁装置　11. 控制柜　12. 信息读出装置　13. 满量检出器

图3-7　平钢带推出式分拣机工作简图

在分拣设备每一小格滑槽的前面都设置了一个磁编码信息读出装置，用来阅读和货物同步运动的磁编码信息。当所读信息就是该格口代码时，计算机就控制推出机构，快速地将货物推出钢带，进入分拣卸货道口，完成分拣任务。推出机构最常用的是括板式推出机构，如图3-8所示。括板在推出货物时做曲线运动，推出货物时括板边平行于货箱，平稳地将货箱推出，避免其损伤，然后快速退回，让后继货物通过。括板设在钢带一侧，分拣卸货道口设在另一侧。括板的间距即分拣卸货道口的间距，通常根据被分拣货物的长度而定，一般为3~4m。

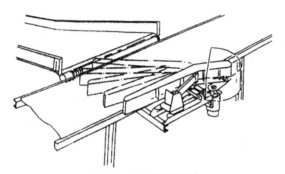

图3-8　括板式推出机构

钢带运动速度为60~120m/min，分拣能力取决于带速及被拣货物的长度，一般为2000~4000件/时，最快可达6000件/时。此外，实际分拣能力与分拣信号设定的速度密切相关。

平钢带推出式分拣机的优点是适用范围广，可以分拣除了易碎、超薄及易磨损钢带的包装（如带钉和打包铁皮木箱）外的各种货物，最大分拣质量可达70kg，最小分拣质量为1kg，分拣能力强，故运输业的货物集散中心大多采用这种类型的分拣设备。同时，这种类型的分拣设备强度高，耐用性好，可靠性高，维修费用低。其缺点是设置较多的分拣滑道较困难，系统平面布局较困难；对货物冲击大；在同一位置只能在一侧设置分拣卸货道口；价格较高，运营费用较高。

斜钢带推出式分拣机最大的优点是利用重力卸载，因而卸载机构比较简单，同时可设置较多的分拣滑道。

**2. 胶带浮出式分拣机**

胶带浮出式分拣机的主体是分段的胶带输送机。在传送胶带的下面设置有两排旋转的滚轮，每排由8~10个滚轮组成，滚轮也可设计为单排，主要是根据被分拣货物的质量来决定。滚轮接收到分拣信号后立即抬高，使两排滚轮的表面高出主传送带10mm，并根据信号要求向某侧倾斜，使原来保持直线运动的货物在一瞬间转向，实现分拣，如图3-9所示。

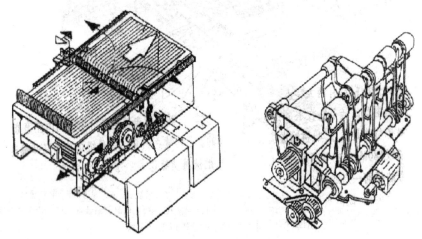

图3-9　胶带浮出式分拣机

胶带宽度为600～750mm，每一分拣卸货道口都有滚轮，间距为3m左右；两侧各设分拣卸货道口（通常与主传送带成60°或90°角）。这种类型的分拣设备由于分拣滑道多、输送带长，一般有5条上货输送带同时上货。主传送带的速度为100～120m/min，比输送带的速度快得多。此类分拣设备对货物的冲击小，适合分拣底部平坦的货物、用托盘装的货物，不能分拣很长的货物或底部不平的货物；其分拣能力可达7500件/时。

胶带浮出式分拣机的优点是可以在两侧分拣，冲击小、噪声低，耗电少，可设置较多的分拣卸货道口；缺点是对被分拣货物的包装质量和包装形状要求较高，不能分拣重物或轻薄货物，同时也不适宜分拣木箱、软性包装货物。

**3．翻盘式和翻板式分拣机**

（1）翻盘式分拣机。翻盘式分拣机由一系列的盘子组成，盘子为铰接式结构，向左或向右倾斜。装载货物的盘子运行到一定位置时，盘子倾斜，将货物倾倒到旁边的滑道中，为减轻倾倒时的冲击力，有的分拣设备能控制以抛物线来倾倒货物，如图3-10所示。

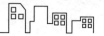

视频

翻盘式分拣机

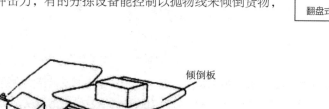

倾倒板

图3-10　翻盘式分拣机

这种分拣设备对被分拣货物的形状和大小没有过多限制，只以不超出盘子为限。长条形货物可以跨越两只盘子放置，倾倒时两只盘子同时倾斜。

这种分拣设备能采用环状连续输送，其占地面积较小；又由于是水平循环，使用时可以分成数段，每段设一个分拣信号输入装置以便货物输入，而分拣排出的货物在同一滑道排出，从而可以提高分拣能力。

（2）翻板式分拣机。翻板式分拣机与翻盘式分拣机的工作原理类似。它的传送部分由并列的窄状翻板组成，翻板宽200mm，长600～900mm，3～6块翻板组成一组承载单元，翻板的块数取决于被分拣货物的长度，其长度一般为600～2000mm，翻板可向两侧倾翻30°，如图3-11所示。

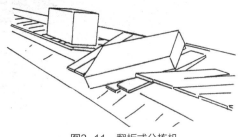

在分拣货物时，每一承载单元前后的翻板陆续倾翻，使长件货物能平稳地转向翻入分拣卸货道口。这类分拣设备的特点是能分拣长件货物，分拣传送线也能转弯和倾斜。传送线速度最高达150m/min，最大分拣能力达12000件/h，分拣货物质量最大75kg、最小

图3-11 翻板式分拣机

0.2kg，包装尺寸最大750mm×650mm×500mm、最小100mm×50mm×10mm。

翻盘式分拣机和翻板式分拣机的优点是布置灵活；能从多处送入货物；分拣卸货道口可两侧布置；道口间距极小，故可布置较多道口，位置灵活，经济性好；能分拣极小的货物。其缺点是对货物有撞击，噪声大；不适用于分拣较大、较重、较高的货物。

**4. 滑块式分拣机**

视频

滑块式分拣机

滑块式分拣机的传动装置是一条板式输送机，其板面由金属板条或管子组成，每个板条或管子上各有一枚用硬质材料制成的导向块，能沿板条横向滑动。平时导向块停靠在输送机的一侧边上，导向块的下部有销子与板条下导向杆联结，通过计算机控制，当被分拣的货物到达指定道口时，控制器控制导向块按顺序向道口方向移动，把货物推入分拣卸货道口，如图3-12所示。

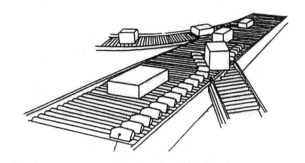

图3-12 滑块式分拣机局部图

由于导向块可向两侧滑动，因而可在分拣机两侧设置分拣卸货道口，以节约场地空间。这类分拣设备在计算机控制下，可自动识别、自动采集数据、自动操控导向块，故被称为"智能型输送机"。这类分拣设备振动小，货物不容易受损，适用于各种形状、体积和质量在1～90kg的货物，分拣能力最高达12000件/h，准确率达99.9%。

**5. 托盘式分拣机**

托盘式分拣机是一种应用十分广泛的设备，它主要由托盘小车、驱动装置、牵引装置组成。其中托盘小车形式多种多样，有平托盘小车、U形托盘小车、交叉带式托盘小车等。

传统的平托盘小车通过盘面倾翻，利用重力卸载货物，结构简单，但存在上货位置不稳、卸货时间过长的缺点，从而导致高速分拣时不稳定，以及格口宽度尺寸过大。

交叉带式托盘小车的特点是取消了传统的通过盘面倾翻、利用重力卸载货物的结构，而在车体上设置了一条可以双向运转的短传送带（又称交叉带），用来承接上货机上的货物，由牵引链牵引运行到格口，再由交叉带运转，将货物强制卸到左侧或右侧的格口中。交叉带式托盘分拣机如图3-13所示。

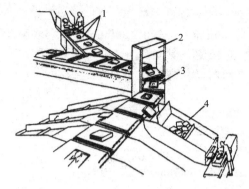

视频
交叉带式托盘
分拣机

1. 上货机　2. 激光扫描器　3. 带式托盘小车　4. 格口

图3-13　交叉带式托盘分拣机

交叉带式托盘小车有两个显著的优点。

（1）交叉带式托盘小车能够按照货物的质量、尺寸、位置等参数来确定托盘承接货物的起动时间、运转速度的快慢和变化规律，从而降低了货物质量、尺寸、摩擦系数的影响，能准确地将各种规格的货物承接到托盘的中部位置，扩大了上机货物的规格范围。在业务量不大的中小型配送中心，其可在不同的时间段处理多种货物，从而节省设备的数量和场地。

（2）货物卸落时，该小车同样可以根据货物质量、尺寸及在托盘带上的位置来确定托盘的起动时间、运转速度，可以快速、准确、可靠地卸落货物，能够有效地提高分拣速度、缩小格口宽度，从而缩小机器尺寸，获得明显的经济效益。

托盘式分拣机的适用范围比较广，它对货物形状没有严格限制，箱类、袋类甚至超薄型的货物都能分拣，分拣能力最高达10000件/时。

**6. 悬挂式分拣机**

悬挂式分拣机是用牵引链（或钢丝绳）做牵引件的分拣设备。根据有无支线，它可分为固定悬挂和推式悬挂两种机型。前者用于分拣、输送货物，只有主输送路线，吊具和牵引链是连接在一起的；后者除主输送线外，还具备储存支线，并有分拣、储存、输送货物等多种功能。悬挂式分拣机如图3-14所示。

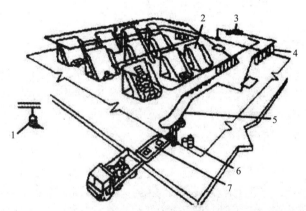

1. 吊挂小车　2. 格口　3. 张紧装置　4. 货物　5. 输送轨道　6. 编码台　7. 传送带

图3-14　悬挂式分拣机

悬挂式分拣机主要由吊挂小车、输送轨道、驱动装置、张紧装置、编码装置、夹钳等组成。分拣时，货物吊夹在吊挂小车的夹钳中，通过编码装置控制，由夹钳释放机构将货物卸落到指定的搬运小车或分拣滑道上。

悬挂式分拣机具有悬挂在空中，利用立体空间进行作业的特点。它适用于分拣箱类、袋类货物，对包装形状要求不高，分拣货物重，一般可达100kg以上，但缺点是该设备需要专用场地。推式悬挂分拣机具有线路布置灵活、允许线路爬升等优点，通常用于货物分拣和储存作业。

### 7. 滚柱式分拣机

滚柱式分拣机是用于对货物进行输送、储存与分路的分拣设备，按处理货物流程需要，可以布置成水平形式，也可以和提升机联合使用构成立体仓库，如图3-15所示。

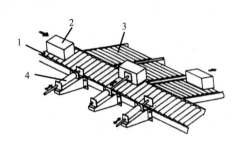

1. 滚柱机　2. 货物　3. 支线滚柱机　4. 推送器

图3-15　滚柱式分拣机局部示意图

滚柱式分拣机的滚柱机的每组滚柱（一般由3~4个滚柱组成，与货物宽度或长度相当）均各自具有独立的动力，可以根据货物的存放和分路要求，由计算机控制转动或停止。货物输送过程中，在需要分路的位置均设置光电传感器进行检测。当货物被输送到需分路的位置时，光电传感器给出检测信号，由计算机控制货物下面的那组滚柱停止转动，并控制推进器动作，将货物推入相应支路，实现货物的分拣工作。

滚柱式分拣机一般适用于包装良好、底面平整的箱装货物，其分拣能力高但结构较复杂、价格较高。

学有所思：

## 四、自动分拣设备的选型原则

自动分拣设备是配送中心的重要生产工具，它的正确选用和合理使用，不仅能提高货物的分拣速度和整个配送系统的自动化程度，也是实现物流现代化和社会化的重要标志之一。因此，我们要根据配送中心的分拣方式、使用目的、作业条件、货物类别、周围环境等条件慎重、认真地选用分拣设备。一般来讲，我们应考虑以下几个原则。

### 1. 具有先进性

在当前高新技术不断发展的条件下，设备先进性是选用分拣设备时必须考虑的因素之一。只有先进的分拣设备才能很好地完成现代配送任务。如果设备使用不久就要更新换代，则不利于建立起行之有效的配送作业体系。例如，英国于20世纪60年代末期确定以斜带式分拣机作为全国标准设备，到了20世纪80年代，由于被分拣货物的质量、数量增加，这类设备因处理能力低而被迫改为翻板式和翻盘式分拣机，造成了很大的损失。因此，在选用分拣设备时，要尽量选用能代表该类设备发展方向的机型。同时，设备的先进性是相对的，选用先进设备不能脱离国内外实际水平和自身的

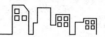

现实条件，应根据实际情况，具体问题具体分析，选用有效、能满足各种要求的设备。

**2. 具有经济实用性**

选用的分拣设备应具有操作和维修方便、安全可靠、能耗小、噪声低、成本低、能保证人身及货物安全等优点。只有这样才能节省费用，提高经济效益。

**3. 兼顾上机率和设备技术经济性**

上机率是上机分拣的货物数量与该种货物总数量之比。追求高上机率，必将要求上机分拣的货物的尺寸、质量、形体等参数范围尽量放宽，这将导致设备的复杂化、技术难度及制造成本增加、可靠性降低。反之，上机率过低，必将影响设备的使用效果，增加手工操作的工作量，既降低了设备的性价比，又降低了分拣作业的效益。因此，必须根据实际情况，兼顾上机率和设备技术经济性两方面因素，确定较为合理的上机率和允许上机货物参数。

**4. 具有相容性和匹配性**

选用的分拣设备应与系统中的其他设备相匹配，并构成一个合理的物流程序，使系统获得最佳经济效益。我国有个别配送中心购置了非常先进的自动分拣设备，但自动分拣货物与大量的人工装卸、搬运货物极不相称，因而分拣设备利用率不可能提高，整体效益也不高。因此，在选用分拣设备时，必须考虑相容性，使分拣环节和其他物流环节做到均衡作业，这是提高整个系统的工作效率和保持货物配送作业畅通的重要条件。

**5. 符合所分拣货物的基本特性**

被分拣货物的物理、化学性质及其外部形状、质量、包装等特性千差万别，必须根据这些基本特性来选用分拣设备，如胶带浮出式分拣机只能分拣包装质量较大的纸箱等。这样才能保证货物在分拣过程中不受损失，保证配送作业的安全。

**6. 适应分拣方式和分拣量的需要**

分拣作业的生产效率取决于分拣量大小及设备自身的分拣能力，也与分拣方式密切相关。因此，在选择分拣设备时，首先要根据不同的分拣方式选用不同类型的分拣设备。其次，要考虑被分拣货物的批量大小，若批量较大，应配备分拣能力强的大型分拣设备，并可选用多台设备；若批量较小，则宜选用分拣能力较弱的中小型分拣设备。另外，还应考虑对自动化程度的要求，可选用机械化、半自动化、自动化分拣设备。这样既能满足要求，又能提高设备的效率。值得注意的是，不可一味地强调高技术水平和自动化，不结合实际条件来做选择，不仅不能提高效益，还可能导致重大的损失和惊人的浪费。这种事例在我国也曾出现过，在选用分拣设备时应尽量避免此类现象的发生。

总之，选用分拣设备时，要做好技术经济分析，尽量达到经济合理的要求，同时还要考虑分拣作业方式、作业场地及与系统的匹配度等因素，以保证分拣工作正常、安全地运行，提高经济效益。

## 任务二　托盘搬运车的使用

### 【课前讨论】

某仓储配送中心主要为该地区各连锁店进行货物配送，连锁店涉及的货物品目繁多。那么，要完成配送任务，仓储配送中心应配备哪些搬运设备呢？

实施建议：

1. 可根据班级具体情况，分小组或个人在智慧树平台进行讨论、分析；
2. 课堂展示讨论结果，小组互评或教师点评；

3. 教师依据课前讨论情况反映的预习效果，调整授课重点。

 【任务描述】

托盘搬运车是一种主要用于搬运托盘的物流设备，也可用于直接搬运货物。托盘搬运车在搬运站使用时将其承载的货叉插入托盘孔内，由人力或电力驱动液压系统来实现托盘货物的举升和下降，并由人力拉动或者直流电机驱动完成搬运作业。它被广泛应用于物流、仓库、工厂、医院、学校、商场、机场、体育场馆等。根据驱动方式的不同，托盘搬运车可分为手动和电动两类。通过完成托盘搬运车使用的学习任务，学习者应熟悉常见的托盘搬运车的使用方法，可以根据货物的不同，采用合适的托盘搬运车进行运输。

【知识学习】

## 一、手动托盘搬运车

手动托盘搬运车又称地牛，通过人力牵引行走，手动液压举升，主要应用于需要水平搬运且较拥挤的场合。它是托盘运输工具中最简便、最有效、最常见的装卸、搬运工具，通常承载能力为1~3t，超重型的可承载5t，作业通道宽度一般为2.3~2.8m。手动托盘搬运车如图3-16所示。

### 1. 工作原理

手动托盘搬运车具有三大功能：举升、搬运、放下。搬运车的货叉插入托盘后，利用人力上下按压手动控制手柄（见图3-17），使液压装置中的柱塞被压力油顶起，柱塞又依靠连杆机构带动货叉举升，实现托盘货物的举升，举升高度一般可达200mm；液压装置附带溢流阀，以便在提升货物超重时提供过载保护，防止液压油缸损坏；举升后货物的水平移动由推拉控制舵柄实现；货物送到指定地点后，提起控制手柄上的升降控制手柄按钮，油缸回油，货叉下降，装置有手动缓降控制阀，能够保证托盘货物被缓慢放下。

图3-16 手动托盘搬运车

图3-17 手动托盘搬运车控制手柄

### 2. 操作方法

（1）抬起升降控制手柄，架体和机身会自动下降，到适当的位置时将手柄调至水平位置，货叉停止下降。

（2）推拉控制手柄，使搬运车到达托盘货物下方，也可由人工直接将货物码放在货叉上。

（3）按压升降控制手柄，货叉就会上升，到适当的位置后停止按压。

（4）推拉控制手柄，使搬运车到达卸货位置进行卸货。

（5）卸货时，抬起升降控制手柄，货叉随同托盘缓慢下降至合适位置，完成卸货。

**3. 注意事项**

（1）操作时应穿工作服和安全鞋，并戴手套。

（2）使用前做一次彻底的操作检查，确保搬运车举升、放下、车轮等装置完好无损。

（3）搬运车起压的高度一般应小于200mm，且堆叠货物时不能堆叠太高，以免搬运时货物掉下或搬运车倾覆。

（4）为避免两侧受力不均而发生安全事故，应确保货叉插入托盘正中央。

（5）根据需要搬运的托盘大小选用货叉间距合适的搬运车，要求货叉插入托盘底部时宽松无阻。

（6）用搬运车装车时，要确保货物与车门、车厢内壁保持一定的间距，以50~100mm为宜。

（7）搬运和转弯时要均匀用力，以保持货物平稳，尤其是在潮湿、倾斜等不良路面上推拉时更要小心。

（8）禁止利用搬运车运送人员。

（9）搬运车停止不用时，应使搬运车处于制动状态。

# 二、电动托盘搬运车

电动托盘搬运车又称电动托盘车或电动搬运车，是一种应用广泛的轻小型装卸搬运设备。它依靠蓄电池提供动力，由直流电机驱动行走，有液压或电动举升装置，通过操纵手柄集中控制，适用于重载及长时间货物运转工况。它的承载能力为1~3t，作业通道宽度一般为2.3~2.8m，货叉举升高度一般在210mm左右。其作业方便、平稳、快捷，外型小巧、操作灵活，噪声小、污染少，尤其适合食品、纺织、印刷等行业使用。

> **想一想**
> 电动托盘搬运车的结构特点是什么？

根据举升机构动力来源的不同，电动托盘搬运车又分为半电动托盘搬运车和全电动托盘搬运车两种，如图3-18所示。半电动托盘搬运车动力来源为大容量电瓶，可实现电动行走，但要以手动液压的方式举升。全电动托盘搬运车动力来源为大容量电瓶，可实现电动行走、电动举升。电动托盘搬运车的特点是使用灵活、视野开阔，适合用于托运距离较近、质量不大、举升高度不高的场合，通常承载能力为1.2~2t。

（a）半电动托盘搬运车

（b）全电动托盘搬运车

图3-18　电动托盘搬运车

**1. 工作原理**

电动托盘搬运车主要由举升机构、行走及制动机构、连杆和平衡机构、电气控制系统等构成，如表3-1所示。

表3-1　电动托盘搬运车结构及原理

| 构成机构 | 工作原理 |
|---|---|
| 举升机构 | 半电动托盘搬运车采用的是手动举升机构，蓄电池中的电能只供行走使用，有利于节省电能、方便操作、简化机构。其工作原理类似于手动托盘搬运车，需要举升货叉时将升降控制手柄置于最低位置，然后连续上下按压手动控制柄使液压油顶起柱塞，柱塞通过连杆机构带动货叉举升，实现货物举升；需要放下货叉时将升降控制手柄提起，油缸回油，货叉下降。<br>全电动托盘搬运车采用电动举升机构，由蓄电池提供举升动力，通过提起、放下手柄，自动实现液压油的加压和回油，以带动货叉举升和下降 |
| 行走及制动机构 | 电动托盘搬运车的行走机构主要包括电动机、减速器等，采用手柄控制实现无级变速，其传动结构简单、紧凑，以便取得最小的转弯半径。<br>电动托盘搬运车的制动机构一般采用电机磁盘式制动器，磁盘线圈未通电时，制动片与电机轴留有间隙，电机轴可以自由转动；通电后，制动片与电机轴接触，达到制动目的。也有一些电动托盘搬运车采用反电流制动，即通过改变电流方向使电机逆向旋转实现制动。电动托盘搬运车满速满载时的制动距离一般不超过1m |
| 连杆和平衡机构 | 电动托盘搬运车进行举升作业时，油缸柱塞被液压油顶升后，由连杆机构推动货叉，实现平衡举升；车体后的平衡轮机构能在路面存在少量高低不平时，使车体保持平衡、稳定 |
| 电气控制系统 | 电动托盘搬运车的电气控制选用无级调整系统，起步、行走平衡，工作可靠，维护简单。其前进、后退、制动全部集中于操纵手柄端部。插入钥匙，旋转两侧蝶形开关，就能使搬运车从静止变为全速前、后行驶。放松蝶形开关，按下端部压板，车辆立即制动，停止行驶。车辆在制动状态时，蝶形开关前、后旋转无效 |

### 2. 操作方法

（1）操控方式。电动搬运车的前进、后退、举升、降低操作全部集中于操纵手柄端部，全电动托盘搬运车的货叉举升、下降也都由操纵手柄实现，如图3-19所示。

（2）操作流程。电动托盘搬运车的操作流程如图3-20所示。

1.前进/后退　2.倒车按钮　3.喇叭按钮
4.举升按钮　5.降低按钮
图3-19　操纵手柄

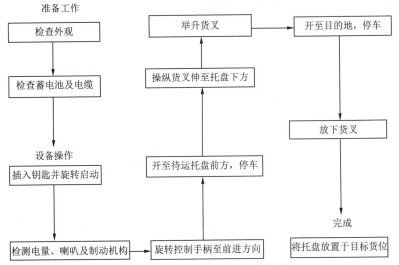

图3-20　电动托盘搬运车的操作流程图

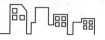
### 3. 注意事项

（1）在使用电动托盘搬运车时，应特别注意及时对蓄电池进行充电并进行正确的维护。应注意蓄电池的充电方法，既要使蓄电池充足电，又不能让蓄电池过量充电。

（2）车辆运行过程中，若发现蓄电池电量不足（可通过电源亏电指示灯、电量表和其他报警装置得知），应尽快对蓄电池进行充电，防止蓄电池过量放电。

（3）为保证人员安全，在斜坡上运送货物时，货物必须始终在斜坡下方，即上坡时人在货物前方，下坡时人在货物后方。

（4）车辆在坡道下行时，不能断开驱动电动机的电路。

（5）车辆运行中，切勿将"前进/后退"的方向开关误当作"左/右"转向开关。

## 三、托盘搬运车的选择

手动托盘搬运车和电动托盘搬运车都是用于水平搬运的工具，在物流领域均有广泛应用，那么在配置设备时，该如何选择比较好呢?

小巧的体形使手动托盘搬运车几乎适用于任何场所。但由于是人工操作，当其搬运2t左右或更重的货物时比较吃力，所以通常用于15m左右的短距离频繁作业场景，尤其是在装卸货区域。此外，手动托盘搬运车也常负责各个运输环节之间的衔接，可在货运车辆上配备手动托盘搬运车，使装配作业快捷方便且不受场地限制。

当平面搬运距离在30m左右时，步行式电动托盘车无疑是最佳选择。其行驶速度通过手柄上的无级变速开关控制，能匹配操作者的步行速度，在降低工作强度的同时，也保证了操作的安全性。

当主要平面搬运距离为30～70m时，可以采用带折叠式踏板的电动托盘搬运车，操作者在车上站立驾驶，最大速度可提高将近60%，能极大提高搬运效率。

学有所思：

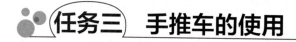

 **任务三** **手推车的使用**

### 【课前讨论】

手推车是日常生活中常见的一种搬运设备，在仓库、物流中心、配送中心、货场等均得到广泛应用。请上网查找各类手推车的资料，并分享、讨论。

实施建议：

1. 可根据班级具体情况，分小组或个人在智慧树平台进行讨论、分析；
2. 课堂展示讨论结果，小组互评或教师点评；
3. 教师依据课前讨论情况反映的预习效果，调整授课重点。

### 【任务描述】

手推车轻便灵活，广泛用于仓库、物流中心、生产工厂、百货公司、货运站、机场等场所。手推车由于一般无举升能力，所以承载能力通常在500kg以下。根据其用途和负荷能力，手推车可分为二轮手推车、多轮手推车和物流笼车3类。通过完成本任务，学习者应了解手推车的分类及应用。

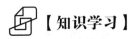【知识学习】

## 一、二轮手推车

二轮手推车基本上可分为东方型与西方型两类，如图3-21所示。东方型的结构架具有弧状或平的横板，轮子在外侧，用来搬运混装的货物非常好用，如桶、袋子、箱子等。西方型的结构架平行，轮子在内侧，手把呈弧状，可配合货车搬运及用于火车站搬运。

（a）东方型二轮手推车　　　　　　　　（b）西方型二轮手推车

图3-21　二轮手推车

## 二、多轮手推车

按用途及负荷能力的不同，多轮手推车有不同的尺寸和设计方式，可为木制或金属制；按脚轮布置及用途来区分，有以下几种常用形式。

**1. 按脚轮布置分类**

按脚轮布置的不同，多轮手推车可分为脚轮平置式、脚轮平衡式和六轮平衡式。

（1）脚轮平置式。脚轮平置式多轮手推车一端为两个固定脚轮，另一端为两个活动旋转脚轮或附有刹车的活动旋转脚轮，台车高度较低，适用于轻度或中度负荷的场景。

（2）脚轮平衡式。脚轮平衡式多轮手推车四轮均为旋转脚轮，灵活度很高，适用于轻度负荷的场景。

（3）六轮平衡式。六轮平衡式多轮手推车的两个固定脚轮在中间，两端各有两个旋转脚轮，适用于一般中重负荷的场景。

**2. 按用途分类**

按照用途的不同，多轮手推车可分为立体多层式、折叠式、升降式和附梯式。

（1）立体多层式。立体多层式多轮手推车如图3-22所示，其为增加物品盛放的空间及存取的方便性，把传统的单板台面改成多层台面，常用于拣货。

（2）折叠式。折叠式多轮手推车如图3-23所示，为方便携带，其推杆设计成可折叠形式。这种手推车因使用方便，便于收纳，普及率高。

图3-22 立体多层式多轮手推车

图3-23 折叠式多轮手推车

（3）升降式。升降式多轮手推车如图3-24所示。当搬运体积较小、质量较重的金属制品时，或在不便于人工搬运的场合，又由于场地限制而无法使用堆高机时，便可采用升降式手推车。这种手推车除了装有升降台面来供承载物升降外，其轮子多采用耐压且附有刹车定位的车轮以供准确定位。

（4）附梯式。附梯式多轮手推车如图3-25所示。在物流中心，手推车大多在拣货作业中使用，而拣货作业常因货架高度的限制而必须爬高取物，这种手推车旁附有梯子，能方便爬高取物。

图3-24 升降式多轮手推车

图3-25 附梯式多轮手推车

## 三、物流笼车

物流笼车（见图3-26）以增大放置物品的空间及可折叠收纳为考虑重点，故高度一般高于1.45m，利用向上延伸的空间，来增大放置物品的空间。其使用场合大都为配送中心出货前的集货及随车全程运送，故采用高强度焊接架构，表面经镀锌处理再涂油漆，以延长使用寿命。

> **想一想**
> 物流笼车的使用场合主要有哪些？

## 四、电子标签拣选系统

电子标签拣选系统是一种计算机辅助的无纸化拣货系统，也叫电子标签拣货系统，其原理是在每一个货位安装数字显示器，利用计算机的控制将订单信息传输到数字显示器上，拣货人员根据数字显示器显示的数字拣货，拣完货之后点击"确定"按钮完成拣货工作。

图3-26 物流笼车

这种分拣方式中，电子标签取代拣选单，在货架上显示拣选信息，以减少寻找货品的时间。分拣的动作仍由人力完成。电子标签具有很好的人机界面，让计算机负责烦琐的拣选顺序规划与记忆，拣货人员只需要按照计算机的指示执行拣选作业。电子标签有一小灯，灯亮表示该货位的货物是待拣货物。电子标签中间有很多个字元的液晶，可显示拣选数量。

拣货人员在货架通道行走，看见灯亮的电子标签就停下来，并按照显示数字来拣取该货物。电子标签设备主要包括电子标签货架、信息传送器、计算机辅助拣选台车、条码、无线通信器材等。

此种拣货技术于1977年在美国开发研究而成，是在配送中心经常被应用的一种拣选方式。此种拣选方式可以用于批量拣选，也可以用于按单拣选，但是货物品项太多时不太合适使用，因为成本太高。它是一种无纸化的拣选系统，可以进行即时处理，也可以进行批次处理。电子标签的拣货生产力约为500件/h，而拣货差错率可以降至0.01%左右，拣货的前置时间约为1小时。

电子标签拣选系统的优点：

（1）不需要任何书写的无纸化作业；

（2）不需要库位寻找的按电子标签亮灯指示作业；

（3）不依赖熟练作业人员的无须思考的零判断作业；

（4）作业人员的走动路线缩短，能做到最短距离化；

（5）计算机系统可自动下达作业指示，作业人员无须等待；

（6）作业效率可成倍提高；

（7）作业差错率可接近零；

（8）计算机进行实时监控，作业状态可实时反映。

学有所思：

_____

_____

## 【素养园地】

### 技术改变生活之自动分拣设备

2019年"双11"期间，中国邮政订单量超过1亿件，包裹快递收寄量达6668万件，同比增长91.5%；中通快递当天订单量超2亿件，揽收量破1亿件；圆通速递比2018年提早4小时订单量破亿；顺丰速运全网收件量环比平日增长145.6%……

面对激增的订单量，与以往快递分拣员坐在堆积如山的快递堆里人工分拣快递不同，越来越多的快递企业投入了高科技、智能化的分拣机，极大地提高了包裹分拣效率。"双11"期间，在圆通广州分拨中心，5台新型面扫自动化设备开展了紧张工作。分拣员只需将包裹有电子面单的一面放上，设备就会自动扫描识别，将包裹分拨到相应的格口。这5台自动化设备1小时可以扫描1800票，有21个装车位，高峰期间可分流170余万票。中通快递广州花都转运中心投入使用的双层自动分拣系统，每小时最多能处理7.2万件快递。

新技术在物流中的应用极大程度上改变了传统工作流程，提升了作业效率，降低了工人的工作强度，消费者也可以享受更加快速便捷的服务。

## 【测验与答疑】

线上测验

线上问答

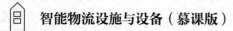

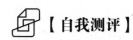

【自我测评】

在表3-2所示的□中打"√"（A表示未理解，B表示基本理解，C表示完全理解）。

表3-2　自我测评表

| 项目 | 任务体系 | 评价指标 | 自我测评 |
|------|---------|---------|---------|
| 项目三 | 任务一 | 1. 分拣的概念 | □A □B □C |
| | | 2. 自动分拣系统的组成和分拣原理 | □A □B □C |
| | | 3. 常见的自动分拣设备 | □A □B □C |
| | | 4. 自动分拣设备的选型原则 | □A □B □C |
| | 任务二 | 1. 手动托盘搬运车的工作原理 | □A □B □C |
| | | 2. 手动托盘搬运车的操作方法 | □A □B □C |
| | | 3. 手动托盘搬运车的操作注意事项 | □A □B □C |
| | | 4. 电动托盘搬运车的工作原理 | □A □B □C |
| | | 5. 电动托盘搬运车的操作方法 | □A □B □C |
| | | 6. 电动托盘搬运车的操作注意事项 | □A □B □C |
| | 任务三 | 1. 二轮手推车的分类 | □A □B □C |
| | | 2. 多轮手推车的分类 | □A □B □C |
| | | 3. 电子标签拣选系统的含义 | □A □B □C |
| | | 4. 电子标签拣选系统的优点 | □A □B □C |

**项目四**

# 智能出库作业设备

出库作业是仓储作业的最后一步，也是配送中心管理的重要环节。对于物品的出库，要求发货准时、保质保量。要完成出库作业，显然必须借助一定的物流机械设备。那么在完成出库作业的过程中，常常需要哪些物流机械设备？

本项目的任务就是掌握配送中心出库作业所需要的物流机械设备——输送设备、自动导引搬运车的使用方法，并能对这些物流机械设备进行合理的维护。

 【学习目标】

### 知识目标

1. 熟悉单元负载式输送机的种类、构造和基本维护保养；
2. 掌握输送机的应用范围；
3. 掌握自动导引搬运车的概念、分类、特点和主要参数；
4. 熟悉自动导引搬运车的防碰撞技术性措施。

### 能力目标

1. 能够根据货物的不同，选择不同的输送设备；
2. 能够正确使用各种输送机进行货物的搬运作业；
3. 能够操作自动导引搬运车进行货物的搬运作业；
4. 具有管理自动导引搬运车的能力。

### 德育目标

1. 培养安全生产的意识；
2. 培养认真负责的工作态度；
3. 树立正确的价值观；
4. 培养吃苦耐劳的精神。

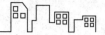

 **任务一 输送设备的使用**

 【课前讨论】

近几年，物流业快速发展，大家注意到物流快递分拨中心采用的物流传输设备是哪种了吗？请介绍该种输送设备的特点。

实施建议：

1. 可根据班级具体情况，分小组或个人在智慧树平台进行讨论、分析；
2. 课堂展示讨论结果，小组互评或教师点评；
3. 教师依据课前讨论情况反映的预习效果，调整授课重点。

 【任务描述】

输送设备是配送中心出库作业中不可缺少的物料输送机械，任何一个现代化的配送中心都离不开输送设备。为了满足不同货物的输送需求，输送设备的种类非常多。通过完成本任务，学习者应能够说出常见输送设备的类别；能够根据货物选用合适的输送设备，并学会常见输送设备的使用方法；能够对输送设备进行正确的维护。

 【知识学习】

### 一、输送设备的概念

输送设备是指在装货点与卸货点之间，沿着一定的线路以连续的方式均匀输送散装货物或者成件包装货物的物料搬运机械。由于货物性质不同，与之对应的输送设备有两类：间歇性输送机械和连续性输送机械。前者主要用于集装单元货物的装卸和搬运，又称单元负载式输送机；后者主要用于散装货物的装卸和搬运。

视频

输送设备简介

输送设备由于能在一个区间内连续搬运大量货物，搬运成本非常低，搬运时间比较准确，货流稳定，因此被广泛应用于现代物流系统中。在国内外大量自动化立体仓库、物流中心、配送中心、大型货场中，除起重机械以外，其余设备大部分都是由输送设备组成的搬运系统，如进库出库输送机系统、自动分拣输送机系统、自动装卸输送机系统等。整个搬运系统均由中央计算机控制，形成了一整套复杂完整的货物输送、搬运系统，大量货物的进库出库、装卸、分类、分拣、识别、计量等工作均由输送设备系统来完成。因此，在现代化货场和物料搬运系统中，输送设备担负着重要的作用。可以说，到目前为止，人类还没有找到一种运费低廉，能大量搬运货物，易于实现自动化、无人化的设备来代替它。输送设备是生产加工过程中机械化、连续化、自动化的流水作业运输线中不可缺少的组成部分，是自动化立体仓库、配送中心、大型货场的生命线。

按照输送方向的不同，输送设备有水平和垂直搬运之分。无论用什么形式搬运，决定输送设备主要参数的都是被输送货物的最大宽度、最大长度及最大质量。此外，单位时间的搬运量也是重要参数。

在物流中心使用最普遍的输送设备是单元负载式输送机和立体输送机。单元负载式输送机输送的单元负载有托盘、纸箱或固定尺寸的货物。这些输送设备主要用于固定路径的货物输送。

按动力源区分，单元负载式输送机可分为重力式和动力式两种。

## 二、重力式输送机

重力式输送机以被输送货物本身的重力为动力，让货物在倾斜（坡度一般为2°～5°）的输送机上由上往下滑动，输送机自身不需要动力。为了使重力式输送机上货物的速度不要太快，大倾角的输送机上一般装有制动滚子。重力式输送机的优点在于成本低，易于安装和扩充。重力式输送机主要有重力式滚轮输送机、重力式滚筒输送机和重力式滚珠输送机3种类型。

### 1. 重力式滚轮输送机

重力式滚轮输送机的主要特点是质量轻、易搬动、装卸方便，在转弯段，滚轮独立转动。

（1）应用范围。对于表面较软的货物，如布袋之类，重力式滚轮输送机较重力式滚筒输送机有更好的输送性。但是，对于底部挖空的容器，则不宜使用重力式滚轮输送机。此外，若使用环境的温度在0℃～38℃的范围之外，应与设备供应商沟通，以免出现润滑问题，影响设备的使用。

注意：为使货物输送平稳，在任何时候一件货物都至少应由分布在3根轴上的5个滚轮支撑，如图4-1所示。

> **想一想**
>
> 重力式滚轮输送机用于输送的滚轮是越多越好吗？为什么？

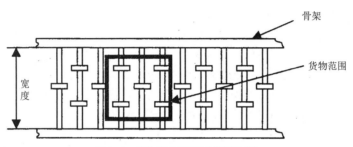

图4-1　货物至少要有5个滚轮支撑

（2）材质选择。重力式滚轮输送机的骨架材料有钢和铝两种。铝质骨架适用于负载较轻且可移动装设的情况，与钢质骨架相比，其负载能力较弱。滚轮材料有钢、铝和塑料3种。钢质滚轮的负载能力为11～23kg，铝质滚轮的负载能力为4.5～18kg，塑料滚轮的负载能力在10kg以下。

（3）尺寸规格。重力式滚轮输送机常用的内缘宽度有300mm、500mm和600mm，其标准长度为1.5m、2m和3m。每单位长度的滚轮数由具体情况决定，一般来说，较小的货物要求输送机有更多的滚轮。滚轮由于其每一排滚轮数及交错排列方式不同而有多种排列形式，如图4-2所示。常用标准重力式滚轮输送机的骨架由两支60mm×25mm的型钢组合而成。

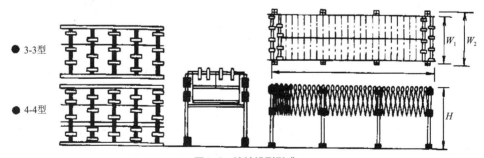

●3-3型

●4-4型

图4-2　滚轮排列形式

骨架的强度与负载大小和支脚的距离有关。在选择重力式滚轮输送机时，应根据载荷大小计算骨架变形量；当超过容许变形量时，应增加支脚或使用不同的支撑方式。一般情况下，大部分生产厂家均会提供骨架容许变形量表格，如表4-1所示。

表4-1　骨架容许变形量

| 支撑距离/mm | 每50kg负载变形量/mm | |
|---|---|---|
| | 钢质骨架 | 铝质骨架 |
| 1500 | 0.326 | 0.602 |
| 3000 | 20414 | 5.284 |

输送机的倾斜度与货物的质量和表面条件有关。表面结实光滑的货物需要的倾斜角度较小，表面较软的货物则需要较大的倾斜角。最终选择多大的倾斜角，应根据具体经验和实际情况来决定。

根据实际需要，重力式滚轮输送机可组合成直线式、转弯式和分支式3种。转弯式分为45°和90°。转弯式的滚轮平均倾斜角只有直线式的1/2。为了保持货物的方向性和平稳性，转弯内侧半径最小应等于货物的最大长度，货物比输送机宽度两边各少50mm。

应根据重力式滚轮输送机的标准宽度来设定货物包装箱的长度和宽度。

### 2. 重力式滚筒输送机

重力式滚筒式输送机的特点就在于滚筒、轴、轴承、骨架、支撑架等组件的组合方式非常多样，可满足各种不同的应用需求。选择组合方式需考虑输送的货物特性、安装的环境及设备成本等条件。货物特性会影响输送稳定性，为了稳定输送，一般至少需要3支滚筒（柔性物则最少需要4支）同时接触货物，否则会导致货物倾斜、卡住而使输送中断，如图4-3所示。

> **想一想**
>
> 搜索重力式滚筒输送机的图片，想一想为什么有多种表现形式。

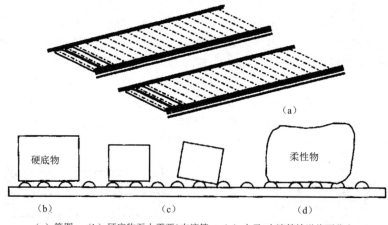

（a）简图　（b）硬底物至少需要3支滚筒　（c）少于3支滚筒输送将不稳定
（d）柔性物需要至少4支滚筒
图4-3　重力式滚筒输送机

与重力式滚轮输送机相比，重力式滚筒输送机的应用范围更广。一般不适用于重力式滚轮输送机的货物，如塑料篮、容器、桶形物等，均适用于重力式滚筒输送机。但是重力式滚筒输送机比较重，不适用于需经常移动或拆装的场合；此外，若使用环境的温度在0℃～65℃范围之外，需考虑进行特殊的润滑，在高温环境下使用最好匹配相应的滚筒散热装置。

滚筒的负载能力是由轴承的负载能力及滚筒的宽度决定的。基本轴承负载能力由经验及测试而定。大部分制造商均会提供输送机负载能力的分布表，如表4-2所示，具体的负载能力可依据滚筒、骨架、支撑架的组合方式而定。

表4-2 输送机负载能力的分布表

| 输送物品 | 建议形式 | 倾斜角度/° | 说明 |
|---|---|---|---|
| 木箱 | 滚轮或滚筒 | 2～8 | 12寸宽，10轮/尺 |
| 硬纸箱 | 滚轮或滚筒 | 2～12 | 18寸宽，16～18轮/尺 |
| 薄纸箱 | 滚轮 | 5～15 | 12寸宽，15～20轮/尺 |
| 布袋 | 滚轮 | 5～20 | 较密的滚轮间距 |

重力式滚筒输送机一般是将相同宽度的滚筒按照一定的间距平行排列来承载货物，因此在用其输送货物时应考虑以下4点。

（1）应保证货物的宽度不超出滚筒宽度，否则货物会与骨架接触，增大摩擦力，影响输送任务。

（2）不同性质的货物，需要的滚筒间距也不同。一般来讲，木箱需要的滚筒间距为12寸宽、10轮/尺，硬纸箱需要的滚筒间距为18寸宽、16～18轮/尺，薄纸箱需要的滚筒间距为12寸宽、15～20轮/尺，布袋类的物品则需要较密的滚筒间距。

（3）货物在滚筒上的摆放方式应保证硬底物至少有3支滚筒，柔性物至少有4支滚筒，否则会导致货物倾斜、卡住而使输送中断。

（4）货物的质量也是必须考虑的一个重要因素，若质量超出轴承的负载能力，会导致轴承寿命减短。

**3. 重力式滚珠输送机**

重力式滚珠输送机上装有可向任意方向自由转动的万向滚珠，适用于较硬表面的货物在输送机之间的输送，如图4-4所示。重力式滚珠输送机使用时不需要润滑，但不能在灰尘较多的环境中使用，需要定期维护，清理灰尘和杂质。

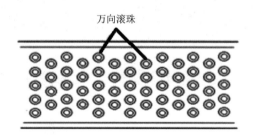

图4-4 重力式滚珠输送机

重力式滚珠输送机不适合用来输送底部较软的货物，如湿的纸箱、桶状物及篮子等。使用重力式滚珠输送机来输送货物所需的力量大小与货物的质量及货物表面的硬度有关。表面越硬的货物越容易移动，所需的力量通常为5%～15%负载的质量。

## 三、动力式输送机

动力式输送机通常由电动机提供动力。在实际选用时可根据货物特性来选择动力式输送机的类型。

**想一想**
动力式输送机和重力式输送机最主要的区别是什么？

### 1. 动力式链条输送机

图4-5所示为动力式链条输送机，主要用于输送单元负载，如栈板、料箱，也可利用承载托板来输送其他形状的货物。链条输送机按照输送链条所添装置附件的变化，可产生多种应用形式（滑动式、推杆式、滚动式、推板式、推块式等），物流中心多用滑动式和滚动式的链条输送机。

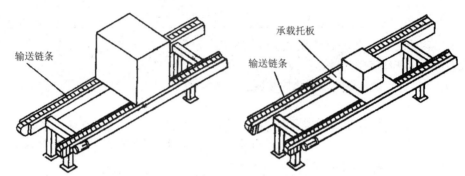

图4-5　动力式链条输送机

（1）滑动式链条输送机。图4-6所示为滑动式链条输送机，其由链条直接承载货物，且链条两边的板片直接在导轨上滑行。因为摩擦力大，故滑行导轨应采用摩擦系数小且耐磨的材料。这种输送机适用于轻货物的短距离输送。

这种输送机虽然结构简单、维护容易、造价低，但噪声大、动力损耗大、承载能力小。为此，其逐渐被滚动式链条输送机取代。

图4-6　滑动式链条输送机

（2）滚动式链条输送机。图4-7所示为滚动式链条输送机，是在承载链条上加装较高承载力的滚子来承载货物，链条依靠滚子来与轨道滚动滑行。由于其是滚动摩擦，因而摩擦力小，动力损耗低，承载能力强。滚子的材料一般为钢，有时为了降低噪声，也会采用耐磨的工程塑料。

这种输送机输送非方形规则货物时必须使用承载托板并加装承载托板的回收装置，输送速度较慢，但构造简单、易维护，常用于自动化立体仓库前段及配送、包装等区域。

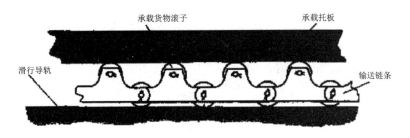

图4-7 滚动式链条输送机

学有所思：
_____
_____

### 2. 动力式滚筒输送机

动力式滚筒输送机的应用范围较广，常用于储积、分支、合流和较重负载，也广泛用于油污、潮湿、高温和低温环境。

根据不同的滚筒驱动形式，动力式滚筒输送机可分为以下几种，以满足不同的需求。

（1）平皮带驱动式滚筒输送机。平皮带驱动式滚筒输送机在平带上安装了许多承载滚筒，在下方装有调整松紧的压力滚筒，如图4-8所示。承载滚筒和间距的选择与重力式滚筒输送机相同。位于两承载滚筒之间的压力滚筒可上下调整，从而达到调整皮带驱动力的目的。当货物被输送到分支点范围时，必须将压力滚筒向上调整，从而增大对负载的驱动力。因皮带宽度与实际输送物品的表面大小无关，所以可选用较窄的皮带。但是，选择皮带宽度时必须考虑皮带的有效拉力和每厘米宽度的负载能力。

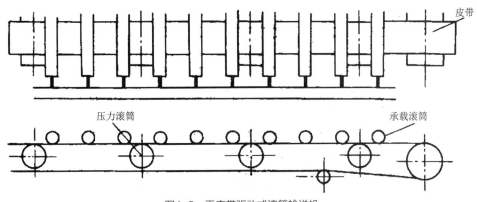

图4-8 平皮带驱动式滚筒输送机

**注意：** 平皮带驱动式滚筒输送机的最大倾斜角是5°，如果大于此角度，则输送机须经过测试方可使用。

（2）V形皮带驱动式滚筒输送机。V形皮带的驱动方式与平皮带的驱动方式相同，只是将平皮带换成V形皮带，压力滚筒换成压力滚轮，安装于骨架的侧边，如图4-9所示。V形皮带驱动式滚筒输送机主要用于较轻负载的短距离输送，且很适合用于转弯及结合的部分。此种驱动形式最好选用一体成型的整圈V形皮带，如果使用搭接的方式，则皮带强度较差，使用时间较短。

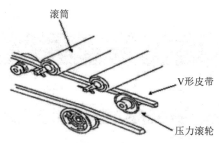

图4-9　V形皮带驱动式滚筒输送机

（3）圆皮带驱动式滚筒输送机。圆皮带的驱动方式是利用马达带动线轴，再经由线轴上的圆皮带驱动每支滚筒，如图4-10所示。圆皮带驱动式滚筒输送机具有噪声小、干净、安全的优点。

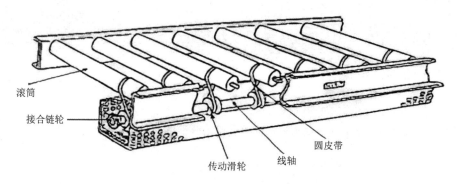

图4-10　圆皮带驱动式滚筒输送机

（4）链条驱动式滚筒输送机。链条驱动式滚筒输送机适用于较差的工况，如重负载、油污、潮湿的环境，以及高温、低温区域。链条的驱动方式分为两种类型：连续式和滚筒对滚筒。

① 连续式

连续式链条驱动方式是使用单一链条驱动附有链轮的滚筒，如图4-11所示。由于只使用单一链条，每支滚筒的链轮只有几齿与链条接触，因而不适用于输送较重负载的货物，也不适用于需频繁起动、停止的场景。

> **想一想**
>
> 动力式滚筒输送机和动力式链条输送机有哪些区别？两者的应用场合有什么区别？

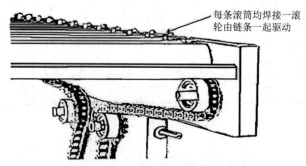

图4-11　连续式链条驱动方式

② 滚筒对滚筒

滚筒对滚筒驱动方式是在每支滚筒上焊两个链轮，链条以交错的方式连接一对对的滚筒，如图4-12、图4-13所示。这种驱动方式具有较大的传动力，但因为链条的拉力及松弛会累加，所以链条的长度会有限制，一般连续链条圈数不能超

> 小测验
>
>

过80圈。

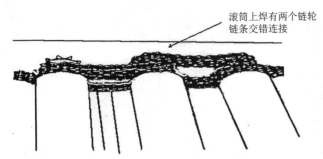

图4-12　滚筒对滚筒链条驱动方式

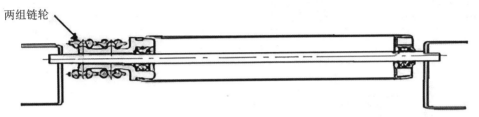

图4-13　滚筒对滚筒式的双链滚轮

（5）电动滚筒式输送机。电动滚筒本身拥有动力，不需要任何传动设备，能使传输线更简单、清洁、安全，如图4-14所示。电动滚筒式输送机一般用于动停频繁的场合，但由于价格高，在实际使用中，每隔几支没有动力的滚筒才会安装一支电动滚筒。

以上介绍的重力式输送机和动力式输送机主要用于水平方向的货物输送，在配送中心也经常使用垂直输送设备进行货物输送。下面介绍常用的垂直输送设备。

图4-14　电动滚筒

## 四、常用的垂直输送设备

在配送中心的各楼层之间进行货物输送是非常重要的。除了一般电梯之外，配送中心还必须有专用的垂直输送设备，这样可充分利用空间。垂直升降输送机运动平稳，不会使货物因震动而损坏。图4-15所示为垂直升降输送机，其原理与电梯类似，垂直输送物品的升降平台由卷扬机或液压装置来驱动。图4-15（a）所示为叉车用垂直升降输送机，图4-15（b）所示为手推车用垂直升降输送机，图4-15（c）所示为输送线用垂直升降输送机。这3种输送机只是货物进出口的衔接方式不同而已。

> **想一想**
> 　垂直输送设备存在的意义是什么？若没有垂直输送设备，配送中心会有哪些问题？

### 1. 托盘式垂直升降输送机

图4-16所示为托盘式垂直升降输送机，其因为能连续输送货物，所以效率较高，可达500件/时。这种输送设备节省空间和人力，运费少，承载能力强，承载范围为50～2000kg。

### 2. 悬挂式输送机系统

图4-17所示为悬挂式输送机系统，这个系统由导轮、导轨、从动轮、轴、梁、支架和悬挂轴组成。当主动轴转动时，与主动轴交叉成一定角度（小于15°）的从动轮一方面转动，另一面又沿主动轴方向前进，从而带动与4个从动轮固定连接在一起的支架移动。被输送的货物悬挂在悬挂轴下端。导轨支撑着导轮，主要起承载作用。主动轮通过驱动装置来转动。

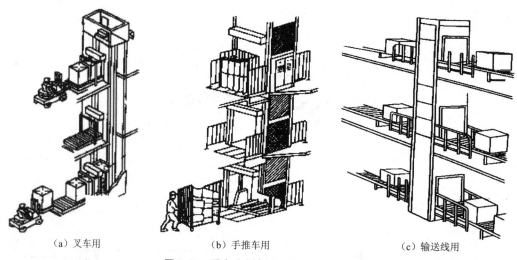

（a）叉车用　　　　　　　　（b）手推车用　　　　　　　（c）输送线用

图4-15　垂直升降输送机的3种常用类型

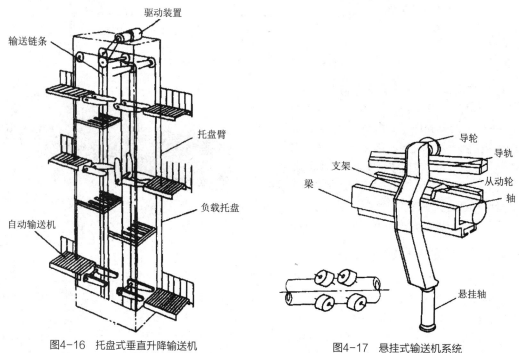

图4-16　托盘式垂直升降输送机　　　　　图4-17　悬挂式输送机系统

这种输送设备主要用于服饰等较轻货物的输送，可搬运25～35kg的货物。其优点是噪声小、平稳、安全、干净、卫生和效率较高，在配送中心得到广泛应用。

**3. 螺旋滑槽式垂直输送机**

图4-18所示为螺旋滑槽式垂直输送机，它利用重力及螺旋倾斜滑槽，使货物自上而下平稳滑下。因为没有驱动装置，这种输送设备只能向下而不能向上输送货品。

其特点是：

（1）滑槽轨道用四氯乙烯原料制成，倾斜度在12°以内，使货物下落平缓，不损伤货物；

（2）可连续输送货物，当货物很多时，可存于槽内；

（3）因为没有驱动装置，噪声较小；

> **想一想**
>
> 螺旋滑槽式垂直输送机为什么对货箱尺寸有要求？

（4）结构简单，成本低，维修费少。

这种输送设备主要用于塑料箱的连续垂直运输，要求货箱尺寸不超过560mm×360mm×263mm和每件货物质量为2～24kg。其输送能力为20～100箱／min。

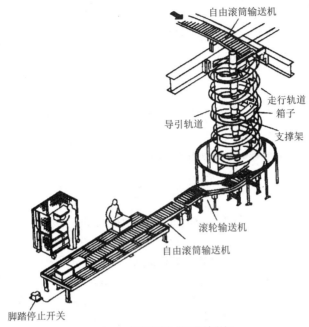

图4-18　螺旋滑槽式垂直输送机

### 4. 空中移栽台车

图4-19所示为空中移栽台车，这种输送设备是悬挂在空中导轨上的，按照指令在导轨上运动或停止。在运动过程中，货台装置通过卷扬机和升降带被提到最高位置，并与车体成为一体。当货台装置运动到指定位置时，升降带伸长，货台装置下落，进行卸货或装货。

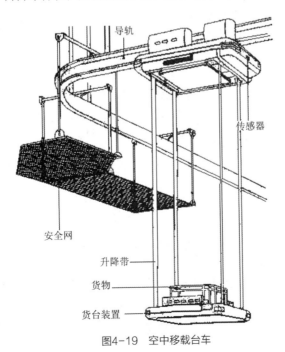

图4-19　空中移栽台车

## 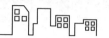 自动导引搬运车的使用

###  【课前讨论】

针对国内传统造纸业物流应用水平相对落后的现状，探索、开发和应用于造纸行业的自动导引搬运车系统，可以提高造纸企业的仓储自动化水平。请查阅相关资料，分析在自动化水平优化的过程中采用了哪些先进的装卸搬运设备，自动化水平优化对仓库管理水平的提高有什么帮助。

实施建议：

1. 可根据班级具体情况，分小组或个人在智慧树平台进行讨论、分析；
2. 课堂展示讨论结果，小组互评或教师点评；
3. 教师依据课前讨论情况反映的预习效果，调整授课重点。

### 【任务描述】

自动导引搬运车广泛应用于柔性搬运系统和自动化立体仓库中，以轮式移动为特征，具有行动快捷、工作效率高、结构简单、可控性强、安全性好等优点。与物料输送中常用的其他设备相比，自动导引搬运车的活动区域无须铺设轨道、支架等固定装置，其活动不受场地、空间和道路的限制。在自动化物流系统中，其自动性和柔性得到充分体现，有助于实现高效、经济、灵活的无人化生产。

通过完成自动导引搬运车的使用学习任务，学习者应了解自动导引搬运车的概念、分类、结构、相关参数和特点，能够说出自动导引搬运车的种类，能够根据仓库的具体情况选择合适的自动导引搬运车。

### 【知识学习】

#### 一、自动导引搬运车的概念

自动导引搬运车是指具有电磁或光学导引装置，能够按照预定的导引路线行走，具有运行和停车装置、安全保护装置及各种移载功能的运输小车。自动导引搬运车的英文缩写为AGV（Automated Guided Vehicle）。

> **想一想**
> 自动导引搬运车对地面条件有没有要求？

AGVS（Automated Guided Vehicle System）是自动导引车系统的英文缩写，由管理计算机、数据传递子系统，若干辆沿导引路径行驶的自动导引搬运车、地面子系统等组成，用于及时有效地分派自动导引搬运车到某位置完成指定动作并进行监控管理的系统。

#### 二、自动导引搬运车的分类

按照导引方式的不同，自动导引搬运车可分为固定路径导引和自由路径导引两类。固定路径导引是在车辆的运行路线上设置导向信息媒介，如导线、磁带、色带等，由车辆的导向传感器接收媒介的导向信息，信息经实时处理后控制车辆沿正确行驶路线运行的导引方式。自由路径导引是在车辆上预先设定运行路线的坐标信息，车辆运行时，实时测出实际的车辆位置坐标，再将两者进行比较后控制车辆运行的导引方式。

视频
自动导引搬运车

按照运行方式的不同，自动导引搬运车可分为向前运行、前后运行和万向运行。

按照移载方式的不同，自动导引搬运车可分为链式输送机移载、辊道输送机移载、胶带输送机移载、推拉输送机移载、升降台移载、伸缩货叉移载、机械移载等，如图4-20所示。

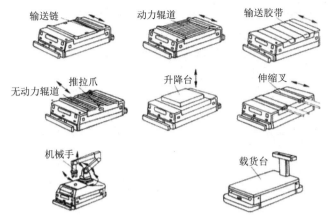

图4-20　自动导引搬运车的移载方式

自动导引搬运车大多采用蓄电池供电，根据充电方式的不同，可分为交换电池式和自动充电式。交换电池式是指当电池的电量降到指定范围后，要求自动导引搬运车退出服务，进入指定充电区充电。自动充电式是指自动导引搬运车可在任意停泊位无时间限制地随时充电。

按照转向方式的不同，自动导引搬运车可分为舵轮转向、两轮差速转向和独立多轮转向，如图4-21所示。

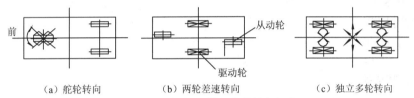

（a）舵轮转向　　　（b）两轮差速转向　　　（c）独立多轮转向

图4-21　自动导引搬运车的转向方式

## 三、自动导引搬运车的应用场合

在制造业中，自动导引搬运车应用最广泛的领域是装配作业，特别是汽车的装配作业。在西欧各国，用于汽车装配的自动导引搬运车占所有自动导引搬运车数量的57%，德国用于汽车装配的自动导引搬运车占所有自动导引搬运车数量的64%。近年来，电子工业是自动导引搬运车的新兴应用领域，由于生产的产品品种多、批量小，自动导引搬运车比传统的带式输送机具有更强的柔性。

> **查一查**
> 搜索自动导引搬运车在物流行业的应用情况。

在重型机械行业，自动导引搬运车的主要用途是运送模具和原材料。由于货物的质量较大，自动导引搬运车需要配备较大的移载装置。

在非制造业中，自动导引搬运车应用最广泛的是邮政部门、图书馆、医院等。在邮政部门广泛采用自动导引搬运车，如将进区台的邮件送往处理区，再将处理区的邮件送出区台。在图书馆，自动导引搬运车用于图书的入库和出库，可以自动将图书送到指定地点。

## 四、自动导引搬运车的结构

自动导引搬运车能够高效地完成各项出入库任务，这跟其精密的结构组成密不可分。自动导引搬运车主要由机械系统、动力系统和控制系统组成，具体包括车体、车轮与转向装置、移载装置、安全装置、蓄电池和充电装置、驱动控制装置、转向控制装置、信息传输及处理装置等。

### 1. 车体

车体是自动导引搬运车的基本骨架，所有零部件都安装在车体上。车体要有足够的强度和刚度，以满足自动导引搬运车的运行和加速需要。车体一般由钢构件焊接而成，上面覆盖有1～3mm

的钢板或硬铝板，板下的空间安置与驱动、转向直接有关的硬件控制系统和质量较大的部件（如蓄电池），以利于进行机械结构设计和降低车体重心，重心越低越有利于抗倾翻。板上常安置移载装置、按键和显示屏等。车体的前后还安装安全挡圈、防撞挡板等。

### 2. 车轮与转向装置

自动导引搬运车的车轮有驱动轮、驱动转向轮、转向轮、随动轮、固定从动轮等。

在舵轮转向方式中，舵轮是驱动转向轮。舵轮偏转一定的角度即可实现运行转向。差速转向方式的转向装置是一对平行同轴固定在车体中部的驱动转向轮，依靠电气调速使两轮产生不同的转速以实现转向。独立多轮转向方式中，多个车轮前后布置在车体上，车辆运行时，各车轮都根据设定的运行路线自由偏转以实现转向。

### 3. 移载装置

自动导引搬运车可以采用输送机、升降平台、伸缩货叉、机械手等多种移载装置将车辆上的货物卸到载货平台上，或将载货平台上的货物装到车辆上。

### 4. 安全装置

安全装置的主要作用是在自动导引搬运车运行或故障急停时提供一定的安全保障。

### 5. 蓄电池和充电装置

自动导引搬运车一般利用直流工业蓄电池提供动力，电压有24V和48V两种。蓄电池在额定的电流下，一般应保证满足8h以上的工作需要；对于两班制工作环境，要求蓄电池有17h以上的工作能力。蓄电池可以采用自动充电和交换电池两种形式。

### 6. 驱动控制装置

驱动控制装置的功能是驱动自动导引搬运车运行，并对其进行速度控制和制动控制。驱动控制装置的控制命令由计算机或人工控制器发出。

### 7. 转向控制装置

自动导引搬运车的方向控制是接受导引系统的方向信息通过转向控制装置来实现的。一般情况下，自动导引搬运车被设计成3种运行方式：只能向前、可向前与向后和万向运行。

### 8. 信息传输及处理装置

信息传输及处理装置的功能是对自动导引搬运车进行监控，监控自动导引搬运车所处的地面状态，包括安全装置启动、蓄电池状态、转向和驱动电机的控制情况等，然后将控制器的监控信息与地面控制器发出的信息进行传递，以达到控制自动导引搬运车运行的目的。

自动导引搬运车的总体结构如图4-22所示。

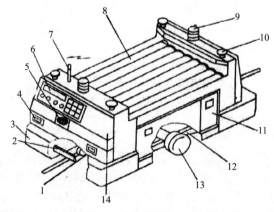

1. 随动轮　2. 导向传感器　3. 接触缓冲器　4. 接近探知器　5. 警示音响
6. 操作盘　7. 外部通信装置　8. 自动移载机构　9. 警示灯　10. 急停按钮
11. 蓄电池组　12. 车体　13. 差速驱动轮　14. 电控装置箱

图4-22　自动导引搬运车的总体结构

学有所思：

_____

_____

## 五、自动导引搬运车的主要技术参数

**1. 额定载重量**

额定载重量是指自动导引搬运车所能承载货物的最大质量。

**2. 自重**

自重是指自动导引搬运车与蓄电池加起来的总质量。

**3. 车体尺寸**

车体尺寸是指车体的长、宽、高等。该尺寸应该与所承载货物的尺寸和通道宽度相适应。

**4. 运行速度**

运行速度是指自动导引搬运车在额定载重量下行驶的最大速度。它是确定车辆工作周期和搬运效率的重要参数。

**5. 停位精度**

停位精度是指自动导引搬运车的定位精度，即车辆到达目的地并准备自动移载时所处的位置与程序设定的位置之间所差的距离。

**6. 最小转弯半径**

最小转弯半径是指自动导引搬运车在空载低速行驶、偏转程度最大时，瞬时转向中心到自动导引搬运车纵向中心线的距离。它是确定车辆弯道运行所需空间的重要参数。

**7. 电池电压**

电池电压有两种规格，分别为24V和48V。

**8. 工作周期**

工作周期是指自动导引搬运车完成一次工作循环所需的时间。

> **想一想**
> 自动导引搬运车工作的技术参数对其功能有什么影响？

## 六、自动导引搬运车的特点

自动导引搬运车的最大特点是自动性。除此之外，其在柔性生产、准确生产及机电一体化、安全性方面都有很大的优势，具体分析如下。

**1. 无人驾驶**

自动导引搬运车上装备有自动导向系统，可以保障系统在不需要人工操作的情况下就能沿预定路线自动行驶，将货物从起始地输送到目的地，方便快捷。

**2. 柔性好**

自动导引搬运车自动化程度和智能化水平高，其行驶路径可以根据仓储货位要求灵活改变，并且费用较传统的输送带和刚性的传送线相比非常低。

**3. 运载能力强**

自动导引搬运车的载货平台可以采用不同的安装结构和装卸方式，能满足不同货物的输送需求，对物流系统的适应能力强。

> **想一想**
> 想象一下，自动导引搬运车在物流行业普及后，会对物流行业带来怎么样的变化？

**4. 安全性能好**

自动导引搬运车可装备多种声光报警系统，能通过车载障碍探测系统在碰到障碍物前自动停车。当其列队行驶或在某一区域交叉运行时，能避免相互碰撞。

**5. 利用率高**

自动导引搬运车组成的物流系统不是永久性的，而是在给定的区域内设置的，可以充分利用人行通道和叉车通道提高仓库地面利用率，而且自动导引搬运车可使用安装在地下的电缆或其他不构成障碍的地面导引物，其通道必要时可作他用。

**6. 节约能源和环境保护**

自动导引搬运车的充电和驱动系统能耗小、能量利用率高、噪声小、无污染，对仓库环境没有不良影响。

**7. 系统具有极高的可靠性**

自动导引搬运系统由若干台自动导引搬运车组成，当一台车需要维修时，其他车的效率不受影响，并可保持高度的系统可利用性。

## 七、自动导引搬运车的安全措施

自动导引搬运车是无人驾驶的自动化设备，为确保车辆、各种地面设备、现场人员的安全，使用时必须采取一定的安全保障措施，主要有技术性措施和防碰撞技术。

**1. 技术性措施**

（1）车辆的构造与功能。

① 车辆不得有作业时会导致事故的外部轮廓。

② 车辆应具备在必要场所（如弯道等）确保安全的缓行速度措施。在一般作业场合，车辆的最大运行速度通常在60m/min以下。

③ 车辆应设置急停按钮和警示灯。车辆的四角应装有急停按钮，任何时候只要按下按钮，车辆就能立即停止动作。车辆的前后应装有警示灯，当车辆准备起动或运行时，警示灯会不断闪烁。

④ 车辆应装有障碍探测和接触缓冲装置。在车辆的前端应有接近探知器和接触缓冲器。接近探知器在预定的距离内检测到障碍物时，就能控制车辆减速，直到车辆自动停止。若接近探知器未能检测到障碍物而接触缓冲器触及障碍物，接触缓冲器立即发出触碰障碍物的信号，同时使车辆紧急停止。

> **想一想**
>
> 自动导引搬运车与常规搬运设备在安全方面有哪些区别？自动导引搬运车是否一定就更安全呢？

（2）货物搬运与移载。

① 车辆运行时，车上的移载装置及其上的货物必须锁紧和固牢；车辆移载时，车体不得移动。

② 自动移载时，应确保车上移载装置与地面移载装置的联动与联锁。

③ 移载发生异常时，应保持停车状态，直至异常消除。

（3）事故检测与紧急停车。

当地面导向信息消失或中断，系统区段引导信息消失或中断，车辆导向精度超过设定范围，蓄电池所储电量低于规定的限度，载物货位异常，移载异常，锁紧部位异常和其他控制异常时，事故检测与紧急停车措施能够保证车辆紧急停止，直至再次启动操作。

**2. 防碰撞技术**

自动导引搬运车系统采取三级防碰撞安全保护，即地面系统的防追撞区段保护、车辆上的接近障碍物探知保护和触碰障碍物的缓冲保护等。

（1）接近探知器。接近探知器设在车体前方，常采用红外式或超声式向前方发出遥测信号，并接收回波以进行安全确认，将确认信号输入数据处理器，经分析判断后采取相应的措施。运行中，接近探知器的发射部分定时发出探测脉冲信号，随之将接收部分的停车回波选通接收门和减速回波选通接收门依次打开，用以判断车辆前方有无障碍物。若有障碍物，分析其距离如何，车辆应采取减速还是停车措施。

（2）接触缓冲器。接触缓冲器设在车体前方的下端，有多种结构类型，如弹性胶垫式、6杠杆机构式、弹性薄板式和摆动撑杆式等。当接触缓冲器触及障碍物时，可以发出触及障碍物信号，使车辆紧急停止。缓冲器中的弹性元件可以减少车辆制动时产生的冲击。

自动导引搬运车一般采取接近探知器和接触缓冲器结合的安全防冲撞技术。

## 八、自动导引搬运车的发展展望

自动导引搬运车由于具有机能集中、系统简单、机构简单等优点，被广泛地应用在机械加工、汽车制造、港口货运、电子产品装配、造纸、发电等诸多行业。自动导引搬运车是一种非常有前途的物流输送设备，尤其在柔性制造系统和柔性装配系统中被认为是最有效的物料运输设备。

随着电子和控制技术的发展，自动导引搬运车的技术也在不断进步，正在朝着性能更强、更廉价、自由度更高、超大型化和微型化方向发展。其应用领域也在不断扩展。

 **【素养园地】**

### AGV新技术与优化意识

党的二十大报告提出物流要降本增效，新技术的应用是降低成本，提高效率的重要手段。AGV的应用是新技术应用的重要体现。AGV小车现已规划到仓储运作的各个环节。拣货员只需在电脑的系统中发出所需某种货物的请求，AGV小车就能将物品所在的货架自动搬运到拣货员这里，拣货员伸手取走所需货物，AGV会再将货架自动搬运回原来的位置，这种方法解决了拣货员不断行走于不同货位之间浪费时间的问题，从而极大地提高了工作效率。要想实现AGV的高效率运作，还需要注意以下几点：

一、合理规划AGV搬运路线

对整个搬运流程进行分析，合理规划AGV搬运路线，减少运距和装卸次数，使得AGV物流路线最短。

二、根据物料特征选择合适的容器

根据所搬运物料的物理特征选择合适的容器来装载物料，常用的容器有托盘、料箱、笼车等。此外，还要考虑到工艺的要求。

三、合理设置物料暂存区

将需要用的物料提前搬运到物料暂存区，在需要物料时，AGV小车便可直接从物料暂存区搬运到指定工位，节约搬运时间，提高工作效率。

四、提高AGV单次搬运量

为了提高搬运效率，AGV小车也可在同一时间搬运多种货物，可以使用托盘互摆、多个装载机构、拖拉等方式。

五、记录、分析并持续改善

通过对AGV小车搬运路线、搬运次数等记录，分析出AGV搬运系统方案中的不足，从而提出改善措施与建议。

运用AGV技术并结合优化思想，合理运用到物流行业，不仅可以提升作业效率，还可以改变原有的工作模式，达到事半功倍的效果。

【测验与答疑】

线上测验

线上问答

【自我测评】

在表4-3所示的□中打"√"（A表示未理解，B表示基本理解，C表示完全理解）。

表4-3　自我测评表

| 项目 | 任务体系 | 评价指标 | 自我测评 |
| --- | --- | --- | --- |
| 项目四 | 任务一 | 1. 输送设备的概念 | □A □B □C |
| | | 2. 重力式输送机 | □A □B □C |
| | | 3. 动力式输送机 | □A □B □C |
| | | 4. 常用的垂直输送设备 | □A □B □C |
| | 任务二 | 1. 自动导引搬运车的概念 | □A □B □C |
| | | 2. 自动导引搬运车的分类 | □A □B □C |
| | | 3. 自动导引搬运车的应用场合 | □A □B □C |
| | | 4. 自动导引搬运车的结构简介 | □A □B □C |
| | | 5. 自动导引搬运车的主要技术参数 | □A □B □C |
| | | 6. 自动导引搬运车的特点 | □A □B □C |
| | | 7. 自动导引搬运车的安全措施 | □A □B □C |
| | | 8. 自动导引搬运车的发展展望 | □A □B □C |

# 学习情境二
## 港口企业作业设备

### 【情境描述】

港口是联系内陆腹地和海洋运输的纽带，是海陆空交通的集结点和枢纽。港口企业主要是为发货人和收货人提供货物装卸和搬运、信息协调及物资管理等服务。港口企业的基本业务流程是通过各种类型的起重设备把货物从船上卸下后，经过核对送货单、进行检验等程序，将其分别送到堆场的不同位置存放；收到客户的提货申请后，进行货物的搬运，然后完成出场。港口企业的业务流程主要由两个作业环节组成：装船、卸船作业与堆场作业。本部分内容主要按照港口企业的两个典型作业环节所需设备来进行两个项目的学习，这两个项目分别是装船、卸船作业设备及堆场作业设备。

### 【任务导入】

近年来，我国港口经济迅速发展，港口企业的设备也在不断更新换代。不同规模的企业、不同的作业环节所用到的港口设备也各不相同，主要包括集装箱、岸边集装箱装卸桥、龙门起重机、门座起重机、桥式起重机、集装箱跨运车、正面吊等。请通过线上查阅资料与线下实地调研相结合的形式，分析内陆港口企业设备和沿海港口企业设备的特点，对比不同企业的设备类型，并解决如下问题。

1. 内陆港口企业和沿海港口企业所承运的货物有何异同？常见的集装箱类型有哪些？

_____

_____

2. 内陆港口企业设备和沿海港口企业设备有何异同？

_____

_____

3. 港口企业现有的设备都是哪些类型？

_____

_____

建议分小组完成，每组3~4人最佳，也可适当调整，根据所在区域，选择特定的港口企业作为指定调研对象；调研需收集相关的数据，并对数据进行筛选、分析；小组讨论分析问题、得出结论，并进行汇报。

# 项目五

# 装船、卸船作业设备

装船、卸船作业是货物水路运输的重要作业内容，特别是集装箱运输诞生以后，装船、卸船作业的机械化、自动化程度也越来越高。要实现高效率作业，在装船、卸船过程中，要用到哪些物流机械设备呢？

存放在堆场或运输船只上的货物（散货除外）通常是装在集装箱中，用运输车辆送至堆场装卸作业区的，常采用岸边集装箱装卸桥、龙门起重机、门座起重机等相关物流设备进行装卸、搬运作业。本项目的任务就是学习如何正确选择、使用合适的装卸设备进行货物的装船、卸船作业。

**想一想**

什么是内陆港口？什么是沿海港口？二者之间有什么关系？

 【学习目标】

## 知识目标

1. 掌握集装箱的概念、结构、分类、特点及标准等；
2. 熟悉岸边集装箱装卸桥的特点、结构、工作过程等；
3. 掌握龙门起重机的特点、结构、工作过程等；
4. 熟悉门座起重机的特点、结构、工作过程等。

## 能力目标

1. 能够正确选择、使用和管理集装箱；
2. 能够根据不同应用场合选择合适的起重机设备；
3. 能够合理运用和管理起重机设备。

## 德育目标

1. 培养团队协作精神；
2. 培养认真细心的工作态度；
3. 培养节约的生活习惯；
4. 培养吃苦耐劳的精神。

# 任务一 集装箱的认识与选择

## 【课前讨论】

为响应国家乡村振兴战略，供应商A采购了大批量农产品，包括葡萄、猕猴桃、苹果等3种货物，现需根据货物特性及包装单位选择合适的集装箱进行运输，请为供应商A做出正确的选择，并说明理由。

实施建议：

1. 可根据班级具体情况，分小组或个人在智慧树平台进行讨论、分析；
2. 课堂展示讨论结果，小组互评或教师点评；
3. 教师依据课前讨论情况反映的预习效果，调整授课重点。

## 【任务描述】

使用集装箱转运货物时，可直接在发货人的仓库装货，到收货人的仓库卸货，中途更换车、船时，无须将货物从箱内取出换装。集装箱最大的优势在于其产品的标准化，以及由此建立的一整套运输体系，即让一个载重几十吨的庞然大物实现标准化，并且以此为基础逐步建立全球范围内的船舶、港口、公路、中转站、桥梁、隧道等相配套的物流系统。通过完成集装箱的认识与选择学习任务，学习者应能识别常见的集装箱；能了解集装箱的结构和分类；能识别各种类型集装箱的标志；能熟练掌握国际集装箱标准和我国集装箱标准；能根据货物的不同，选择合适的集装箱进行装载。

## 【知识学习】

### 一、集装箱的概念

根据国际标准化组织对集装箱的定义，集装箱是一种具有以下特点的运输设备：

（1）具有耐久性，其坚固强度足以反复使用；

（2）适合一种或多种运输方式，中途转运时箱内货物无须换装；

（3）设有快速装卸和搬运的装置，便于从一种运输方式转移到另一种运输方式；

（4）便于将货物装满或卸空；

（5）内容积为1m³及以上。

> **想一想**
> 集装箱能否像托盘一样堆码？堆码层数是否有限制？

目前，中国、日本、美国、法国等有关国家都全面引进了国际标准化组织对集装箱的定义。除该定义外，还有《集装箱业务公约》《国际集装箱安全公约》等对集装箱下的定义，内容基本上大同小异。我国国家标准GB/T 1992—2023《集装箱术语》中，引用了上述定义。

### 二、集装箱的结构

集装箱结构如图5-1所示。集装箱不同于公路和铁路货车车厢，也不同于反复使用的大型包装箱，它的主要特点是有8个角件。依靠这8个结构精细、尺寸精确的角件，集装箱可以完成装卸、栓固、堆码、支承等作业。

视频

什么是集装箱

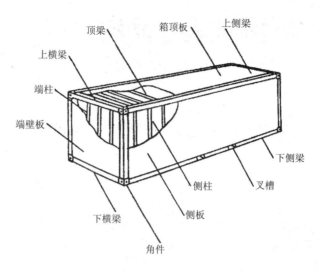

图5-1 集装箱结构

## 三、集装箱的分类

视频

集装箱的
结构与分类

### 1. 按照制造材料分类

按照制造材料的不同，集装箱可分为铝合金集装箱、钢制集装箱、玻璃钢集装箱和不锈钢集装箱，不同材质集装箱的特点如表5-1所示。

表5-1 不同材质集装箱的特点

| 集装箱 | 特点 |
| --- | --- |
| 铝合金集装箱 | 用铝合金型材和板材制成，质量轻、造价高 |
| 钢制集装箱 | 用钢材制成，强度高、价格低，但质量重、防腐性能比较差 |
| 玻璃钢集装箱 | 用玻璃纤维和合成树脂混合在一起制成薄薄的加强塑料，将其用黏合剂贴在胶合板的表面上形成玻璃钢板，具有隔热性能好、易清扫等特点 |
| 不锈钢集装箱 | 与钢制集装箱相比，不锈钢集装箱质量较轻、防腐蚀性能好 |

### 2. 按照结构分类

按照结构的不同，集装箱可分为折叠式集装箱和固定式集装箱，如图5-2所示。主要部件能简单地折叠或分解，反复使用时可再次组合起来的集装箱称为折叠式集装箱。各部件永久组合在一起，不能折叠或分解的集装箱称为固定式集装箱。目前，主要使用的是固定式集装箱。

（a）折叠式

（b）固定式

图5-2 折叠式集装箱与固定式集装箱

### 3. 按照用途分类

按照用途的不同，集装箱可分为以下几种。

（1）通用集装箱。通用集装箱也称杂货集装箱，其常为封闭式，一般在端面或侧面设有箱门。通用集装箱用以装载除需控制温度的货物、液体货物及特种货物以外的一般货物。它的使用范围非常广，是目前使用的集装箱中所占比重最大的一种。其中常用的有20ft（英尺，1英尺=0.3048米）和40ft两种。通用集装箱如图5-3所示。

图5-3 通用集装箱

（2）敞顶集装箱。敞顶集装箱也称开顶集装箱，这是一种没有刚性箱顶的集装箱，如图5-4所示。敞顶集装箱能从上面装卸货物，为了保持水密性，需增加由可折式的帆布或涂塑布制成的顶棚。敞顶集装箱适用于装载较高的大型货物和需吊装的货物。

> **想一想**
>
> 敞顶集装箱是否有顶？为什么？

图5-4 敞顶集装箱

（3）保温集装箱。保温集装箱是为了运输需要冷藏或保温的货物，所有箱壁都用导热率低的材料制成的集装箱。保温集装箱又可分为以下3种。

① 冷藏集装箱：它是以运输冷冻食品为主，能保持所设定的温度的保温集装箱，如图5-5所示。它分为带有冷冻机的内藏式机械冷藏集装箱和没有冷冻机的外置式机械冷藏集装箱。内藏式机械冷藏集装箱配备有制冷机；外置式机械冷藏集装箱没有冷冻机，只有隔热结构，即在集装箱端面上设

有进气孔和出气孔，箱子装在船上，由船舶的冷冻装置供应冷气。冷藏集装箱造价较高，营运费用高，使用时应注意冷冻装置的技术状态及箱内货物所需的温度。

②隔热集装箱：它是为运输水果、蔬菜等货物，防止温度过高，为保持货物鲜度而具有充分隔热结构的保温集装箱，通常用干冰作制冷剂，保温时间在72h左右。

③通风集装箱：它是为运输水果、蔬菜等不需冷冻但具有呼吸作用的货物，在端面和侧面上设有通风口的集装箱。如将通风口堵住，通风集装箱可作为通用集装箱使用。

图5-5 冷藏集装箱

（4）罐式集装箱。罐式集装箱是专门运输液体货物（如酒类、油类及液状化工品）的集装箱，如图5-6所示。它由罐体和箱体框架两部分组成，装货时货物由罐顶的装货孔进入，卸货时货物由排货孔流出，或从顶部装货口吸出。其一般为不锈钢材质。

图5-6 罐式集装箱

学有所思：

（5）散料集装箱。散料集装箱除有箱门外，在箱顶还开有2~3个装货口，用于装载粉状或粒状货物。使用时要保持箱内清洁干净、两侧光滑，便于从箱门卸货。散料集装箱如图5-7所示。

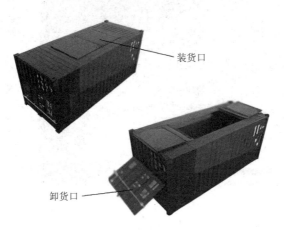

图5-7 散料集装箱

（6）动物集装箱。动物集装箱是一种专供装运动物的集装箱，为了实现良好的通风，箱壁用金属丝网制造，侧面下方设有清扫口和排水口，并设有喂食装置，如图5-8所示。

查一查
动物集装箱能否运输非活性的动物？为什么？

图5-8 动物集装箱

（7）汽车集装箱。汽车集装箱是一种运输小型轿车的专用集装箱。其结构简单，根据汽车高度可载运一层或两层小轿车，如图5-9所示。汽车集装箱一般为非国家标准集装箱。

**想一想**

汽车集装箱一般为非国家标准集装箱，为什么？台架式集装箱能否运输小轿车？

图5-9　汽车集装箱

（8）台架式及平台式集装箱。台架式集装箱是没有箱顶和侧面，甚至有的连端面也去掉，只有底板和4个角件的集装箱。其主要特点是为了保持纵向强度而箱底较厚，箱底的强度比普通集装箱高，而其内部高度比普通集装箱低；在下侧梁和角柱上设有系环，可把装载的货物系紧。台架式集装箱没有水密性，不能装运怕湿的货物，适合装载形状不规则的货物。

台架式集装箱可分为敞侧台架式、全骨架台架式、有完整固定端面的台架式、无端面仅有固定角柱和底板的台架式等。

平台式集装箱是仅有底板而无上部结构的集装箱。该集装箱装卸作业方便，适于装载长而重的大件货物。

图5-10所示为各种台架式及平台式集装箱。此类集装箱的特点是可利用各种机械从前后、左右及上方进行装卸作业。

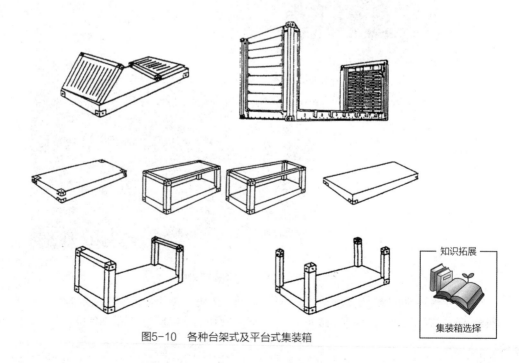

图5-10　各种台架式及平台式集装箱

知识拓展

集装箱选择

（9）服装集装箱。服装集装箱的特点是在箱内上侧梁上装有许多横杆，每根横杆上垂下若干皮带扣、尼龙带扣或绳索，成衣利用衣架上的钩，直接挂在带扣或绳索上，如图5-11所示。集装箱内的服装属于无包装运输，这不仅节约了包装材料和包装费用，而且减少了人工劳动，提高了服装的运输质量。

图5-11　服装集装箱

各类集装箱都是根据不同货物运输、装卸的需求设计的，针对不同的货物选用适当的集装箱是集装箱运输中非常重要的一项工作。

## 四、集装箱的特点

集装箱自问世以来，发展非常迅猛，因为集装箱具有其他器具不可比拟的优点。集装箱的优点如下。

（1）强度高、防护能力强，因而货损小。

（2）集装箱功能多，本身是一个小型的储存仓库，使用集装箱有时可以不用再配置仓库、库房。

（3）集装箱可以重叠垛放，有利于提高单位面积的储存数量，在车站、码头等待运处占地面积较小。

（4）在几种集装方式中，尤其在散杂货集装方式中，集装箱的集装数量较大。

（5）集装箱还具备标准化装备的一系列优点，例如尺寸、大小、形状有一定规定，便于对装运货物和承运设备做出规划、计划；可统一装卸、运输，简化装卸工艺，通用性、互换性强。

当然，集装箱也有一些缺点，这些缺点限制了集装箱在更广范围内的应用。集装箱的缺点主要如下。

（1）自重大，因而无效运输、无效装卸的比重大。物流过程中，许多劳动消耗于箱体本身上，增加了运费。

（2）箱体本身造价高，在每次物流中分摊成本较高。

（3）箱体返空困难，空箱返行很浪费。

> **想一想**
>
> 与托盘相比，集装箱分别具有哪些优缺点？分别适用于哪些场合？

## 五、集装箱的标准

集装箱为了能够进行多种运输形式的联运，必须在海运、陆运甚至空运的任何运输形式的运输区间都能通用，必须促进自身标准化。按照使用范围的不同，集装箱标准有国际标准、国家标准、地区标准和公司标准4种。

**1. 国际标准集装箱**

国际标准集装箱是指根据国际标准化组织（ISO）制定的国际标准来制造的国

视频

集装箱的标准

际通用的标准集装箱。国际标准集装箱共有15种，其规格尺寸（ISO 668—2020）如表5-2所示，其中国外普遍使用1AA型和1CC型两种大型集装箱。国际上部分集装箱的内部尺寸如表5-3所示。

表5-2　国际标准集装箱的规格尺寸

| 集装箱型号 | 长度L | | | | 宽度W | | | | 高度H | | | | 额定总质量R（总质量） | |
|---|---|---|---|---|---|---|---|---|---|---|---|---|---|---|
| | mm | 公差/mm | ft | 公差/in | mm | 公差/mm | ft | 公差/in | mm | 公差/mm | ft | 公差/in | kg | lb |
| 1EEE | 13176 | 0~10 | 45 | 0~3/8 | 2438 | 0~5 | 8 | 0~3/16 | 2896 | 0~5 | 9` | 0~3/16 | 30480 | 67200 |
| 1EE | | | | | | | | | 2591 | | 8 | | | |
| 1AAA | 12192 | 1~10 | 40 | 0~3/8 | 2438 | 0~5 | 8 | 0~3/16 | 2896 | 0~5 | 9 | 0~3/16 | 30480 | 67200 |
| 1AA | | | | | | | | | 2591 | | 8 | | | |
| 1A | | | | | | | | | 2438 | | 8 | | | |
| 1AX | | | | | | | | | <2438 | | <8 | | | |
| 1BBB | 9125 | 0~10 | 29 | 0~3/8 | 2438 | 0~5 | 8 | 0~3/16 | 2896 | 0~5 | 9 | 0~3/16 | 30480 | 67200 |
| 1BB | | | | | | | | | 2591 | | 8 | | | |
| 1B | | | | | | | | | 2438 | | 8 | | | |
| 1BX | | | | | | | | | <2438 | | <8 | | | |
| 1CC | 6058 | 0~6 | 19 | 0~1/4 | 2438 | 0~5 | 8 | 0~3/16 | 2591 | 0~5 | 8 | 0~3/16 | 24000 | 52920 |
| 1C | | | | | | | | | 2438 | | 8 | | | |
| 1CX | | | | | | | | | <2438 | | <8 | | | |
| 1D | 2991 | 0~6 | 9 | 0~3/16 | 2438 | 0~5 | 8 | 0~3/16 | 2438 | 0~5 | 8 | 0~3/16 | 10160 | 22400 |
| 1DX | | | | | | | | | <2438 | | <8 | | | |

表5-3　国际上部分集装箱的内部尺寸

| 型号 | 最小内部尺寸/mm | | |
|---|---|---|---|
| | 高 | 宽 | 长 |
| 1EEE | | | 13542 |
| 1EE | | | 11998 |
| 1AA | | | 11998 |
| 1A | | | 11998 |
| 1BBB | 集装箱外部高度-241mm | 2330 | 8931 |
| 1BB | | | 8931 |
| 1CCC | | | 5867 |
| 1CC | | | 5867 |
| 1C | | | 5867 |
| 1D | | | 2802 |

## 2. 国家标准集装箱

目前，我国实施的国家标准为GB/T 1413—2023《系列1集装箱　分类、尺寸和额定质量》。我国集装箱标准公称长度如表5-4所示，通用集装箱的最小内部尺寸与门框开口尺寸如表5-5所示。

表5-4 我国集装箱公称长度

| 集装箱型号 | 公称长度 | |
|---|---|---|
| | m | ft |
| 1EEE<br>1EE | 13.7 | 45 |
| 1AAA<br>1AA<br>1A<br>1AX | 12.2 | 40 |
| 1BBB<br>1BB<br>1B<br>1BX | 9.1 | 30 |
| 1CC<br>1C<br>1CX | 6.1 | 20 |
| 1D<br>1DX | 3 | 10 |

表5-5 通用集装箱的最小内部尺寸与门框开口尺寸

| 集装箱型号 | 最小内部尺寸/mm | | | 最小门框开口尺寸/mm | |
|---|---|---|---|---|---|
| | 高度 | 宽度 | 长度 | 高度 | 宽度 |
| 1EEE | | | 13542 | 2566 | |
| 1EE | | | 13542 | 2261 | |
| 1AAA | | | 11998 | 2566 | |
| 1AA | | | 11998 | 2261 | |
| 1A | | | 11998 | 2134 | |
| 1BBB | 箱体外部高度-241 | 2330 | 8931 | 2566 | 2286 |
| 1BB | | | 8931 | 2261 | |
| 1B | | | 8931 | 2134 | |
| 1CCC | | | 5867 | 2566 | |
| 1CC | | | 5867 | 2261 | |
| 1C | | | 5867 | 2134 | |
| 1D | | | 2802 | 2134 | |

### 3. 地区标准集装箱

此类集装箱标准，是地区组织根据该地区的特殊情况制定的，此类集装箱仅适用于特定地区，如根据欧洲国际铁路联盟所制定的集装箱标准而制造的集装箱仅适用于欧洲。

### 4. 公司标准集装箱

此类集装箱标准是由某些大型集装箱船公司，根据本公司的具体情况和条件而制定的集装箱船公司标准。这类集装箱主要在该公司运输范围内使用，如美国海陆公司的35ft集装箱。

**查一查**

分别查找不同地区的集装箱的尺寸规格。

## 六、集装箱的标志和识别

为了便于对国际流通的集装箱进行识别、监督和管理，每一个集装箱都应该在适当和明显的位置印刷永久标志。国际标准化组织第104技术委员会对集装箱的标记项目和位置做了规定。图5-12为某集装箱箱门上的标志。

图5-12　集装箱箱门上的标记

集装箱的端面、侧面和顶面上有近10种标记，认识这些标记能够便于对集装箱进行识别与管理。集装箱标记的内容主要有以下几个方面。

视频

集装箱的标志和识别

### 1. 箱主代号

箱主代号是用来表示集装箱所有人的代号。箱主代号用4个拉丁字母表示，前三位由箱主自己规定，第四位规定为U，U是集装箱这种特殊设备的设备识别码，是国际标准中海运集装箱的代号。使用只在国内流通的集装箱前，集装箱所有人必须向国家集装箱局登记注册；使用可国际流通的集装箱前，需向国际集装箱局登记注册（一个所有人可以申请几个箱主代号）。登记时不得与登记在先的箱主代号重复。

例如CNCU 254161③，其中CNCU为箱主代号，表示正利航业股份有限公司；又如COSU 800121⑤，其中COSU为箱主代号，表示中国远洋运输（集团）公司。

表5-6所示为常见的几家运输公司的箱主代号。

表5-6　几家运输公司的箱主代号

| 公司名称 | 中远 | 中海 | 商船三井 | 总统轮船 | 长荣 | 东方海外 |
|---|---|---|---|---|---|---|
| 箱主代号 | CBHU | CCLU | MOLU | APLU | EMCU | OCLU |

**2. 顺序号和核对号**

顺序号是集装箱的箱号，用6位阿拉伯数字表示；如数字不足6位，在数字前加"0"补足6位。例如COSU 800121⑤，其中800121为顺序号。

核对号是用于通过计算机核对箱主代号与顺序号正确性的号码，一般位于顺序号之后，用1位阿拉伯数字表示，并加方框以醒目表示。核对号由箱主代号的4位字母和顺序号的6位阿拉伯数字通过一定的方式计算而得。例如COSU 800121⑤，其中核对号为⑤。

知识拓展

核对号计算

**3. 国家代号**

国家代号用2个或3个大写拉丁字母表示，说明集装箱的登记国。例如CN或PRC表示登记国为中国，US或USA表示登记国为美国。国际标准化组织公布的国家和地区代号有220多个。

**4. 规格尺寸代号和箱型代号**

规格尺寸代号和箱型代号由4位数符组成。前两位是阿拉伯数字，为集装箱的规格尺寸代号，用以表示集装箱的大小。后两位由数符组成，用以表示集装箱的类型。箱型代号可从有关手册中查得。例如，22G1即为某集装箱的规格尺寸代号和箱型代号，其中22为集装箱的规格尺寸代号，表示箱长为20ft（6068mm），箱宽为8ft（2438mm），箱高为8ft 6in（2591mm）；G1为箱型代号，表示其为上方有透气罩的通用集装箱。

**5. 最大总重量和箱体自重**

最大总重量又称额定重量，是集装箱的自重与最大允许装货质量之和。自重是指集装箱的空箱质量。集装箱最大总重量和自重要求分别用千克（kg）和磅（lb）两种单位同时标出。

**6. 其他**

根据我国2021年颁布的《集装箱检验规范》，中国船级社检验合格后，集装箱还应设下列永久性徽记、标记和牌照。

① 中国船级社徽记。

② 国际集装箱安全公约安全合格牌照，海关加封运输批准牌照，中国船级社检验合格钢印标志。

小测验

以上内容中，箱主代号、顺序号、核对号、最大总质量和箱体自重为必备标志，其余为自选标志。

集装箱标志的位置应分布在集装箱顶部、两侧、门端、封闭端（盲端）等5个面上，ISO 6364—1995标准对国际集装箱标志的具体标志位置做了规定，如图5-13所示。

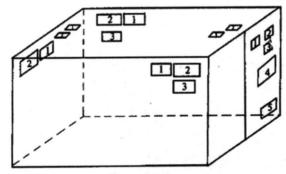

1. 箱主代号　2. 顺序号、核对号　3. 集装箱规格尺寸代号及箱型代号
4. 集装箱最大总质量、箱体自重和容积　5. 集装箱制造厂名及出厂日期

图5-13　集装箱标志的位置

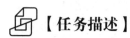 岸边集装箱装卸桥的使用

 【课前讨论】

根据预习情况及搜集的资料，试着描述岸边集装箱装卸桥的作业流程，并简单列举与岸边集装箱装卸桥配合作业的设备有哪些。

实施建议：

1. 可根据班级具体情况，分小组或个人在智慧树平台进行讨论、分析；
2. 课堂展示讨论结果，小组互评或教师点评；
3. 教师依据课前讨论情况反映的预习效果，调整授课重点。

【任务描述】

　　岸边集装箱装卸桥是在码头前沿工作的一种专门用于集装箱船舶装卸的大型起重设备。岸边集装箱装卸桥是码头的主要装卸设备，它的工作效率直接决定了码头作业生产率。通过完成岸边集装箱装卸桥的使用学习任务，学习者应理解岸边集装箱装卸桥的结构和工作原理，理解岸边集装箱装卸桥的主要性能参数，了解不同国家的岸边集装箱装卸桥的选择习惯，了解岸边集装箱装卸桥的发展趋势。

知识拓展

岸边集装箱
装卸桥

【知识学习】

## 一、什么是岸边集装箱装卸桥

　　岸边集装箱装卸桥是在集装箱船与码头前沿之间装卸集装箱的主要设备。个别码头还利用岸边集装箱装卸桥的大跨距和大后伸距直接进行堆场作业。由于它具有效率高、车船作业简便、适用性强的优点，多数集装箱专用码头都安装有岸边集装箱装卸桥。岸边集装箱装卸桥的装卸能力和速度直接决定码头作业生产率，因此岸边集装箱装卸桥是港口集装箱装卸作业的主力设备。岸边集装箱装卸桥如图5-14所示。

图5-14　岸边集装箱装卸桥

## 二、岸边集装箱装卸桥的结构和工作原理

岸边集装箱装卸桥主要由带行走机构的门架、小车运行机构、俯仰机构、起升机构、承担臂架质量的拉杆和臂架等几部分组成。臂架可分为3个部分：海侧臂架、陆侧臂架和门中臂架。海侧臂架用于装卸集装箱，通过机构可进行俯仰，以免岸边集装箱装卸桥移动时与船舶的上层建筑发生碰撞；陆侧臂架上面设有平衡装置，以保持岸边集装箱装卸桥的平衡与稳定；门中臂架是用于连接海侧臂架和陆侧臂架的。

**想一想**

双小车岸边集装箱装卸桥的效率为什么不是单小车效率的两倍？

岸边集装箱装卸桥工作时，门架沿着与岸边平行的轨道行走，小车沿着臂架上的轨道往返于海陆两侧吊运集装箱，进行装船和卸船作业。岸边集装箱装卸桥设计时要求在16m/s以内的风速下可以正常作业，并要求在50m/s的风速下可以保持稳定。起重量一般为30～35t，平均装卸效率为25～35 TEU/h（Twenty-feet Equivalent Unit，20英尺集装箱的国际计量单位），最新研制的双小车岸边集装箱装卸桥效率可以达到60TEU/h。

## 三、岸边集装箱装卸桥的主要性能参数

岸边集装箱装卸桥的主要性能参数如下。

### 1. 起重量

岸边集装箱装卸桥的起重量（$Q$）是该岸边集装箱装卸桥的额定起重量（$Q_e$）和集装箱吊具的质量（$W$）之和。其中岸边集装箱装卸桥的额定起重量（$Q_e$）为集装箱的自重与所装货物允许的最大质量之和。

$$Q = Q_e + W$$

### 2. 外伸距

外伸距是指岸边集装箱装卸桥海侧轨道中心线向外至吊具铅垂中心线的最大水平距离，通常为35～38m。

### 3. 内伸距

内伸距是指岸边集装箱装卸桥陆侧轨道中心线向内至吊具铅垂中心线的最大水平距离，通常为8～16m。

**集思广益**

操作岸边集装箱装卸桥时需要注意哪些事项？具备哪些素养？

### 4. 轨距

轨距是指岸边集装箱装卸桥两行走轨道中心线之间的水平距离。轨距的大小对岸边集装箱装卸桥的稳定性有很大的影响，同时，轨距的变化还会使岸边集装箱装卸桥的轮压产生相应的变化。确定此值时，要考虑到码头前沿的接运方式，如现在通常用的16m轨距，确定时就是考虑了在轨距范围内能设置三股跨运车的通道。

### 5. 基距

基距是指同一轨道上两个主支承轴的中心线间的距离。为了保证40ft长的集装箱能在此距离内通过，并考虑到作业时集装箱可能产生的摆动，以及保证大型舱盖板（14m×14m）能通过，此基距应在14m以上。

### 6. 起升高度

起升高度是指轨面下起升高度与轨面上起升高度之和。这一高度主要根据船舶型深、吃水、潮差及集装箱的装载状况而定。一般应保证在满载低水位时，能起吊舱底最底层集装箱；同时，还应考虑到船舶有±1m的纵倾或3°的横倾时可能增加的高度。一般起升高度大于35m。

### 7. 净空高度

净空高度是指从地面到岸边集装箱装卸桥门架下侧的垂直距离。此高度主要取决于门架下所要通过的流动搬运机械的堆码高度。如需通过堆码两层的跨运车，其净空高度要在8m以上；如需通过堆码三层的跨运车，则其净空高度应在9m以上。

### 8. 升降速度

升降速度包括满载时匀速上升或下降的速度和空载时匀速上升或下降的速度。一般要求空载升降速度应高于满载升降速度一倍以上（空载升降速度为110～180m/min），满载升降速度为50～90m/min。

### 9. 大车运行速度

大车运行速度是指岸边集装箱装卸桥起吊额定重量运行时的速度。此速度要求不能过高，通常为25～45m/min，但要求岸边集装箱装卸桥有较好的调速和制动性能。

### 10. 小车运行速度

小车运行速度是指起重小车横向匀速运行时的速度。自行式小车运行速度为150～210m/min，牵引式小车运行速度为180～240m/min。一般情况下，小车运行时间约占整个工作循环时间的1/4，因此，提高小车运行速度将是提高装卸效率的重要一环。但小车高速运行时会产生摇摆，防摇装置可用于避免摇摆。

### 11. 最大工作轮压

最大工作轮压是指岸边集装箱装卸桥在风速为16m/s的情况下起吊额定重量时的轮压。

### 12. 生产率

生产率是指岸边集装箱装卸桥在一定的作业条件下进行连续的装卸船作业时，在单位时间内所能装卸的集装箱数量，多以"箱/小时"（TEU/h）来表示。

---

学有所思：

_____

_____

---

## 任务三 龙门起重机的使用

### 【课前讨论】

根据预习情况及搜集的资料，试着描述龙门起重机的作业流程，并简单说明龙门起重机的特点。

实施建议：

1. 可根据班级具体情况，建议个人在智慧树平台进行讨论、分析；
2. 课堂展示讨论结果，进行互评以及教师点评；
3. 教师依据课前讨论情况反映的预习效果，调整授课重点。

### 【任务描述】

龙门起重机为大型起重机，其横梁和立柱的结构呈门字形，可以在轨道上移动，具有较大的起重量，在车站、码头、货场都有广泛使用。通过完成龙门起重机的使用学习任务，学习者应理解龙门起重机的构造和工作原理，了解龙门起重机的主要类型，掌握装船、卸船最常见的两种集装箱龙门起重机的工作原理和优缺点，能熟练掌握集装箱龙门起重机的选择。

> **想一想**
>
> 龙门起重机操作员需要具备哪些能力及素质，才能很好地完成作业任务？

### 【知识学习】

## 一、什么是龙门起重机

龙门起重机又称龙门吊，其外形结构如图5-15所示。龙门起重机的起重小车在主梁的轨道上行走，有的起重小车就是一台臂架型起重机。桥架两侧的支腿一般都是刚性支腿；跨度超过30m时，通常一侧为刚性支腿，另一侧为柔性支腿，这样可以避免在外载荷作用下由于侧向推力而引起附加应力，也可补偿桥架纵向的温度变形。龙门起重机的受风面积大，为防止在强风作用下滑行或翻倒，龙门起重机上都装有测风仪和与运行机构联锁的起重机夹轨器。为扩大作业范围，主梁两端可以具有外伸端，也可以是一端有悬臂，或者两端无悬臂。

视频

龙门起重机简介

图5-15　龙门起重机

龙门起重机的运用十分普遍。它具有场地利用率高、作业范围大、适应面广、通过性强等特点，在港口、车站、码头、货场等场所，担负着生产、装卸、安装等作业过程中的货物装卸、搬运任务，是企业生产经营活动中实现机械化和自动化的重要生产设备。

## 二、龙门起重机的类型

### 1. 按门框结构分

按门框结构分，龙门起重机可分为全门式龙门起重机和半门式龙门起重机，其中全门式龙门起重机又可分为全门式无悬臂龙门起重机、全门式双悬臂龙门起重机和全门式单悬臂龙门起重机，如图5-16所示。半门式龙门起重机一般主梁无悬臂，小车在跨度内运行，并且半门式支腿有高低差，可根据使用场地的土建要求来调整。全门式双悬臂龙门起重机的结构形式是最合理的一种，其结构的受力和场地面积的有效利用都是合理的。全门式单悬臂龙门起重机往往是因场地的限制而被选用。

视频

龙门起重机的类型

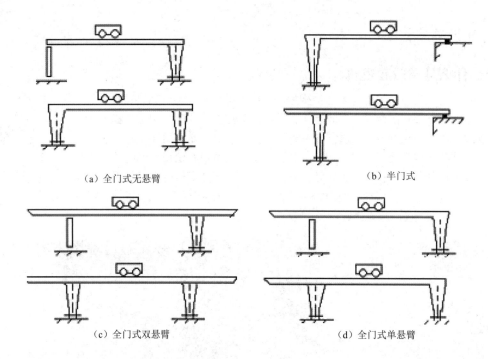

（a）全门式无悬臂　　　　　　　　　　（b）半门式

（c）全门式双悬臂　　　　　　　　　　（d）全门式单悬臂

图5-16　龙门起重机结构类型

### 2. 按主梁结构形式分

按主梁结构形式分，龙门起重机可分为单主梁龙门起重机和双主梁龙门起重机。

单主梁龙门起重机结构简单、制造安装方便、自身质量轻。当起重量≤50t、跨度≤35m时，多采用这种形式。门腿结构有L形、C形和八字形3种，如图5-17所示。L形制造安装方便、受力情况好、自身质量轻，但是吊运货物通过支腿处的空间相对小些；C形有较大的横向空间，以使货物顺利通过支腿；八字形结构稳定性最好，应用较为广泛。

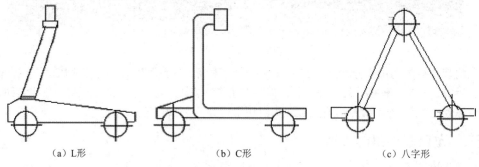

（a）L形　　　　　　　　　　（b）C形　　　　　　　　　　（c）八字形

图5-17　单主梁龙门起重机门腿结构

双主梁龙门起重机承载能力强、跨度大、整体稳定性好、品种多，如图5-18所示。其自身质量与相同起重量的单主梁龙门起重机相比要大一些，造价也较高。双主梁龙门起重机的主梁有箱形和桁架形两种，目前多采用箱形结构。这是因为桁架形结构质量虽比箱形结构小，但制造费工费时，只能采用手工焊接，而且所用型钢品种多、备料困难，维修保养也不如箱形结构容易。

小测验

图5-18　双主梁龙门起重机

**3. 按使用场合分**

按使用场合的不同，龙门起重机分为普通龙门起重机、水电站龙门起重机、造船龙门起重机和集装箱龙门起重机4种。

（1）普通龙门起重机：这种起重机用途最广泛，可以搬运各种成件货物和散装货物，起重量在100t以下，跨度为4～35m。

（2）水电站龙门起重机：主要用来吊运和启闭闸门，也可进行安装作业；起重量为80～500t，跨度较小，为8～16m。这种起重机虽然不是经常使用，但一旦使用，工作十分繁重。

（3）造船龙门起重机：用于船台拼装船体，常备有两台起重小车——一台有两个主钩，在桥架上翼缘的轨道上运行，另一台有一个主钩和一个副钩，在桥架下翼缘的轨道上运行，以便翻转和吊装大型船体；起重量一般为100～1500t，跨度达185m，起升速度为2～15m/min，还有0.1～0.5m/min的微动速度。

（4）集装箱龙门起重机：主要用于集装箱码头。拖挂车将岸边集装箱装卸桥从船上卸下的集装箱运到堆场或后方后，由集装箱龙门起重机将其堆码起来或直接装车运走，可加快岸边集装箱装卸桥或其他起重机的周转。对于堆放3～4层、宽6排的集装箱的堆场，一般用轮胎式的，也有用有轨式的。集装箱龙门起重机与集装箱跨车相比，跨度和门架两侧的高度都较大。为适应港口码头的运输需要，这种起重机的工作级别较高。其起升速度为8～10m/min；跨度根据需要跨越的集装箱排数来确定，最大为60m左右。

学有所思：
_____
_____

## 三、龙门起重机的构造

龙门起重机由机构部分、金属部分及电器部分3部分组成。

**1. 机构部分**

龙门起重机的机构有起升机构和运行机构，运行机构又有小车运行机构和大车运行机构。起升机构和小车运行机构都装在起重小车上。大车运行机构是用来完成吊装物件沿轨道方向移动的装置，一般采用分别驱动的方式；小车运行机构是用来完成吊装物件沿主梁方向移动的装置，其传动方式一般为集中驱动，即采用一台电动机同时驱动一对行走轮。

**2. 金属部分**

金属部分包括大车车架和小车车架。大车车架主要包括主梁、支腿及大车行走端梁等，用于安装机械及电器设备，并承受货重、自重、风力、惯性力等载荷，需具有足够的强度和刚度。小车车架装有起重小车，用以承受货物的质量。

**3. 电器部分**

电器部分包括大车和小车集电器、电动机、照明设备、控制器、电器线路和各种安全保护装置等。

## 四、两种常见的集装箱龙门起重机

现阶段，各大港口码头最常见的集装箱龙门起重机主要有以下两种。

**1. 轮胎式集装箱龙门起重机**

轮胎式集装箱龙门起重机是集装箱货场装卸与堆垛集装箱的高效专用机械，如图5-19所示。它的金属结构是由两条箱形主梁和两个Ⅱ型（箱型断面）支腿构成的龙门架，支承在充气的橡胶轮胎上，在货场上行走。装有集装箱吊具的起重小车沿主梁轨道行走，用于装卸底盘车和进行堆垛。

图5-19　轮胎式集装箱龙门起重机

轮胎式集装箱龙门起重机的主要特点是机动灵活、通用性强。它不仅能前进、后退，而且还设有转向装置，能左右转向90°，可从一个堆场转向另一个堆场进行作业。

轮胎式集装箱龙门起重机的跨距是指两侧行走轮中心线之间的距离。跨距大小取决于所需跨越的集装箱列数和底盘车的通道宽度。根据集装箱

**想一想**

轮胎式集装箱龙门起重机在堆场范围内能否任意转向？为什么？

堆场的布置，通常按跨六列集装箱和一条底盘车通道来考虑。这种规格的轮胎式集装箱龙门起重机跨距内的集装箱和车道的布置方式有两种，如图5-20所示。按图5-20（a）所示的方式，底盘车通道放在中间，两边各排三列集装箱。这种布置方式与图5-20（b）所示的方式相比有许多优点，如小车行走距离较短、操作视野较好、找箱较容易。但是，由于车辆在集装箱间行走较困难，容易与集装箱发生碰撞，因此实际使用中往往还是采用图5-20（b）所示的布置方式。

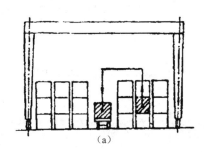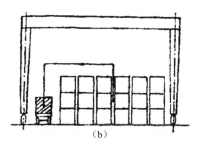

（a）　　　　　　　　　　　　　　　（b）

图5-20　轮胎式集装箱龙门起重机的布置方式

**2. 轨道式集装箱龙门起重机**

轨道式集装箱龙门起重机如图5-21所示，它是在集装箱码头堆场上进行装卸、搬运和堆垛作业的一种高效的专用机械。轨道式集装箱龙门起重机是沿着场地上铺设的轨道行走的，因此只能限制在所设轨道的某一场地范围内进行作业。轨道式集装箱龙门起重机确定机械作业位置的能力较强，故较易实现全自动化装卸，是自动化集装箱码头比较理想的一种机械。

与轮胎式集装箱龙门起重机相比，轨道式集装箱龙门起重机具有跨度大、集装箱堆垛层数多、可靠性强、设备投资低、易于实现全自动化等优点；其缺点主要是灵活性差。

图5-21　轨道式集装箱龙门起重机

## 五、龙门起重机的特点

（1）与桥式起重机相比，龙门起重机的行走轨道直接铺设在作业场地内，并且行走轨道的高度可与作业场地处在同一平面上，因此龙门起重机下的货位面积、通道都能得到充分利用。

（2）龙门起重机没有固定永久性建筑物，只有行走轨道被铺设在地下，若货场要改建、变迁，影响不大。

知识拓展

进一步了解龙门起重机

（3）龙门起重机的两端可带悬臂，不仅作业面积增大，使货位得到充分利用，而且汽车等短途搬运设备与铁路车辆可直接进行集装箱的装卸或换装，提高了装卸效率，加速了车辆和货位的周转。

# 任务四 门座起重机的使用

## 【课前讨论】

根据预习情况及搜集的资料，试着描述门座起重机的作业流程，并思考门座起重机是否可以移动作业。

实施建议：

1. 可根据班级具体情况，建议个人在智慧树平台进行讨论、分析；
2. 课堂展示讨论结果，进行互评以及教师点评；
3. 教师依据课前讨论情况反映的预习效果，调整授课重点。

## 【任务描述】

门座起重机广泛用于港口码头的货物装卸，也被用于造船厂的施工、安装及大型水电站的建设工程。通过完成龙门起重机的使用学习任务，学习者应理解门座起重机的构造和工作原理，了解门座起重机的主要分类，掌握水平变幅系统在门座起重机上的应用，了解门座起重机的主要性能参数。

> **想一想**
>
> 在港口企业作业中，优先考虑选择岸边集装箱装卸桥还是门座起重机？选择标准是什么？

## 【知识学习】

### 一、什么是门座起重机

门座起重机又称门机，是有轨运行的臂架型起重机。由于具有较好的工作性能和独特的优越结构，门座起重机在现代的港口、车站和货场装卸设备中占据着重要的地位。门座起重机能沿地面轨道运行，下方可通过铁路车辆或其他地面车辆。门座起重机如图5-22所示。

图5-22 门座起重机

门座起重机是随着港口事业的发展而发展起来的。早在1890年，人们第一次将幅度不可变的固定式可旋转臂架型起重机装在横跨于窄码头上方的运行式半门座上，其成为早期的半门座起重机。随着码头宽度的加大，门座和半门座起重机并列发展，并普遍采用俯仰臂架和水平变幅系统。第二次世界大战后，门座起重机迅速发展，并被逐步推广应用到作业条件与港口相近的船台和水电站工地等处。

## 二、门座起重机的构造

门座起重机的回转部分安装在一个巨大的门架上，门架可以沿地面的轨道运行。门架又是整个起重机的承载部分，起重机工作时的全部载荷均由门架传到地面的轨道上，门座起重机由此而得名。门座起重机主要由5个部分组成。

（1）结构部分：包括门架、人字架、旋转平台、司机室、臂架系统（臂架、拉杆、象鼻梁）等。

（2）机构部分：包括起升机构、变幅机构、旋转机构、运行机构。

（3）电气部分：一般通过电缆卷筒或地沟滑线供电，采用电力直接驱动；一般包括电线电缆、中心集电器、电动机、变压器、电阻器、控制柜、操纵台、照明等。

（4）安全装置部分：包括限位装置、超载限制器、缓冲器、防风防滑装置等。

（5）附属装置：司机室、机房平台的高度超过20m的大型门座起重机应当考虑安装附属的简易电梯。

## 三、门座起重机的分类

门座起重机按用途可分为3类。

（1）装卸用门座起重机：主要用于港口和露天堆料场，用抓斗或吊钩装卸；起重量一般不超过25t，不随幅度变化；工作速度较高，故作业生产率常是其重要指标。

（2）造船用门座起重机：主要用于船台、浮船坞和舾装现场，进行船体拼接、设备舾装等吊装工作，用吊钩作为吊具；最大起重量达300t，幅度大时起重量相应减小；有多挡起升速度，吊重轻时可提高起升速度；有些还备有微动装置，以满足安装要求；门架高度较高者，可适应大起升高度和大幅度作业的要求，但工作速度较低，作业生产率不高。

（3）建筑安装用门座起重机：主要用在水电站进行大坝浇灌、设备和预制件吊装等，一般用吊钩；起重量和工作速度一般介于前两类起重机之间；具有整机装拆运输性好、吊具下放深度大、能较好地适应临时性工作和可在栈桥上工作等特点。

## 四、水平变幅系统

门座起重机大多采用水平变幅系统。

（1）重物和臂架系统各自的重心在变幅过程中几乎无垂直位移。要达到这一效果，方法之一是增设活动平衡重来匹配臂架系统在俯仰时合成重心的升降变化。这种方法实施起来较方便，应用广泛。方法之二是靠臂架系统的机构特性来保证变幅时合成重心的移动轨迹接近水平线，不增设活动平衡重。

（2）所吊重物在变幅过程中大致呈水平移动，可采用补偿法和组合臂架法。补偿法是指通过特种储绳系统在变幅过程中自动收放相应起升绳，以补偿臂架升降造成的吊具垂直位移。组合臂架法是指依靠组合臂架的机构特性保证臂端在变幅过程中接近水平移动。两种方法都得到广泛应用。

## 五、门座起重机的性能参数

门座起重机的主要性能参数包括额定起重量或额定生产率、起升高度、起升速度、变幅速度、运行速度、轨距、基距、最大幅度、最小幅度、门架净空高度、车轮直径和车轮数量、腿压、轮压。除此以外，在不同条件和场合使用的机型，还有配套系统的技术参数。

### 1. 起重量

设备起重量主要根据装卸货种和接卸工具的能力等因素进行选择。一般情况下，可选5t或10t，随着近些年货物质量的加大，港站或库场配置的门座起重机的起重量也有加大的趋势，新配置的设备的起重量都在10t及以上，原来的3t起重量的门座起重机已经被逐渐取代了。

### 2. 幅度

门座起重机的幅度根据运输工具和货物接卸方式而定。例如，在港口，当船舶不装甲板货时，门座起重机的最大幅度要求达到舱口的外侧；当船舶经常装甲板货时，最大幅度要求达到船舷的外侧，以便船舶进行外挡作业。

视频
门座起重机的性能参数与特点

### 3. 轨距

轨距有3种规格，单线门架能通行1列列车，轨距为6m；双线门架能通行2列列车，轨距为10.5m；三线门架能通行3列列车，轨距为15.3m。港口码头前沿的门座起重机大多采用双线门架。

## 六、门座起重机的特点

### 1. 门座起重机的优点

（1）门座起重机的工作机构具有较高的运动速度，起升速度可达70m/min，变幅速度可达55m/min。

（2）门座起重机的额定起重量范围很大，一般为5～100t，造船用门座起重机的起重量范围则更大，现已达到120～200t。

（3）门座起重机使用效率高，每昼夜可工作22h，台时效率也很高，一般能达100t/h以上。这是为了适应港口装卸生产率高、作业频繁的特点。

（4）门座起重机为立体结构，不多占用码头、货场的面积，且具有高大的门架和较长距离的伸臂，因而具有较大的起升高度和工作幅度，能满足港口、码头船舶和车辆的机械化装卸、转载及充分使用场地的要求。

（5）门座起重机具有高速灵活、安全可靠的装卸能力，对提高生产率、降低劳动强度都具有重大的意义。

知识拓展
集装箱管理

### 2. 门座起重机的缺点

（1）造价高，需用的钢材多。

（2）需要较大的电力供给。

（3）一般轮压较大，需要坚固的地基。

（4）附属设备多，如变电所、电缆等。

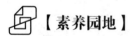 【素养园地】

#### 沪东"7·17"龙门起重机倒塌特大事故

2001年7月17日早7时，在安装600t×170m龙门起重机主梁时，施工人员通过陆侧（远离黄浦江一侧）和江侧（靠近黄浦江一侧）卷扬机先后调整刚性腿的两对内、外两侧缆风绳。现场测量员通过经纬仪监测刚性腿顶部的基准靶标志，并通过对讲机指挥两侧卷扬机操作工进行放缆作业。放缆时，先放松陆侧内缆风绳，当刚性腿出现外偏时，通过调松陆侧外缆风绳减小外侧拉力进行修偏，直至恢复至原状态。通过10余次放松及调整后，陆侧内缆风绳处于完全松弛状态。此后，又使用相同方法和相近的次数，将江侧内缆风绳放松调整为完全松弛状态。当地面人员正要通知上面工作人员推移江侧内缆风绳时，测量员发现基准标志逐渐外移，并逸出经纬仪观察范围，同时还有现场人员也发现刚性腿在不断地向外侧倾斜，直到刚性腿倾覆，主梁被拉动横向平移并坠落，另一端的塔架也随之倾倒。事故造成36人死亡，2人重伤，1人轻伤，事故造成经济损失约1亿元，其中直接经济损失超过8000万元。

经调查认定，造成这起事故的直接原因是在吊装主梁过程中，由于违规指挥、操作，施工人员在未采取任何安全保障措施的情况下，放松了内侧缆风绳，致使刚性腿向外侧倾倒，并依次拉动主梁、塔架向同一侧倾坠、垮塌。

此次重大事故的发生，不断警醒着每一名作业人员，要坚持科学的态度，严格按照规章制度办事，坚决杜绝有章不循、违章指挥、凭经验办事和侥幸心理。

 **【测验与答疑】**

线上测验

线上问答

 **【自我测评】**

在表5-7的□中打"√"（A表示未理解，B表示基本理解，C表示完全理解）。

表5-7 自我测评表

| 项目 | 任务体系 | 评价指标 | 自我测评 |
|---|---|---|---|
| 项目五 | 任务一 | 1. 集装箱的概念 | □A □B □C |
| | | 2. 集装箱的结构 | □A □B □C |
| | | 3. 集装箱的分类 | □A □B □C |
| | | 4. 集装箱的特点 | □A □B □C |
| | | 5. 集装箱的标准 | □A □B □C |
| | | 6. 集装箱的标志和识别 | □A □B □C |
| | 任务二 | 1. 什么是岸边集装箱装卸桥 | □A □B □C |
| | | 2. 岸边集装箱装卸桥的结构和工作原理 | □A □B □C |
| | | 3. 岸边集装箱装卸桥的主要性能参数 | □A □B □C |
| | 任务三 | 1. 什么是龙门起重机 | □A □B □C |
| | | 2. 龙门起重机的类型 | □A □B □C |
| | | 3. 龙门起重机的构造 | □A □B □C |
| | | 4. 两种常见的集装箱龙门起重机 | □A □B □C |
| | | 5. 龙门起重机的特点 | □A □B □C |
| | 任务四 | 1. 什么是门座起重机 | □A □B □C |
| | | 2. 门座起重机的构造 | □A □B □C |
| | | 3. 门座起重机的分类 | □A □B □C |
| | | 4. 水平变幅系统 | □A □B □C |
| | | 5. 门座起重机的性能参数 | □A □B □C |
| | | 6. 门座起重机的特点 | □A □B □C |

项目六

# 堆场作业设备

集装箱堆场是港口企业的重要作业场所，对集装箱的储存保管具有重要作用，堆场作业程序如图6-1所示。

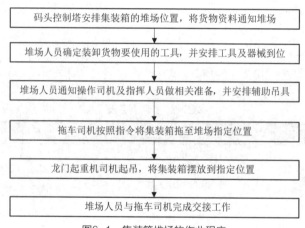

码头控制塔安排集装箱的堆场位置，将货物资料通知堆场

堆场人员确定装卸货物要使用的工具，并安排工具及器械到位

堆场人员通知操作司机及指挥人员做相关准备，并安排辅助吊具

拖车司机按照指令将集装箱拖至堆场指定位置

龙门起重机司机起吊，将集装箱摆放到指定位置

堆场人员与拖车司机完成交接工作

图6-1　集装箱堆场的作业程序

码头前沿采用岸边集装箱装卸桥承担船舶的装船和卸船作业，一般由轮胎式集装箱龙门起重机承担码头堆场的装卸和堆码作业，从码头前沿至堆场及堆场内部集装箱的水平运输主要由集装箱卡车或其他集装箱专用装卸搬运机械设备来完成。该项目的任务是学习如何正确使用、维护和管理各种常见的桥式起重机、集装箱跨运车和正面吊等堆场设备，以保证码头堆场能按照作业程序正常进行业务活动，并能根据不同的使用场合来合理选择起重机设备的类型，做好维护保养工作。

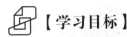

## 【学习目标】

### ● 知识目标

1. 熟悉桥式起重机的应用场合、特点、结构、工作过程；
2. 熟悉集装箱跨运车的应用场合、特点、结构、工作过程；
3. 熟悉正面吊的应用场合、特点、结构、工作过程；
4. 熟悉集装箱叉车和底盘车的应用场合、特点、结构、工作过程。

### ● 能力目标

1. 能够合理、正确选用起重机设备；
2. 能够对集装箱跨运车、正面吊等起重机设备进行正确管理；
3. 能够进行简单的起重机设备维护保养。

### ● 德育目标

1. 培养团队协作精神；
2. 培养安全操作的意识；
3. 培养精益求精的精神；
4. 培养认真负责的工作态度。

## 任务一 桥式起重机的使用

## 【课前讨论】

根据预习情况及搜集的资料，试着分析目前使用量最大的起重机是哪一种，其未来的发展趋势如何。

实施建议：

1. 可根据班级具体情况，分小组或个人在智慧树平台进行讨论、分析；
2. 课堂展示讨论结果，小组互评或教师点评；
3. 教师依据课前讨论情况反映的预习效果，调整授课重点。

## 【任务描述】

桥式起重机被广泛应用在室内外仓库、厂房、码头和露天贮料场等，如图6-2所示。它是横架于车间、仓库和料场上空进行物料吊运的起重设备，它由于两端坐落在高大的水泥柱或者金属支架上，形状似桥而得名。通过完成桥式起重机的使用学习任务，学习者应能够了解桥式起重机的构造；能够说出常见的桥式起重机的类别及其适用的场所；能够根据货物的不同，选用合适的桥式起重机完成货物的装卸、搬运作业；了解桥式起重机的特点。

> **想一想**
>
> 桥式起重机与桥式堆垛起重机的结构和工作过程有哪些区别与联系？

图6-2 桥式起重机

## 【知识学习】

### 一、桥式起重机的概念

桥式起重机通常称为"桥吊""天车""行车"，是横架于车间、仓库及露天仓库的上方，用来吊运各种货物的机械设备。它被放置在固定的两排钢筋混凝土栈桥上，可沿栈桥上的轨道做纵向移动，其中小车可在桥架上的小车轨道上做横向移动。这样，吊钩、抓斗等吊具就可以在一个长方体空间内的任意位置上做升降、搬运物件的运动。桥式起重机是拥有量最多和使用最广泛的一种轨道运行式起重机，其数量占起重机总数量的60%～80%，额定起重量从几吨到几百吨。它一般用吊钩、抓斗和电磁盘来装卸货物，最基本的类型是通用吊钩桥式起重机，其他类型的桥式起重机基本上是在通用吊钩桥式起重机的基础上衍生出来的。

视频
桥式起重机简介

桥式起重机起重量大、速度快、作业辐射面大、效率高、通用化程度高，被广泛用于车间、仓库、货场装卸、搬运货物。但由于使用桥式起重机必须在装卸作业场地内修建桥墩，建设费用较高，作业不够方便，再加上其只能在一定跨度范围内布置货位，故货位面积较小，在一些场合，桥式起重机有被龙门起重机取代的趋势。

### 二、桥式起重机的分类

#### 1. 按照桥架结构的不同分类

按照桥架结构的不同，桥式起重机可分为单梁桥式起重机和双梁桥式起重机。单梁桥式起重机如图6-3所示，其主梁大多采用工字钢和型钢与钢板的组合，主梁强度和刚度较小，起重小车通常采用电动葫芦起重机，通常起重量在10t以下，跨度为5～10m。双梁桥式起重机如图6-4所示，通常由起升机构、大车运行机构、桥架和小车架等组成，其应用范围广，技术参数的变动较大，因此在构造上亦有多种形式，特别适用于大跨度和大起重量的平面范围内的物料输送。

视频
桥式起重机的分类

图6-3　单梁桥式起重机

图6-4　双梁桥式起重机

**想一想**
　　图6-4中桥式起重机横梁标注的200/50t是什么含义?

### 2. 按照取物装置的不同分类

　　按照取物装置的不同，桥式起重机可分为吊钩桥式起重机、抓斗桥式起重机、电磁桥式起重机、桥式两用起重机、桥式三用起重机等。吊钩桥式起重机的取物装置是吊钩，它是桥式起重机的基本类型，已有标准系列，起重量为3～250t。当起重量在12t以下时，它只有一套起升机构；当起重量超过15t时，它有主副两套起升机构。这类起重机能在多种环境中装卸、搬运货物。抓斗桥式起重机的取物装置是抓斗，以钢丝绳分别联系抓斗、起升机构、开闭机构，主要用于散货、废旧钢铁、木材等的装卸、吊运作业，起重量一般在20t以下。电磁桥式起重机的取物装置是电磁盘，电磁盘使用的直流电流通过在小车上的专用电缆卷筒将挠性电缆送到起重电磁铁上，其适用于吊运具有导磁性的黑色金属及其制品，目前有5t、10t、15t、20t、30t等几个机型。桥式两用起重机是一机两用的起重机，根据需要可以用吊钩吊运重物，也可以在吊钩上挂一个马达抓斗装卸货物。桥式三用起重机是一机三用的起重机，基本结构与电磁桥式起重机相同，除配备吊钩和抓斗取物外，还可把取物装置换成电磁盘吊运黑色金属。

## 三、桥式起重机的构造

桥式起重机由金属结构、机械部分和电气部分组成。

**1. 金属结构**

金属结构由起重机桥架（大车桥架）、小车架和操纵室等3部分组成，是桥式起重机的承载结构并使起重机构成一个整体。具有足够的刚度、强度及稳定性的金属结构，是确保起重机安全运转的重要因素之一。目前应用较广的金属结构有箱式和桁架式两种。

**2. 机械部分**

机械部分是起重机动作的执行机构。货物的升降和移动是靠相应的机械传动机构来完成的，机械传动机构由起升机构、大车运行机构、小车运行机构组成。

起升机构是起重机最基本的组成部分，其结构如图6-5所示。电动机通电后（制动器打开）产生转矩，通过联轴器、传动轴将转矩传递至减速器，经过减速器减速后，由齿轮联轴器将转矩传给卷筒组的轴，卷筒组转动，使固定在其上的钢丝绳做绕进或绕出运动，并使钢丝绳所系吊的吊钩组做相应的上升或下降运动。为使吊物能安全可靠地停于空中任意位置而不坠落，起升机构减速器高速轴端安装有制动轮及相应的制动器，以便在断电时实现制动。

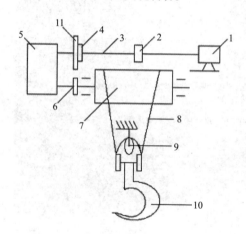

1. 电动机　2. 联轴器　3. 传动轴　4. 制动轮联轴器　5. 减速器　6. 齿轮联轴器
7. 卷筒组　8. 钢丝绳　9. 定滑轮组　10. 吊钩组　11. 制动器

**图6-5　桥式起重机起升机构示意图**

大车运行机构由电动机、传动轴、制动器、齿轮联轴器、减速器及车轮组等组成。大车运行机构的传动形式有分别驱动和集中驱动两种。分别驱动的传动特点是由两套单独的传动装置分别驱动两个端梁下面的驱动轮，依靠桥架本身的刚性和电器操纵系统保持两侧的同步行驶。与集中驱动相比，分别驱动的机构自重较轻、通用性好、安装和维修方便，故桥式起重机大部分采用分别驱动的传动形式。集中驱动在小起重量和小跨度的桥式起重机上使用较多，它由一套传动装置，通过减速器、联轴器、传动轴同时驱动桥架两侧的车轮转动，保证车轮同步行驶。集中驱动的缺点是传动轴太长，安装、制造较复杂。

小车运行机构与大车运行机构基本相同，它采用电动机、制动器和减速器装配为一体的三合一部件，带动车轮转动，结构紧凑、装拆方便、维修容易。

**3. 电气部分**

电气部分由电气设备和电气线路组成，是起重机的动力源，操纵、控制起重机各机构的运转以实现吊运货物的升降、移动工作，并实现对起重机的各种安全保护。

### 四、桥式起重机的特点

桥式起重机具有以下特点。

（1）桥式起重机本身无支腿，稳定性好。

（2）桥式起重机工作时速度快，单机生产效率高。

（3）桥式起重机采用电动机提供动力，电动机故障率远远低于内燃机。各机构分别驱动，传动方法简单，使用、保养、维修方便。

（4）桥式起重机的桥墩是一种永久性建筑，容易给货场的扩建、改建带来困难。并且桥吊主架无法带悬臂，不仅使货位得不到充分利用，也会给装卸作业带来影响。

学有所思：
_____
_____

# 任务二 集装箱跨运车和正面吊的使用

【课前讨论】

根据预习情况及搜集的资料，试着分析集装箱跨运车和正面吊能否独立进行集装箱装卸、搬运与堆垛任务，为什么？

实施建议：

1. 可根据班级具体情况，分小组在智慧树平台进行讨论、分析；
2. 课堂展示讨论结果，小组互评或教师点评；
3. 教师依据课前讨论情况反映的预习效果，调整授课重点。

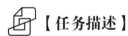【任务描述】

集装箱跨运车是集装箱装卸设备中的主力，通常承担集装箱由码头前沿到堆场的水平运输及堆场的集装箱堆码工作。正面吊是用来装卸集装箱的一种起重机，属于起重设备的一种，也是一种流动式起重装卸搬运设备。通过完成集装箱跨运车和正面吊的使用学习任务，学习者应能够了解集装箱跨运车的概念，掌握集装箱跨运车的结构、应用场合，能够明确集装箱跨运车的特点和技术性能，了解正面吊的概念，掌握正面吊的结构组成、应用场合，能够明确正面吊的特点。

> **想一想**
> 集装箱跨运车和正面吊哪一种更适合搬运作业？为什么？

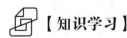【知识学习】

### 一、集装箱跨运车的概念

集装箱跨运车简称跨运车或跨车，是一种应用于集装箱码头和集装箱中转站堆场，具有搬运、堆垛、换装等多种功能的集装箱专用机械。它由门形车架、驱动装置、起升机构、轮胎式的无轨运行机构及其他辅助设备组成，其外形结构如图6-6所示。

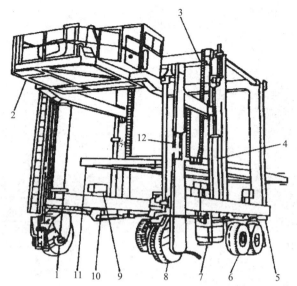

1. 制动器　2. 平台　3. 起升链　4. 升降油缸　5. 底架　6. 从动轮
7. 燃油柜　8. 驱动轮　9. 保持水平装置　10. 转向装置　11. 集装箱吊具　12. 驱动链

图6-6　集装箱跨运车的外形结构

集装箱跨运车的门形车架跨在集装箱上，由装有集装箱吊具的液压升降系统吊起集装箱，进行搬运，并可将集装箱堆码2~3层高。集装箱跨运车的吊具采用旋锁机构与集装箱接合或脱开，吊具能够升降，以适应装卸和堆码集装箱的需要。吊具也能侧移、倾斜或微动，以满足对位的需要。

集装箱跨运车从20世纪60年代问世以来，经过几十年的发展，已经与轮胎式集装箱龙门起重机一样，成为集装箱码头和堆场的关键设备。图6-7所示为集装箱跨运车在装载集装箱。

图6-7　集装箱跨运车在装载集装箱

## 二、集装箱跨运车的应用场合及特点

**1. 集装箱跨运车的应用场合**

在集装箱码头，集装箱跨运车可完成如下作业：

（1）岸边集装箱装卸桥与前方堆场之间集装箱的装卸和搬运；

（2）前方堆场与后方堆场之间集装箱的装卸和搬运；

（3）后方堆场与货运站之间集装箱的装卸和搬运；

（4）对底盘车进行换装。

**2. 集装箱跨运车的特点**

集装箱跨运车的主要优点如下：

（1）集装箱跨运车自码头前沿装载集装箱后直接运到堆场进行堆垛，中间不需要其他机械协助，可一机多用；

（2）作业灵活，取箱、对箱快，装卸作业效率高；

（3）由于不需要换装，可节省换装所占用的场地。

其主要缺点如下：

（1）结构复杂，维护保养困难；

（2）初始投资高；

（3）行走稳定性差；

（4）堆场利用率低。

> **想一想**
>
> 集装箱跨运车通常情况下可一次性搬运、堆码多高的集装箱？

## 三、集装箱跨运车的技术性能

**1. 专用性和通用性**

集装箱跨运车有专用跨运车和通用跨运车两种。所谓专用性，是指20ft型的专用跨运车只能装卸20ft型的集装箱，40ft型的专用跨运车只能装卸40ft型的集装箱；所谓通用性，是指通用跨运车既能适应20ft型集装箱的装卸，也能适应40ft型集装箱的装卸。

标准的集装箱码头，所装卸的集装箱通常既有20ft型的，也有40ft型的，如采用专用跨运车，配套台数要比通用跨运车多一些，而通用跨运车的造价比专用跨运车的高。

**2. 堆垛能力**

集装箱跨运车种类很多，有的能堆两层集装箱，有的能堆三层，甚至有的能堆四层，选用时要将整个集装箱码头的堆存面积大小结合起来考虑。堆箱层数多，能提高单位面积堆存量，缩短搬运距离。但层数增多会增加倒箱率，增加提箱时找箱子的困难。目前采用集装箱跨运车的集装箱码头堆场通常只堆两层集装箱，即要求集装箱跨运车能吊着箱子跨越两层集装箱。

## 四、正面吊的概念

正面吊是专门为20ft型和40ft型集装箱而设计的，主要用于集装箱的堆叠，以及码头、堆场内集装箱的水平运输。与叉车相比，它具有机动灵活、操作方便、稳定性好、轮压较低、堆码层数高、堆场利用率高等优点，可进行跨箱作业，特别适用于中小港口、铁路中转站和公路中转站的集装箱装卸，也可在大型集装箱码头作为辅助设备来使用。其外形结构如图6-8所示，图6-9所示为正面吊在堆垛集装箱。

视频

正面吊

图6-8　正面吊外形结构图

图6-9　正面吊在堆垛集装箱

## 五、正面吊的结构

正面吊由工程机械底盘、伸缩臂架、集装箱吊具等3部分组成，底盘有发动机、换挡变速箱、前桥、后桥、转向系统、驾驶室、车架、配重、车轮等部件，伸缩臂架有伸缩油缸、俯仰油缸、臂架等部件，集装箱吊具有旋转机构、上架、底架、伸缩架、伸缩油缸、防摇油缸、侧移油缸、旋锁油缸等部件。

正面吊有可伸缩和左右旋转的集装箱吊具，能用于20ft型、40ft型集装箱的装卸作业。吊装集装箱时正面吊不一定要与集装箱垂直，可以与集装箱呈夹角作业。在起吊后，吊具可旋转，以便通过比较狭窄的通道。同时，吊具可以左右侧移各800mm，以便在吊装时对箱，提高作业效率。在场地条件较差的货运站，正面吊也能正常作业。

伸缩臂架可带载变幅，集装箱的起降由臂架伸缩和变幅来完成。臂架伸出和俯仰油缸伸出时，其起升速度较快，在下降的同时锁入，可获得较快的下降速度。在作业时，伸缩臂架可同时实现整车行走、变幅、臂架伸缩动作，具有较高的工作效率。

正面吊可以在吊重物时进行伸缩臂作业，因为取箱之后要到堆场堆码或将重物吊到集装箱拖卡上去。但是这个过程不能在行车过程中进行，必须等车停稳了才能操纵控制手柄。因为如果在途中就进行作业，极易因视线受阻而引发事故。

学有所思：

##  任务三　集装箱叉车和底盘车的使用

### 【课前讨论】

根据预习情况及搜集的资料，试着讨论集装箱叉车和底盘车的优缺点及适用场合有什么不同。

实施建议：

1. 可根据班级具体情况，分小组或个人在智慧树平台进行讨论、分析；
2. 课堂展示讨论结果，小组互评或教师点评；
3. 教师依据课前讨论情况反映的预习效果，调整授课重点。

 **【任务描述】**

集装箱叉车是集装箱码头和堆场上常用的一种集装箱专用装卸机械，主要用作堆垛空集装箱等辅助性作业，也可在集装箱吞吐量不大（年低于3万标准箱）的综合性码头和堆场进行集装箱装卸与短距离搬运作业。集装箱堆场上采用的底盘车堆存方式是指将集装箱连同起运集装箱作用的底盘车一起存放在堆场上。采用这种底盘车堆存方式时，集装箱堆存高度只有一层，而且需要有较宽的车辆通道，因此会占用较大的堆场面积，使堆场面积利用率较低。通过完成集装箱叉车和底盘车的使用学习任务，学习者应能够了解集装箱叉车和底盘车的概念，掌握集装箱叉车与底盘车的应用场所，并对几种集装箱堆场作业方式的特点有一定的了解。

 **【知识学习】**

## 一、集装箱叉车

集装箱叉车又称叉式装卸车，是集装箱码头上常用的一种装卸机械，如图6-10所示。它从普通型叉车逐渐发展而来，主要用于在吞吐量不大的综合性码头上进行集装箱的装卸、堆垛、短距离搬运和车辆的装卸作业，也能用于大型集装箱码头堆场（辅助作用），是一种多功能的机械。其性能应符合下列作业需求：

视频

集装箱叉车
与底盘车

（1）起重量应保证能装卸作业所需的各种箱型；
（2）起升高度应符合堆垛层数的需求；
（3）负荷中心（货叉前壁至货物重心之间的距离）取集装箱宽度的1/2，即1220mm；
（4）为适应装卸集装箱的需要，除采用标准货叉外，还应备有顶部起吊的专用吊具；
（5）为便于对准箱位，货架应能侧移和左右摆动。

图6-10 集装箱叉车

集装箱叉车搬运集装箱可以采用以下两种方式。
（1）吊运方式：采用顶部起吊的专用吊具吊运集装箱。

（2）叉运方式：利用集装箱底部的叉孔用货叉起运，一般这种方式主要是搬运20ft型集装箱或空箱。

## 二、底盘车

集装箱堆场的底盘车堆存方式是指将集装箱连同起运输集装箱作用的底盘车（见图6-11）一起存放在堆场上。采用这种堆存方式的集装箱的机动性最好，随时可以用牵引车（见图6-12）拖离堆场，而无须借助其他机械设备。因此，底盘车堆存方式比较适合"门到门"的运输方式，特别是海运部门承担的短途运输（如海峡运输等），也是一种装卸效率较高的码头堆场作业方式。但是，采用这种堆存方式时，集装箱堆存高度只有一层，而且堆场需要留有较宽的车辆通道，因此需要占用较大的堆场面积，堆场面积利用率较低。

图6-11　底盘车

图6-12　牵引车

## 三、各种集装箱堆场作业方式的比较

堆场作业方式的堆场面积利用情况如表6-1所示。表中数据是根据一块长200m、宽62.5m的堆场，按照合理布置要求来测定的。

表6-1　堆场作业方式的堆场面积利用情况

| 工艺方案 | | 堆存量/TEU | 利用系数 |
| --- | --- | --- | --- |
| 一层 | 底盘车 | 396 | 0.79 |
| | 跨运车 | 500 | 1.00 |
| | 叉　车 | 420 | 0.84 |
| | 龙门起重机 | 704 | 1.40 |

| 工艺方案 | | 堆存量/TEU | 利用系数 |
|---|---|---|---|
| 二层 | 跨运车 | 1000 | 2.00 |
| | 叉 车 | 840 | 1.68 |
| | 龙门起重机 | 1408 | 2.80 |
| 三层 | 跨运车 | 1500 | 3.00 |
| | 叉 车 | 1260 | 2.52 |
| | 龙门起重机 | 2112 | 4.22 |

各种集装箱堆场作业方式的特点如表6-2所示。

表6-2 各种集装箱堆场作业方式特点比较

| 设 备 | 优 点 | 缺 点 |
|---|---|---|
| 底 盘 车 | 机动性强，进出场效率高，无须装卸，适用于滚装船作业 | 单层堆放，堆场利用率低，占用大量堆场面积 |
| 跨 运 车 | 适用于水平搬运和堆存作业，灵活性强，翻箱率低，单机造价低，工艺系统简单 | 故障率高，维修量大，堆层少，堆场利用率低，对司机操作要求高 |
| 叉 车 | 适用于短距离水平搬运和堆存作业，灵活性强，翻箱率低，单机造价低 | 一般只适用于小型箱的搬运，堆层少，并需留有较宽的通道，堆场利用率降低 |
| 轮胎式龙门起重机 | 可堆3~4层，堆场利用率较高，可靠性较强，使用比轨道式龙门起重机灵活，是目前的主流设备 | 翻箱率较高，只限于堆场使用，堆场建设投资较大，作业效率比跨运车低 |
| 轨道式龙门起重机 | 可堆4~5层，堆场利用率高，可靠性强，堆存容量大，可同时进行铁路线装卸作业 | 翻箱率高，只能沿轨道运行，灵活性差，堆场建设投资大 |
| 正 面 吊 | 堆存高度高，堆场箱位利用率高，使用灵活，单机造价低，可进行水平搬运 | 需留有较宽的通道，使堆场用于堆箱的面积减少 |

 【素养园地】

桥式起重机：违规操作起重机，副钩冲顶坠落伤人

某拖拉机厂铸钢工段，10t/3t桥式起重机司机张某，在浇注钢水的工艺过程中，开动大车和降落10t主钩去吊钢水包的同时，恐副钩碍事而又提升3t副钩，3个机构同时动作，在主钩即将吊挂钢水包之际，副钩已提升至顶，张某顾及不周，限位又失效，遂发生吊钩冲顶拉断钢丝绳坠落事故，将正在下面挂钩的造型工姚某碰伤。

事故原因分析如下。

（1）司机张某同时操纵3个机构运转，违反司机安全操作规程，这是事故发生的直接原因。

（2）司机张某未经有关安全和设备主管部门审批，违反起重机安全管理规程中的有关规定，擅自对起重机械和电气部分做改动，安装一台3t电动葫芦作副钩，而此次事故就发生在这台3t电动葫芦上。

（3）电动葫芦主回路电源应接于起重机保护柜中主接触器的输出端，这样可受起重机控制回路控制，而张某为省事却忽略安全，单独用一个铁壳开关引出独立电源，该电源不受起重机主接触器控制，违反了起重机的有关安全规定。

桥式起重机作为物流大型作业设备，安全极为重要，在其生产作业过程中，相关人员应时刻牢记安全，若违规操作，终究会酿成大祸。

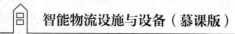 

【测验与答疑】

线上测验

线上问答

【自我测评】

在表6-3的□中打"√"（A表示未理解，B表示基本理解，C表示完全理解）。

表6-3　自我测评表

| 项目 | 任务体系 | 评价指标 | 自我测评 |
|---|---|---|---|
| 项目六 | 任务一 | 1. 桥式起重机的概念 | □A □B □C |
| | | 2. 桥式起重机的分类 | □A □B □C |
| | | 3. 桥式起重机的构造 | □A □B □C |
| | | 4. 桥式起重机的特点 | □A □B □C |
| | 任务二 | 1. 集装箱跨运车的概念 | □A □B □C |
| | | 2. 集装箱跨运车的应用场合及特点 | □A □B □C |
| | | 3. 集装箱跨运车的技术性能 | □A □B □C |
| | | 4. 正面吊概念 | □A □B □C |
| | | 5. 正面吊的结构 | □A □B □C |
| | 任务三 | 1. 集装箱叉车的性能要求 | □A □B □C |
| | | 2. 集装箱叉车的作业方式 | □A □B □C |
| | | 3. 底盘车堆存方式的特点 | □A □B □C |
| | | 4. 集装箱堆场作业方式的优缺点 | □A □B □C |

# 学习情境三
# 运输作业设备

## 【情境描述】

运输是用设备和工具，将货物从一个地点向另一地点运送的物流活动。其中包括集货、分配、搬运、运送、中转、装入、卸下、分散等一系列操作。运输在现代物流系统中是一个非常重要的子系统，而要提高运输活动的质量和效率，降低运输成本，必须借助现代的运输设施设备。你如果是公司的一名运输设备管理人员或调度人员，则必须熟悉每一种运输方式的特点及作业流程，熟悉每一种运输方式中运用到的设施与设备的类型、性能、技术参数、使用与维护等方面的知识，具备科学管理与调度这些设施设备的能力。

知识拓展

国家公路网规划
（2013—2030年）

目前货物运输主要有公路运输、铁路运输、航空运输、水路运输、管道运输等5种基本的运输方式。由于管道运输有其特殊性，所采用的设施设备基本属于基础设施，所以本部分暂不介绍。针对其余的4种运输方式，我们要学习每一种运输作业中运输设施与设备的选择、使用与维护等方面的知识与技能。本学习情境包括两个项目的学习，即公路、铁路运输设备和航空、水路运输设备。

## 【任务导入】

运输是物流的一项很重要的功能，根据采用的运输工具可划分为公路运输、铁路运输、航空运输、水路运输。不同的运输方式在加强货物进出口、促进国际交流合作中都起到了至关重要的作用。在这4种运输方式中，每种运输方式所用到的设备也不尽相同，主要包括各种货车、轨道、路线、场站等。请通过线上查阅资料与线下实地调研相结合的形式，分析公路运输、铁路运输、航空运输、水路运输涉及设备的特点，对比不同企业的设备类型，并解决以下问题：

建议分小组完成，每组3~4人最佳，也可适当调整，根据所在区域，选择特定的港口企业作为指定调研对象；调研需收集相关的数据，并对数据进行筛选、分析；由小组讨论分析问题、得出结论，并进行汇报。

1. 公路运输用到的货车类型都有哪些？

_____

_____

_____

_____

2. 可以进行铁路运输的货车类型有哪些?

_____

_____

_____

_____

_____

3. 航空港主要包含哪些设备设施?

_____

_____

_____

_____

_____

_____

# 项目七 公路、铁路运输设备

通常运输企业会针对每一项具体运输业务，根据货物的性质和交货期要求确定合适的运输方式，并运用相应的运输设施与设备完成运输作业。我国西部地区远离海洋，运用水路运输方式较少，又由于航空运输费用偏高而不适用于大多数普通货物的运输，通常比较适合运用公路运输与铁路运输这两种陆上货物运输方式。本项目即是介绍公路、铁路运输作业中常用的物流设施与设备。

 【学习目标】

### 知识目标

1．掌握汽车的分类、基本结构，货车的主要性能参数和使用性能等方面的知识；

2．掌握货车选用与配置的基本知识；

3．掌握车辆使用与维护的知识；

4．理解公路分级与技术标准；

5．理解汽车货运站的主要功能；

6．了解铁路系统的基本构成；

7．了解铁路站场的作业构成。

### 能力目标

1．能够根据货物特点、运送距离等条件选择最合适的运输方式和运输工具；

2．能够进行货车选用与配置；

3．能够对各类车辆进行维护。

### 德育目标

1．培养团队合作精神；

2．培养一丝不苟的工作态度；

3．培养服务意识；

4．培养不怕吃苦的精神。

# 任务一 公路运输设施设备的使用

## 【课前讨论】

现有上海客户向陕西西安某地采购一批货物，有樱桃、玉米、钢材及硫酸若干吨，物流公司需根据货物特性及包装单位选择合适的公路运输工具及路线，请为物流公司做出正确的选择，并说明理由。

实施建议：

1. 可根据班级具体情况，分小组或个人在智慧树平台进行讨论、分析；
2. 课堂展示讨论结果，小组互评或教师点评；
3. 教师依据课前讨论情况反映的预习效果，调整授课重点。

## 【任务描述】

某物流公司运输部接到如表7-1所示的货运单。

表7-1 某物流公司运输部所接货运单

| 货物名称 | 货物量 | 发货地 | 收货地 |
| --- | --- | --- | --- |
| 锅炉 | 1.8t | 山东省临沂市河东区 | 黑龙江省七台河市 |
| 发动机 | 25t | 山东省淄博市张店区新村路10号 | 河北省邯郸市 |
| 石油焦 | 500t | 山东省淄博市张店区新村路10号 | 安徽省合肥市 |
| 玉米 | 10t | 山东省淄博市张店区新村路10号 | 山东省菏泽市郓城县 |
| 集装箱 | 20GP | 山东省青岛市黄岛区 | 山东省济南市天桥区 |
| 冻水产品散货 | 8500t | 山东省青岛市黄岛保税区 | 山东省威海市 |
| 袋装货物集装箱 | 100t | 山东省青岛市黄岛区 | 河南省郑州市、洛阳市 |

针对每一项运输任务，公司该选用哪种运输方式？如果选用公路运输方式，又该选用哪些运输设施与设备？使用这些设施与设备时应该注意什么？

通过完成公路运输设施设备的使用学习任务，学习者应能够认识公路运输方式的特点；能够认识常用的公路运输设施设备；能够根据货物的不同，选用合适的运输设施设备；掌握车辆使用与维护的基本知识；掌握货车选用与配置的基本能力。

## 【知识学习】

## 一、汽车的介绍

### 1. 汽车的分类

自世界上第一辆汽车于1885年在德国问世，汽车至今已有一百多年的历史。汽车工业从无到有发展迅猛，产量大幅增加，技术不断更新，各种车型层出不穷。汽车的分类方法很多，但最重要的方法是按照汽车的用途来分。按照用途的不同，汽车可以分为以下几种类型。

知识拓展

道路危险货物运输管理规定

（1）货车。货车又称载货汽车、载重汽车或卡车，主要用来运送各种货物或牵引全挂车。货车常采用前置发动机，车身设置为独立驾驶室和货厢两部分。根据最大总质量，货车可分为以下4种。

视频

货车的基本结构

① 微型货车：最大总质量不超过1.8t。

② 轻型货车：最大总质量为1.8~6t。

③ 中型货车：最大总质量为6~14t。

④ 重型货车：最大总质量超过14t。

（2）越野汽车。越野汽车主要用于非公路上人员和货物的载运或牵引，一般为全轴驱动。按驱动形式不同，越野汽车可分为4×4、6×6、8×8几种。

（3）自卸汽车。自卸汽车指货箱能自动倾翻的载货汽车。自卸汽车可分为向后倾卸和向左右后3个方向均可倾卸两种。

（4）牵引汽车。牵引汽车主要用来牵引车辆，可分为全挂牵引车和半挂牵引车。

（5）专用汽车。专用汽车指为了承担专门的运输任务或作业，装有专用设备，具备专用功能的车辆，如厢式汽车、罐式汽车、起重举升汽车、仓栅式汽车、特种结构汽车和专用自卸汽车等。

（6）客车。客车指能供9人以上乘坐，具有长方形车厢，主要用于载运人员及其行李物品的车辆。

根据车辆的长度，客车可分为以下5种。

① 微型：长度不超过3.5m。

② 轻型：长度为3.5~7m。

③ 中型：长度为7~10m。

④ 大型：长度为10~12m。

⑤ 特大型：长度超过12m。

（7）轿车。轿车指可供2~8人乘坐的小型载客车辆。根据发动机排量大小，轿车可分为以下5种。

① 微型轿车：发动机排量小于1L。

② 普遍级轿车：发动机排量为1~1.6L。

③ 中级轿车：发动机排量为1.6~2.5L。

④ 中高级轿车：发动机排量为2.5~4L。

⑤ 高级轿车：发动机排量大于4L。

**2. 汽车的基本结构**

汽车是由多个装置和机构组成的，但其基本构造都是由发动机、底盘、车身、电气设备4个部分组成，如图7-1所示。

发动机是为汽车行驶提供动力的装置。其作用是使燃料燃烧产生动力，然后通过底盘的传动系驱动车轮使汽车行驶。发动机主要分为汽油机和柴油机两种。现代汽车广泛采用往复活塞式内燃发动机。它是通过可燃气体在汽缸内燃烧膨胀产生压力，推动活塞运动并通过连杆使曲轴旋转来对外输出功率的。汽油发动机主要包括两大机构和五大系统，即曲柄连杆机构、配气机构、燃料供给系统、点火系统、起动系统、冷却系统和润滑系统。柴油发动机的点火方式为压燃式，所以无点火系统。

底盘的作用是支撑、安装汽车发动机及其各部件、总成，形成汽车的整体结构，并接收发动机产生的动力，使汽车产生运动，保证汽车正常行驶。底盘主要包括传动系、行驶系、转向系和制动系。传动系将发动机产生的动力传达给驱动车轮，主要包括离合器、变速器、传动轴、驱动桥等部件；行驶系将汽车各总成及部件连成一个整体，并对全车起支撑作用，以保证汽车正常行驶，主要包括车架、前轴、从动桥、车轮（转向车轮和驱动车轮）、悬架（前悬架和后悬架）等部件；转向系保证汽车能按照驾驶员选择的方向行驶，它由转向盘、转向器及转向传动装置组成；制动系使汽车减速或停车，并保证驾驶员离去后汽车能安全制动，一般包括两个相互独立的制动系统，即行车制动系统和驻车制动系统。

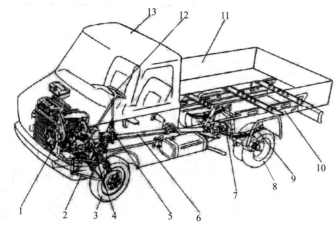

1. 发动机　2. 前悬架　3. 转向车轮　4. 离合器　5. 变速器　6. 转向传动装置
7. 驱动桥　8. 驱动车辆　9. 后悬架　10. 车架　11. 车厢　12. 转向盘　13. 驾驶室

图7-1　典型载货汽车总体构造图

车身容纳驾驶员、乘客和货物，并构成汽车的外壳。载货汽车的车身由驾驶室和货厢组成，客车与轿车的车身由统一的外壳构成，其他专用车辆的车身还包括其他特殊装备等。车身还包括车门、车窗、车锁、内外饰件、附件、座椅及车前各钣金件等。

电气设备由电源和用电设备组成。电源包括发电机和蓄电池。用电设备的内容很多，不同车型不太一样，主要有点火系、起动系、照明系统、仪表信号系统、空调及其他用电设备等。此外，现代汽车上愈来愈多地装有各种电子设备，如微处理机、中央计算机系统、各种传感器及各种人工智能装置等，显著地增强了汽车的各项性能。

为满足不同使用需求，汽车的总体构造和布置形式可以是不同的。按发动机和各个总成相对位置的不同，现代汽车的布置形式通常有如下几种。

（1）发动机前置，后轮驱动。该布置是传统的布置形式，国内外的大多数货车都采用这种形式。

（2）发动机前置，前轮驱动。该布置形式具有结构紧凑、质量小、地板高度低、高速时的操纵稳定性强等优点。

（3）发动机后置，后轮驱动。该布置形式大大降低了车内噪声，有利于车身内部布置。

（4）全轮驱动。该布置形式通常将发动机前置，在变速后装有分动器，以便将动力分别输送到全部车轮上。

**3. 货车的主要参数**

（1）质量参数。

① 整车装备质量。整车装备质量是指货车完全装备好的质量，包括发动机、底盘、车身、全部电气设备和车辆正常行驶所需要的辅助设备的质量，以及加足燃料、润滑油、冷却液的质量和随车工具、备用轮胎等的质量。

② 厂定最大总质量。厂定最大总质量也称货车总质量，是指货车装备齐全，按照规定满载货物时，包括驾驶员在内的货车的总质量。

③ 最大装载质量。最大装载质量是厂定最大总质量与整车装备质量之差。

④ 最大轴载质量。最大轴载质量与货车的材料强度及轮胎的承载能力有关，是汽车单轴所承载的最大质量，即货车在满载时车轴对地面的垂直作用力。

视频

货车的主要
参数及性能

（2）尺寸参数。货车的尺寸参数如图7-2所示。

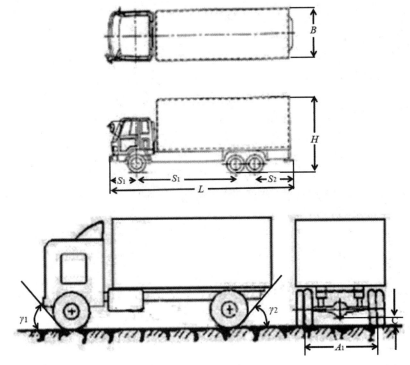

图7-2　货车尺寸参数

① 车长（$L$）。车长即垂直于车辆纵向对称平面并分别抵靠在车辆前、后最外端突出部位的两垂面之间的距离。

② 车宽（$B$）。车宽即平行于车辆横向对称平面并分别抵靠在车辆两侧固定突出部位（除后视镜、侧面标志灯、方位灯、转向指示灯等）的两平面之间的距离。

③ 轴距（$L_1$）。轴距即车辆直线行驶时，同侧相邻两轴的车轮落地中心点到车辆纵向对称平面的两条垂线间的距离。

④ 轮距（$A_1$）。轮距即在支承平面上，同轴左右车轮两轨迹中心间的距离（轴两端为双轮时，轮距为左右两条双轨迹的中心线间的距离）。

⑤ 前悬（$S_1$）。前悬即在直线行驶时，车辆前端刚性固定件的最前点到通过两前轮轴线的垂面间的距离。

⑥ 后悬（$S_2$）。后悬即车辆后端刚性固定件的最后点到通过最后车轮轴线的垂面间的距离。

⑦ 最小离地间隙（$C$）。最小离地间隙即车辆满载时，车辆支承平面与车辆最低点之间的距离。

⑧ 接近角（$\gamma_1$）。接近角即车辆前端突出点向前轮引的切线与地面的夹角。

⑨ 离去角（$\gamma_2$）。离去角即车辆后端突出点向后轮引的切线与地面的夹角。

（3）性能参数。

① 最高车速。最高车速是货车在水平良好的路面（混凝土或沥青路面）所能达到的最高行驶速度。最高车速的大小直接影响着物流作业的效率。

② 最大爬坡度。最大爬坡度是货车满载行驶在良好的路面上，使用一挡时货车能够爬上的最大坡度。

③百公里耗油量。百公里耗油量是货车在公路上行驶100km的平均燃料消耗量。

④ 一定车速下的制动距离。一定车速下的制动距离是在一定的车速下，货车制动后所能行走的距离，其反映了货车的安全性能。

### 4. 货车的使用性能

货车的使用性能是指货车在一定使用条件下所具有的工作能力。使用性能是评价和选用货车不可缺少的指标，主要包括以下几方面。

（1）货车的动力性。货车的动力性是货车最基本、最重要的性能，其由最高车速、最大爬坡度和加速时间决定，受货车总质量、发动机的特性、主传动比、变速器的挡数、货车的车型和使用条件等因素影响。货车动力性良好，就能在设定的使用条件下，以较高的速度行驶，所能克服的行驶阻力大，加速时间短，运输能力强。

（2）货车的行驶平顺性。货车的行驶平顺性是指货车在一般的行驶速度下，具有缓和来自行驶路面的颠簸的能力，即货车对路面不平度的隔振特性。行驶平顺性差，货物在运送的过程中就容易损坏，这对于运输易损货物是不利的。

（3）货车的通过性。货车的通过性指货车在额定的载重量下能以足够高的车速通过各种路段和克服各种障碍的能力。它与最小离地间隙、接近角、离去角、最小转弯半径、货车的结构和路面质量等因素有关。

（4）货车的制动性。货车的制动性包括货车在制动时的方向稳定性、制动效能及制动效能的稳定性3个方面。

① 制动时的方向稳定性是指货车在制动时不发生跑偏、侧滑或丧失转向能力而按驾驶员给定方向行驶的性能。

②制动效能是指货车以一定的初速度制动到停车的制动距离。

③ 制动效能的稳定性指货车在高速或下长坡的连续制动中制动器温度显著升高时制动效能的保持性。

（5）货车的燃油经济性。货车的燃油经济性是单位燃油消耗量完成运输工作量的能力。货车的燃油费用占货车运输成本的30%左右，因此，提高燃油经济性可降低运输成本。燃油经济性可用在一定条件下行驶单位里程的燃油消耗量来表示，如100km耗油量（L/100km）。

（6）货车的操纵性。货车的操纵性是货车能够正确地响应驾驶员操作指令的能力。

（7）货车的稳定性。货车的稳定性是货车受到外界干扰后保持稳定行驶的能力。

学有所思：
_____
_____

### 5. 货车的选用

（1）车型的选择。车辆是运输企业生产的物质基础，是运输企业的主要生产设备。运输企业组织运输生产首先要有合适的运输车辆，应根据运输市场情况，以及当地的社会动力、油料供应、运量、运距、道路、气候等社会和自然条件，制订车辆发展规划，择优选购，合理配置车辆，并做好车辆的分配和投用前的技术准备工作。否则，可能会造成车与货不相适应的情况，例如"大车小用"，使实载率降低、运行消耗增加，或者"小马拉大车"，使机件损坏增加、维修费用增加等，阻碍了车辆效能的发挥，影响运输企业的经济效益。

> **想一想**
> 选用货车要考虑哪些因素？

随着我国物流行业的发展，专用货车需求量也将会逐年增加，厢式货车、罐式货车、冷藏保温货车等主要专用车在未来10年的增长率将达到10%以上。在物流领域，厢式货车由于结构简单、利用率高、适应性强，是应用前景最广泛的货车。同时，随着运送货物种类和运量的增加，其他类型货车的需求量也在逐渐增多。常用专用货车如下。

┌─────────────┐
│ 视频        │
│    🔍       │
│ 常见的货车   │
└─────────────┘

① 厢式货车。厢式货车装备有全封闭的厢式车身，可使货物免受风吹、日晒、雨淋。将货物置于车厢内，能防止货物散失、丢失，安全性好。而且小型厢式货车一般兼有滑动式侧门和后开车门，因此进行货物装卸作业非常方便。厢式货车如图7-3所示。

图7-3　厢式货车

② 拦板式货车。拦板式货车具有整车重心低、载重量适中的特点，适用于企事业单位、批发商店、百货商店的货物搬运，多用于装卸百货和杂物，在装卸过程中拦板可以打开。拦板式货车如图7-4所示。

图7-4　拦板式货车

③ 自卸式货车。自卸式货车可以自动后翻或侧翻，使货物能够依靠本身的重力自行卸下，具有较大的动力和较强的通过能力。矿山和建筑工地上的用车一般为自卸式货车。自卸式货车如图7-5所示。

图7-5　自卸式货车

④ 罐式货车。罐式货车具有密封性强的特点，适用于运送易挥发物品、易燃物品和危险品。罐式货车如图7-6所示。

图7-6　罐式货车

⑤ 集装箱牵引车和挂车。集装箱牵引车专门用于拖带集装箱挂车或半挂车，两者结合组成车组，是长距离运输集装箱的专用设备，主要用于港口码头、铁路货场与集装箱堆场之间的运输。集装箱牵引车具有牵引装置、行驶装置，其内燃机和底盘的布置与普通牵引车大体相同，只是集装箱牵引车前后车轮均有行走制动器，车架后部装有连接挂车的牵引鞍座。集装箱牵引车和挂车如图7-7所示。

图7-7　集装箱牵引车和挂车组成的车组

集装箱挂车按拖挂方式不同，分为半挂车和全挂车两种，其中半挂车最常用。半挂车是指挂车和货物的一部分由牵引车直接承受，不仅使牵引车的牵引力得到有效发挥，而且拖车车身较短，便于倒车和转向，安全可靠。半挂车装有支腿，以便与牵引车脱开后能稳定地支撑在地面上。全挂车可通过牵引杆架与牵引车连接，牵引车车身也可作为普通货车单独使用，但车身较长，操作比半挂车难。

（2）货车选用和配置的原则。货车的选用要遵循择优选购、合理配置的基本原则。

① 择优选购

择优选购是指根据运输生产需要和运行条件，按照车辆的适应性、可靠性、维修和供应配件的方便性、燃油经济性及产品质量等因素，择优选用和购置车辆。

知识拓展

甩挂运输

车辆能适应当地道路、气候等条件，就说明车辆的适应性好；车辆的可靠性一般取决于其发生故障的平均里程和频率；易于早期发现故障、易于更换或修复损坏的零件，从而能缩短维修时间，减少维修费用，是维修和供应配件方便性好的标志；同类型车的燃油经济性可能会有差异，尽管有时差异很小，但长期积累下来的成本差异也相当可观，因此必须对燃油经济性进行比较；车辆使用寿命长显然是产品质量好的重要标志之一。

② 合理配置

合理配置是指根据所承担运输任务的性质、运量、运距、气候及油料供应情况等条件配置车辆，如确定大、中、小型车辆比例，通用、专用车比例等，从而通过合理规划，优化车辆构成，充分发挥车辆吨位和容积的利用率，满足运输市场的需要。

合理配置车辆的原则如下所示。

• 车辆先进、安全可靠、装卸货物方便。

• 车辆规格齐全，能与当地货源相适应，且配比（吨位大小、座位多少、高中低档比例等）合理，吨位利用率高。

• 车辆的油耗、维修费用、运输成本均低而利润高。

• 车辆应用能力强，既能完成正常的生产任务，又能突出重点，完成特殊任务。

配置车辆时，除需要考虑当地运输市场状况，弄清现有在用运输车辆的基本技术情况外，还应考虑下列因素。

• 车辆经常行驶的道路条件。道路的通过能力、承载质量、坡度大小、路面质量和转弯半径等，均会影响车辆的运行。因此，要注意所配置的车辆的技术参数是否适应所要行驶的道路，如果不适应会影响运输效率。

想一想

配送中心进行城市货物配送选用哪种货车比较合适？

• 气候、海拔条件。气候、海拔条件不同，对车辆的要求不同。例如，寒冷地区就应考虑配置起动性能好的车辆；高海拔的地区空气稀薄，应配置动力性能好的车辆。

• 油料供应情况。车辆在使用中要消耗多种油料，如果油料获取困难，就会影响生产效率。

• 车辆使用的经验。在性能良好的前提下，应尽量选用本单位熟悉的车型，这样在管理、使用和维修上有较为完整且行之有效的规章制度、技术措施，从而可以避免重新组织技术培训和摸索管理方法。

• 本单位或当地车辆构成情况和维修能力。配置车辆时应考虑当地车辆构成情况，要避免一个地区或一个车队拥有的车辆类型过于复杂，以免造成维修配件材料的供应储备不足及维修工作的困难。

总之，合理配置车辆，对避免运力过剩、提高运输效率、保障安全生产、降低运输成本、争取更多的客货源都能起到较大的作用。

## 二、车辆的使用管理

车辆的使用管理一方面要防止车辆闲置不用，因为长期闲置不用不仅会使车辆投资收不回来，还要承担无形的磨损支出；另一方面也要防止车辆滥用，因为如果车辆长时间超负荷运行，会造成车辆过度磨损，缩短车辆的使用寿命，影响服务质量，甚至还会导致严重的事故，造成生命财产损失。

在车辆的使用管理中，一般应当考虑车辆在不同条件下的使用要求。通常车辆的使用可分为磨合期的使用、正常条件下的使用和特殊条件下的使用。

**1. 车辆在磨合期的使用**

磨合期是指车辆在运行使用初期，改善零件摩擦表面几何形状和物理力学性能的过程。磨合期包括新车和大修竣工的车辆的最初使用阶段。新车、大修车及装用大修发动机的车辆，其磨合期的使用过程实质上是使车辆向正常使用阶段过渡的过程。处于磨合期的车辆应遵守以下规定。

（1）磨合期里程不得少于1000km。

（2）在磨合期内，应选择较好的道路，减载、限速行驶。

（3）在磨合期内，驾驶员必须严格执行驾驶操作规程，保持发动机在正常温度下运行。磨合期内严禁拆除发动机限速装置。

（4）磨合期内要认真做好车辆的日常维护工作，经常检查、紧固各部位外露螺母、螺栓，注意各总成在运行中的声音和温度变化，及时进行调整。

（5）磨合期满以后，应按有关规定进行一次磨合维护。

**2. 车辆在正常条件下的使用**

车辆在正常条件下的使用包括车辆载质量的使用、汽车拖挂总质量的使用、车辆运载中的使用及车辆燃润料的使用等内容。

（1）车辆载质量的使用。车辆的额定载质量应符合制造厂规定，经过改装、改造的车辆，或因其他原因需要重新标定载质量的车辆应经所在地区主管部门核定，车辆增载必须符合交通部门发布的相关规定，所有车辆的载质量一经核定应遵照执行，严禁超载。

（2）汽车拖挂总质量的使用。企业应当根据不同使用条件，经过试验后确定汽车拖挂总质量的使用范围。

（3）车辆运载中的使用。车辆运载危险货物及各类特种货物时，必须符合交通部门对承运危险货物及其他特种货物运输的有关规定。

（4）车辆燃润料的使用。在使用燃润料时，应根据制造厂说明书的技术要求和有关注意事项，选用符合技术要求的车辆燃润料。

**3. 车辆在特殊条件下的使用**

我国幅员辽阔、地形复杂、气候多样，而营运车辆的流动性非常强，可能遇到的特殊条件很多。

（1）车辆在低温条件下的使用。车辆在低温条件下使用时，由于作业环境温度低，会出现发动机起动困难、各总成磨损严重、热状况不良、燃润料消耗增大等问题，所以要着重注意以下几个方面。

① 车辆在低温条件下停放时，应采取防冻、保温措施。应在发动机罩和散热器前加装保温套，注意保持正常工作温度。在使用防冻液时，必须掌握其正确的使用方法。在气温低于-15℃时，启动发动机有一定困难，故在使用前应当进行预热。

② 各总成和轮毂轴承换用冬季润滑油和制动液。由于气温降低到-20～-18℃时，柴油黏度明显提高，故在此季节运行时，柴油发动机应使用低凝点柴油。

③ 调整发动机调节器，增大发电机充电电流。注意保持蓄电池电解液的合适密度和蓄电池的温度。

④ 在冰雪路面行驶时，应采取有效的防滑措施，注意车辆运行安全。

（2）车辆在高温条件下的使用。车辆在高温条件下使用时，主要是注意防止发动机过热、轮胎易爆等问题。在操作过程中，应注意以下几方面。

① 对汽油发动机供油系采取隔热、降温等有效措施，防止气阻。注意调整发电机调节器，减小充电电流。检查调整蓄电池电解液密度，保持液面高度和通气孔畅通。要加强冷却系的维护，保持良好的冷却效果。在行车中，注意勿使发动机过热。

② 汽车的各总成和轮毂轴应换用夏季润滑油，制动系换用夏季制动液。

③ 行车途中经常检查轮胎温度和气压，不得采取放气或用冷水浇泼的方法降低温度和气压。

（3）车辆在山区或高原等地区的使用。车辆在山区或高原等地区使用时，由于海拔高、气压低、空气稀薄、发动机充气量少，发动机动力性和燃料经济性易下降，在使用中应注意以下几方面。

① 可酌情采取提高压缩比、改变配气相位、增压等措施，提高发动机的动力性。加强制动系的检查和维护工作，确保制动和操纵装置可靠、工作正常。在爬长坡、陡坡时，应当注意提前换挡；下坡前，应当注意制动系压力及制动机构的工作状况，禁止熄火、空挡滑行，防止制动鼓过热。

② 对点火和供油系做适当调整，以适应车辆在山区或高原等地区的使用。

③ 在风沙严重的地区运行的车辆，要注意车辆的密封；要注意加强发动机、空气滤清器、机油滤清器和燃油滤清器的维护工作。

> **想一想**
> 运输车辆在大修后的磨合期使用时要注意哪些问题？

学有所思：

_____

_____

## 三、车辆的维护管理

### 1. 车辆维护的目的

车辆在使用过程中，由于受各种因素影响，各机构和各零部件必然会随着行驶里程的增加而产生不同程度的自然松动、变形、磨损及机械损伤，如果不及时进行必要的技术维护，车辆的动力性能、燃油经济性能和安全可靠性能将会降低，甚至会发生意外的损坏，直至最终丧失工作能力。

车辆维护是在计划预防的基础上提出来的，强调维护的重要性和强制性。它以预防为主，根据各型号车辆机件磨损和自然松动的规律及各地的使用条件进行技术维护作业，从而保证以下内容。

（1）车辆经常处于良好的技术状态，随时可以出车参加运输作业。

（2）在合理使用的前提下，不因中途机件损坏而影响行车安全，不因车辆停歇而影响运输生产的正常进行，以保持运输生产的连续性。

（3）车辆及其各总成，在两次修理期内能够达到最高的行驶里程。

（4）降低车辆燃润料的消耗及零部件、轮胎的磨损。

（5）车辆的噪声和废气排放不超过标准要求，减轻对环境的污染。

### 2. 车辆维护的分类

车辆的维护作业包括清洁、检查、补给、润滑、紧固、调整等，除主要总成发生故障必须解体外，一般不得对其解体。按交通运输部2023年颁布的《道路运输车辆技术管理规定》，运输经营者应当建立车辆维护制度。车辆维护分为日常维护、一级维护和二级维护。

（1）日常维护。日常维护是日常性的维护作业，其作业中心内容是清洁、补给和安全机构的检视。其作业由驾驶员负责执行。

（2）一级维护。一级维护的作业中心内容除日常维护作业外，以润滑、紧固、清洗为主，并检查有关制动、操纵等安全部件。一级维护由道路运输经营者组织实施，并做好记录。

（3）二级维护。二级维护的作业中心内容除一级维护作业外，以检查、调整为主，并拆检轮胎，对轮胎进行翻边换位。车辆进行二级维护以前，应进行检测诊断和技术评定，根据诊断结果和评定结果，确定附加作业和小修项目，结合二级维护一起进行。二级维护由道路运输经营者组织实施，并做好记录。道路运输经营者不具备二级维护作业能力的，可以委托二类以上机动车维修经营者进行二级维护作业。机动车维修经营者完成二级维护作业后，应当向委托方出具二级维护出厂合格证。

**想一想**

车辆的日常维护保养主要有哪些工作？由谁来负责日常维护保养？

## 四、公路的介绍

公路是承受行车荷载的结构，它主要由路基、路面、桥涵、隧道、排水系统、防护工程及交通服务设施组成。

视频

公路等级的划分

道路条件直接影响汽车运输的效果，同时也影响汽车的技术性能。因此，道路条件是影响汽车运输最主要的条件。

道路条件对汽车运用性能与运用效率的影响主要表现为道路等级和道路养护质量。按照公路的交通量、任务和性质，公路分为高速公路、一级公路、二级公路、三级公路和四级公路5个级别。

（1）高速公路。高速公路是专供汽车分向、分车道行驶并全部控制出入的干线公路。它具有4个或4个以上车道，设有中央分隔带，全部立体交叉，并具有完善的交通安全设施、管理设施与服务设施。四车道高速公路年平均昼夜交通量为25000～55000辆，六车道高速公路年平均昼夜交通量为45000～80000辆，八车道高速公路年平均昼夜交通量为60000～100000辆。

（2）一级公路。一级公路是专供汽车分向、分车道行驶的公路，其设施与高速公路基本相同，只是部分控制出入，是连接高速公路或某些大城市接合部、开发经济带及人烟稀少地区的干线公路，年平均昼夜交通量为15000～25000辆。

（3）二级公路。二级公路一般年平均昼夜交通量为3000～7500辆，是连接中等以上城市的干线公路，或者是通往大工矿区、港口的公路。

（4）三级公路。三级公路一般年平均昼夜交通量为1000～4000辆，是沟通县或城镇之间的集散公路。

（5）四级公路。四级公路一般年平均昼夜交通量为双车道1500辆以下，单车道200辆以下，是沟通乡、村等地的支线公路。

以上5个级别的公路构成了我国的公路网。其中高速公路、一级公路为我国公路网的骨干线，二、三级公路为公路网的基本线，四级公路为公路网的支线。

此外，我国又将公路按照行政等级及使用性质划分为国道、省道、县道、乡道和专用公路5个等级，实行分级管理。

## 五、汽车货运站

交通运输是国民经济的基础，汽车站是道路交通运输的基础设施之一，在国家经济建设中具有重要地位。根据运输对象不同，汽车站分为汽车客运站和汽车货运站两种基本类型，在此主要介绍汽车货运站。汽车货运站是公路运输的节点，是联结运力和货源的纽带。其主要功能是运输组织、中转和装卸储运、中介代理、通信信息和辅助服务，其目标是促进公路运输向组织化、综合化、现代化方向发展。

**1. 汽车货运站的主要业务功能**

汽车货运站的主要业务功能为中介代理功能、运输组织功能、通信信息功能、中转和装卸储运功能、辅助服务功能等。

（1）中介代理功能。汽车货运站除从事公路运输外，还应与其他运输方式结合开展联合运输，充分发挥各种运输方式的特点和优势，逐步完善综合运输体系。汽车货运站应通过交通信息中心和自身的信息系统，与铁路运输、水路运输、航空运输等行业和部门建立密切的货物联运关系，协调地开展联运业务。运输代理是指汽车货运站为其服务区域内的各个有关单位或个体代办各种货物运输业务，为货主和车主提供双向服务，选择最佳运输线路，合理组织多式联运，实行"一次承运，全程负责"，从而方便货主和车主，提高社会效益和经济效益。

视频

汽车货运站

（2）运输组织功能。汽车货运站只有具备健全的组织管理功能，才能在市场竞争中立于不败之地，才能充分发挥汽车货运站的其他功能，才能提高运输效率，真正为社会和民众服务。因此，汽车货运站应具有对运输的组织管理和站（场）内各机构、车辆、货流的组织管理功能。汽车货运站在运输市场的组织中应能对经营区域内的货源进行调查和预测，具体了解和测算计划期内货物种类、运量和运距，联系、洽谈、承揽货运业务，协助货主选择比较合适的运输方式和运输线路，签订有关运输合同和运输协议，为编制运行作业计划提供可靠的保证；在货运站（场）管理中应及时掌握货运站（场）的货物管理、堆存、运输等情况，并结合长期的统计数据，从企业的综合宏观利益出发提出合理利用和使用站（场）的决策，制定货运站（场）管理方法、规章制度和操作工艺等；在车辆管理中掌握运输车辆的数量、吨位、技术状况，同时对运行车辆进行跟踪，制定车辆技术状况和车辆维修等标准和办法；在货源组织管理中应对货源的组织制定规章制度和计划，掌握货运站（场）货物的流向、流量和流时，并适时地对一线工作人员进行各种技术上的指导。

（3）通信信息功能。信息在现代社会中起着重要作用，信息对公路运输而言更是不可缺少的。由于公路运输生产在广阔的空间进行，车辆情况、客货流量、流向、司乘人员的状况等各方面的变化都会影响运输效果，所以公路运输行业对信息的依赖比其他任何行业都更为突出。汽车货运站应根据站（场）的具体情况采用不同形式的通信手段（如电话、GPS定位系统、计算机网络等），建立一个快速反应的信息系统，其信息系统应具备下列几种功能。

① 信息系统应能根据掌握的车流、货源信息，站场装卸、仓库堆存情况，货物运输距离、货物种类、批量大小，优化运输方案，合理安排货物的中转、堆存，及时调整和安排车辆的装卸等。

② 信息系统应能对近期货物的流量、流向、流时进行统计、计算处理，对近期货物的品种、包装、运输特性的变化进行存储处理，为汽车货运站的货物运输、组织管理提供依据。

③ 信息系统应向货主、车主等提供车、货配载信息，为车主和货主牵线搭桥，促进运输市场的发展，提高实载率和里程利用率。

④ 信息系统应能提供开放性服务，向相关方提供货物的流量、流向、流时及货运站场的装卸、堆存情况的信息。

（4）中转和装卸储运功能。随着产品和产业结构的变化、工业布局的调整，特定的经济区域形成了一定规模的工业网络。在工业网络中，点线上的工业企业的成品、半成品等的物流活动，大部分需通过汽车货运站的中转来完成；零担货物需在汽车货运站中转，轻型车辆上门取货，并集中到汽车货运站，分线发送，到达的零担货物需要在汽车货运站按不同去向分装，而后由中、轻型车辆送货上门；货物集散为整箱和整箱货物的拆箱分解都需在汽车货运站进行；部分港口货物和铁路运输货物需在汽车货运站中转。

中转功能是货运站的主要功能，而与之紧密相连的是装卸、储运功能，如果汽车货运站没有装卸、储运功能，中转功能就无法实现。零担货物的运出和运进需要装车和卸车，集装箱需要装车和卸车，各种普通货物也都离不开装卸。通过各种运输方式运到汽车货运站的货物需中转或送达客户，但汽车货运站不可能将全部货物及时中转或送达客户，没有及时送出的货物需要在站内暂时存放。同时，货主的各种零担货物集中到汽车货运站后，部分货物不能及时发出，也需要储存。汽车

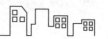

货运站的仓库，不仅可以作为中转货物的储存地，还可以出租给各企业存放成品和半成品。许多企业为了达到"零库存"，企业自己不设成品、半成品及原料仓库，而由汽车货运站代为储存。汽车货运站根据企业的销售信息，直接代为销售、运输，并代为结算，方便货主和买主，减少了物流的环节。

（5）辅助服务功能。汽车货运站除开展正常的货运生产外，还提供与运输生产有关的服务，如为货主代办报关、报检、保险等业务，提供商情信息服务，开展商品的包装、加工处理等服务，代货主办理货物的销售、运输、结算等服务，为货运车辆提供停放、清洗、加油、检测和维修服务，为货主和相关人员提供食、宿、娱乐服务等。

**2. 汽车货运站的分类**

目前我国的汽车货运站按业务内容不同，可分为整车运输货运站、零担运输货运站、集装箱中转站、综合型货运站；按服务对象不同，可分为自用型货运站和公用型货运站；按业务范围不同，可分为全能型货运站、货运服务站、货物配载服务站、货运信息中心等；按业务量大小，可分为货运枢纽站、大型货运站、中型货运站、小型货运站和业务代办站。各种汽车货运站的业务功能不尽相同，如有的有仓储、配送、包装、半成品加工等服务功能，而有的没有这些功能。这种情况给汽车货运站的站级划分带来了一定的困难，很难找到能全面反映和衡量综合型汽车货运站的指标。

学有所思：
_____
_____

# 任务二 铁路运输设施设备的使用

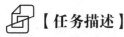

## 【课前讨论】

随着"一带一路"倡议的实施，铁路运输将成为国内货物运往丝绸之路经济带合作伙伴的主要运输方式。请上网查找相关资料，阐述"一带一路"倡议对我国经济发展的重要意义。

知识拓展

新亚欧大陆桥

实施建议：

1. 可根据班级具体情况，分小组或个人在智慧树平台进行讨论、分析；
2. 课堂展示讨论结果，小组互评或教师点评；
3. 教师依据课前讨论情况反映的预习效果，调整授课重点。

## 【任务描述】

铁路运输是一种大运量、现代化的陆上运输方式，它利用机车、车辆等技术设备沿着铺设的轨道运行，达到运输旅客和货物的目的。通过完成铁路运输设施设备的使用学习任务，学习者要能认识铁路系统的基本构成，了解铁路机车、车辆的分类、用途，熟悉常用的铁路运输设施设备；能够根据货物的不同，选用合适的铁路运输设施设备，并正确进行装卸车作业。

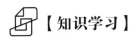

## 【知识学习】

### 一、铁路机车与车辆

#### 1. 机车

机车是铁路运输中的动力输出装备。由于铁路车辆大都不具备驱动装置，因此列车的运行和车辆在车站内有目的的移动均需依靠机车牵引或推送。

从原动力来看，机车分为蒸汽机车、内燃机车及电力机车。

蒸汽机车如图7-8所示，它是最原始的驱动装置之一，速度可达60km/h。蒸汽机车通过蒸汽机，把燃料的热能转换成机械功，目前我国的蒸汽牵引形式已逐渐被其他新型牵引形式取代。

视频

铁路机车与车辆

图7-8 蒸汽机车

内燃机车如图7-9所示，它是一种以内燃机来输出动力的机车，速度可达100～120km/h。一般来说，内燃机车由动力装置（即柴油机）、传动装置、走行部、车体、车架、制动装置、辅助设备和车钩缓冲装置等主要部分组成。柴油机内燃机车的热交换率可达30%左右，其起动加速快、运行线路长、通过能力大、单位功率质量轻、劳动条件较好，可实现多机联挂牵引。

图7-9 内燃机车

电力机车如图7-10所示，其靠顶部升起的受电弓从接触电网上取得电能，并转换成机械能来牵引列车运行，速度可达250～300km/h。电力机车由电气设备、车体、车架、走行部、车钩缓冲装置和制动装置等主要部分组成。电力机车输出的功率大，获得能量不受限制，因而能高速行驶，可牵引较重列车，爬坡性能强，起动加速快，容易实现多机牵引，较内燃机车更适合坡度大、隧道多的山区铁路和繁忙干线。

图7-10　电力机车

## 2. 车辆

（1）车辆的分类。铁路车辆是运送旅客和货物的载体，一般不具备动力装置，需要依靠机车牵引运行。

按照用途来分，车辆可分为客车和货车两大类。

按照旅客旅行条件的不同，常见的客车有硬座车、软座车、硬卧车、软卧车等。

按照货物运输要求的不同，货车可以分为棚车、敞车、平车、砂石车、保温车及罐车等。

按照车轴数的不同，车辆可分为四轴车、六轴车和多轴车。

按照制作材料的不同，货车又可以分为钢骨车和全钢车。

按照载重量的大小，货车还可以分为50t、60t、75t和90t等，其中60t最多。

（2）货车的选用。

① 棚车（P）。这种货车具有车顶、侧墙、端墙，并设有窗和滑门，主要用于承运粮食、食品、日用工业品等怕湿、怕晒的货物和贵重货物，必要时也可以承运售货员和马匹。图7-11为常见的铁路棚车。

图7-11　铁路棚车

② 敞车（C）。这种货车没有车顶，但有平整地板和固定侧墙，主要用于承运煤矿、矿石、沙、木材、钢材等不怕日晒、雨淋的散装货物和一般机械设备货物。图7-12为常见的铁路敞车。

图7-12 铁路敞车

③ 平车（N）。这种货车没有侧墙、端墙和车顶，有的具有可以放倒的侧板和端板，主要用于承运大型建筑材料、压延钢材、汽车、拖拉机、军用装置和集装箱等，低边平车还可以承运矿石、煤炭等货物。图7-13为常见的铁路平车。

图7-13 铁路平车

④ 保温车（B）。这种货车又称为冷藏车，外形结构类似于棚车，车体设有隔热层，加装有冷冻设备以控制温度，主要用于承运新鲜易腐货物。保温车具有车体隔热、气密性好的特点。图7-14为常见的铁路保温车。

图7-14 铁路保温车

⑤ 罐车（G）。这种货车可以分为有底架和无底架两种结构，专门用于承运液体、液化气体或粉末状货物。按运载货物的类型，罐车可以分为轻油罐车、黏油罐车、沥青罐车、液化气体罐车、酸碱罐车、水泥罐车等。图7-15为常见的铁路罐车。

图7-15　铁路罐车

### 3. 铁路车辆的结构

铁路车辆的种类虽然很多，但其基本结构都是一样的，主要由车体、车底架、走行部、车钩缓冲装置和制动装置等5个基本部分组成。

（1）车体。车体是装载货物的部分。不同的铁路车辆，其车体也不一样。棚车的车体由端墙、侧墙、地板、车顶和门窗等组成，在装载货物时要关闭门窗，防止风吹雨淋和阳光照射。敞车的车体由端墙、侧墙和地板组成，车墙高度通常在0.8m以上。平车的车体只有地板，有的平车装有很低的侧墙和端墙；有的平车为便于装运特别长和特别大的货物，被做成下弯的凹型车或有一部分不安装地板的落下孔车。保温车的车体也是由端墙、侧墙、地板、车顶和门窗等组成，其墙板由双层壁板构成，壁板间填充绝热材料以减少气温对货物的影响，车内还装有制冷设备等。罐车的车体为圆筒形，在车体上装有空气包和安全阀，以保证液体货物运送的安全，在罐体上设有装卸口。

（2）车底架。车底架是车体的基础，主要由中梁、侧梁、枕梁及端梁等组成。它承受车体和货物的质量。车底架在车辆运行时要承受机车牵引力和各种冲击力，因此必须具有足够的强度和刚度。

（3）走行部。走行部是车辆的基础。其作用是引导车辆沿着轨道运行，并把质量传给钢轨。在四轴车上四组轮对分成两部分，每两组轮对和侧架、摇枕、弹簧减振装置及轴箱油润装置等组成一个整体，称为转向架。转向架通过中心销将摇枕上的下心盘和底架枕梁上的上心盘相连接，可以相对于车底架自由转动，便于车辆顺利地通过曲线轨道。

（4）车钩缓冲装置。车钩缓冲装置由车钩和缓冲器组成，其作用是连接机车车辆、传递机车牵引力和制动力、缓和车辆之间的冲击力。

（5）制动装置。制动装置一般包括空气制动机和手制动机两部分，它是用外力迫使运行中的机车车辆减速或停车的一种设备，是机车安全、正点运行的重要保证，也是增加机车载重量和提高运行速度的前提条件。

## 二、铁路线路与轨道

铁路线路承受机车、车辆和车列的质量，并且引导它们的行走方向，所以它是铁路运输的基础。铁路线路是由轨道（包括钢轨、连接零件、轨枕、道床、爬坡设备和道岔等）、路基和桥隧建筑物（包括桥梁、隧道、涵洞等）组成的一个整体工程结构。

### 1. 铁路主要技术标准

铁路主要技术标准包括铁路等级、限制坡度、正线数目、最小曲线半径、机车类型、牵引种

**想一想**

钢材、煤炭、电冰箱、书籍等货物分别选用何种铁路货车比较合适？

**知识拓展**

铁路车辆介绍

**视频**

铁路线路与轨道

类、车站分布、到发线有效长度和闭塞类别等。这些标准是确定铁路运输能力的决定性因素，不仅对设计线的工程造价和运营质量有重大影响，而且是确定设计一系列工程标准和设备类型的依据。

**2. 路基**

路基是铁路线路中承受轨道和列车载荷的基础结构物。按地形条件、线路平面和纵断面设计要求，路基横断面可以修成路堤、路堑和半路堑3种基本形式。路堤是路肩设计标高高于天然地面，经填筑而成的路基。路堑是路肩设计标高低于天然地面，经开挖而成的路基。半路堑是一边路肩设计标高低于天然路面，另一边路肩设计标高高于天然地面，经过开挖而成的路基，如图7-16所示。

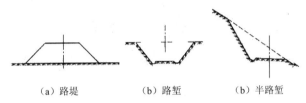

（a）路堤　　　　　　（b）路堑　　　　　（b）半路堑

图7-16　路基的基本形式

路基顶面的宽度根据铁路等级、轨道类型、路肩宽度、道床标准和线路间距等因素确定。

路基面的形状有无路拱和路拱两种。非渗水的路基面通常做成不同形式的路拱，以便排水。为保证路基的整体稳定，路堤和路堑的边坡都应根据有关规定筑成一定的坡度。

知识拓展

中国高速铁路网

为了消除或减轻地面和地下水对路基的危害，使路基处于干燥状态，必须采用地下水排水措施，将降落或渗入路基范围的地面或地下水拦截、汇集、引导和排离出路基范围。这些排水措施有侧沟、截水沟、渗（暗）沟等。

**3. 桥隧建筑物**

铁路通过江河、溪沟、谷地和山岭等天然障碍物或跨越公路、其他铁路线时，需要修筑桥隧建筑物。桥隧建筑物包括桥梁、隧道、涵洞等。

（1）桥梁。桥梁主要由桥面、墩台和桥跨组成。

桥面是桥梁上的轨道部分。墩台包括桥台和桥墩，位于两端和路基邻接的叫桥台，中间桥墩之上的部分叫桥跨，两个墩台之间的空间叫桥孔，每个桥孔在设计水位处的距离叫孔径，每一桥跨两端支座间的距离叫跨度。整个桥梁包括墩台在内的总长度，称为桥梁的全长。

铁路桥梁按照桥跨所用的材料分为钢筋混凝土桥、石桥等，按桥梁的外形分为梁桥、拱桥和斜拉桥，按照桥梁的长度分为小桥、中桥、大桥和特大桥。

（2）隧道。隧道是铁路线路穿越山岭的主要方式之一，它还有让铁路线路穿越江河湖海与地面障碍的功能，如越江隧道、地下铁道隧道等。

（3）涵洞。涵洞设在路堤下部的填土中，是用以通过少量水流的一种建筑物。

**4. 轨道**

（1）轨道的组成。轨道由钢轨、轨枕、连接零件、道床、防爬设备及道岔等组成，如图7-17所示。

① 钢轨。轨道一般采用稳定性良好的"工"形断面宽底式钢轨，其由轨头、轨腰、轨底3个部分组成。

② 轨枕。轨枕是钢轨的座，承受钢轨传来的压力并将其转给道床，还起到保持钢轨位置和轨距的作用。轨枕按照制作材料分为钢筋混凝土轨枕和木轨枕两种。

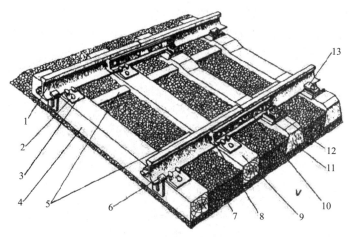

1. 钢轨　2. 普通道钉　3. 垫板　4，9. 木枕　5. 防爬撑　6. 防爬器　7. 道床　8. 鱼尾板
10. 螺栓　11. 钢筋混凝土轨枕　12. 扣板式中间连接零件　13. 弹片式中间连接零件
图7-17　轨道的组成

③ 连接零件。连接零件包括接头连接零件和中间连接零件两种。接头连接零件连接钢轨，由鱼尾板（又称夹板）、螺柱、螺帽和弹性垫圈等组成；中间连接零件（亦称钢轨扣件）连接钢轨与轨枕。

知识拓展

铁路轨道

④ 道床。道床承受轨枕上部的荷载并将其均匀地传给路基，缓和车轮给钢轨带来的冲击，排除轨道中的雨水并保持轨道的稳定性。道床一般采用碎石道碴制成，有坚硬、稳定和不易风化等优点。

⑤ 防爬设备。列车在运行时产生的纵向力会使钢轨产生纵向移动，称为爬行。为了防止爬行，一方面设置防爬器和防爬撑，另一方面加强钢轨和轨枕间的扣压力与道床阻力。

⑥ 道岔。道岔是铁路线路和线路间连接和交叉设备的总称，其作用为使机车由一条线路转向另一条线路，或者使其越过与其相交的另一条线路。

（2）无缝线路和整体道床。

① 无缝线路。无缝线路是指把若干根标准长度的钢轨焊接成为每段800～1000m的长钢轨，再在铺轨现场焊接成更长的钢轨。无缝线路具有接头很少、行车平稳、轮轨磨耗少及线路养护维修工作量小等优点，是轨道现代化的主要技术表现之一。

② 整体道床。整体道床是一种新型轨下基础，由钢筋混凝土轨枕和混凝土基础组成，施工时由钢筋混凝土轨枕与混凝土基础一次浇捣而成。因此，整体道床线路强度高，使用年限较长。它还具有稳定性、平顺性、防水性好，维修工作量小的优点。

（3）钢轨的强度和稳定性。钢轨的强度和稳定性取决于钢轨类型、轨枕类型和密度、道床类型和厚度等因素。根据运行量和最高行车速度等运营条件，钢轨分为特重、重、次重、中和轻型5个等级，且不同等级的钢轨规定分别有不同的要求。

钢轨必须具有足够的刚度来支撑和引导机车车辆及抵抗动轮作用下的弹性挠曲变形，同时还要具有一定的韧度，以减轻动轮的冲击作用，不致产生折断。此外，钢轨还应具有足够的硬度，以抵抗车轮的压陷和磨损。

机车车辆在曲线上运行时，离心力的作用使曲线外轨承受了较大的压力，因而会造成两股钢轨磨耗不均匀的现象，严重时还可能造成翻车事故。因此要将外轨在铺设时抬高，使机车车辆内倾，以平衡离心力的作用。

**5. 限界**

为了确保机车车辆在铁路线路上安全行驶，防止机车车辆撞击临近线路的建筑物和设备，而对机车车辆和接近线路的建筑物、设备所规定的不允许超越的轮廓尺寸线称为限界。铁路基本限界可分为机车车辆限界和建筑接近限界两种，货物装车后货物任何部分的高度和宽度超过机车车辆限界时，称为超限货物。超限货物按超限程度又可分为一级超限、二级超限和超级超限3个级别。

学有所思：
_____
_____

## 三、信号设备的介绍

信号设备的主要作用是保证列车运行安全和提升铁路的通过能力。它包括信号、闭塞设备和联锁设备。

### 1. 信号

信号是对列车运行和调车工作的命令，以保证作业安全和提高作业效率。我国规定用红色、黄色和绿色作为信号的基本颜色，红色表示停车，黄色表示减速慢行，绿色表示按规定的速度运行。铁路信号形式可分为视觉信号和听觉信号两大类，按设备形式可以分为固定信号、移动信号和手信号三类。

视频

铁路信号设备与站场

### 2. 闭塞设备

闭塞设备是用来保证列车在区间内运行安全的区间信号设备。

### 3. 联锁设备

为了保证机车车辆和列车在进路上的安全，有效利用站内线路，高效率地指挥行车和调车，改善行车人员的劳动条件，利用机械、电气自动控制和远程控制、计算机等技术和设备，使车站范围内的信号机、进路和进路上的道岔相互具有制约关系，这种关系称为联锁。为形成联锁关系而安装的技术设备称为联锁设备。

联锁设备的主要作用是保证站内列车运行和调车作业的安全，以及提升车站的通过能力。

在车站上，为列车进站、出站所准备的通路，称为列车进路；为各种调车作业准备的通路，称为调车进路。一般每一个列车、调车进路的始端都应设立一架信号机进行防护，以保证作业时的安全。

## 四、铁路站场的介绍

车站是集中了和运输有关的各项技术设备并参与整个过程各个工作环节的基本生产单位。车站按技术作业性质可分为中间站、区段站、编组站，按业务性质可分为客运、货运站、客货运站，按等级可分为特等站、一等站、二等站、三等站、四等站、五等站。

在车站内，除与区间直接连通的正线外，还有供接发列车用的发线、供解体和编组列车用的调车线和牵出线、供货物装卸作业的货物线、为保证安全而设置的安全线路和避难线，以及供其他作业使用的线路，如机车行走线、存车线、检修线等。

### 1. 中间站

中间站是为提高铁路区段通过能力，保证行车安全和为沿线城乡及工农业生产服务而设的车站。其主要任务是办理列车会让、越行和客货运输业务。

（1）中间站的主要作业。

①列车的到发、通过、会让和越行；

② 旅客的乘、降和行李的承运、保管与交付；

③ 货物的承运、装卸、保管与交付；

④ 本站作业车摘挂作业和向货场、专用线取送车辆的调车作业；

⑤ 客货运量较大的中间站，还有始发、终到客货列车的作业。

（2）中间站的设备。

① 客运设备，包括旅客站舍（售票房、候车室、行李房）、旅客站台、雨棚和跨越设备（天桥、地道、平过道）等；

② 货运设备，包括货物仓库、货物站台和货运室、装卸机具等；

③ 站内线路，包括到发线、牵出线和货物线等，分别用于接发列车、调车和货物的装卸；

④ 信号及通信设备。

**2. 区段站**

区段站一般设在中等城市和铁路网上牵引区段的分界线。其主要任务是办理货物列车的中转作业，进行机车乘务组的换班或机车的更换及解体，摘挂列车和编组区段列车。

（1）区段站的作业。区段站主要办理以下5类作业。

① 客运业务，与中间站基本相同，但数量相对中间站较大；

② 货运业务，与中间站基本相同，但作业量相对中间站较大；

③ 运转业务，主要办理旅客列车接发、货物列车的中转作业，区段、摘挂列车的编组、解体、向货场及专用线取送作业等，某些区段站还承担少量始发直达列车的编组任务；

④ 机车业务，主要是机车的更换或机车乘务组的换班，对机车进行检修和整备；

⑤ 车辆业务，办理列车的技术检查和车辆检修业务。

（2）为了完成上述各项作业，区段站主要有以下设备：

① 客运设备，与中间站基本相同，但规模较大；

② 货运设备，与中间站基本相同，但数量较多；

③ 运转设备，包括调车场、牵出线、到发线或中小能力驼峰、机车走行线及机待线；

④ 机务设备，机务折返段或机务段；

⑤ 车辆设备，列车站修所和检修所。

**3. 编组站**

编组站是铁路网上专门办理货物列车解体、编组作业，并为此设有比较完善的车辆设备的车站。其主要任务是根据列车编组计划的要求，办理各种货物列车解体和编组作业，并组织和取送本地区车流（小运转列车）；供应列车动力；整备、检修机车；进行货车的日常技术保养等事项。编组站是铁路运输的重要生产基地，大量装载货物的重车和卸货后回送的空车，于此汇集后被编成各种列车开往各自的目的地。因此，编组站被称为编组货物列车的工厂。

编组站的作业主要有机车作业、运转作业和车辆作业。

编组站的主要设备有行车设备（到达场、出发场或到发场）、调车设备（调车驼峰、牵出线编组场）、车辆设备（车辆段）及机务设备（机务段）。

## 五、铁路运输的装卸车作业

**1. 装车作业**

（1）装车的基本要求。铁路货物装车应满足以下要求。

① 货物质量应均匀分布在车板上，不得超重、偏重和集重。

② 装载应认真做到轻拿轻放、大不压小、重不压轻、堆码稳妥且紧密、捆绑牢固，保证在运输中货物不发生移动、滚动、倒塌或坠落等情况。

③ 使用敞车装载怕湿货物时，应将其堆码成屋脊形，苫盖好篷布，并将绳索捆

视频

铁路运输的装卸车作业

绑牢固。

④ 使用棚车装载货物时，装在车门口的货物应与车门保持适当距离，以防挤住车门或湿损货物。

⑤ 使用罐车、敞车、平车装运货物时，应各按其规定办理。所装货物需进行加固时，按《铁路货物装载加固规则》的规定办理。

（2）装车前货车的检查。为保证装车工作质量，使装车工作顺利进行，装车前应做好货车检查工作，即检查货车的技术状态和卫生状态。其主要检查内容有以下3点。

① 是否符合使用条件。

② 货运状态是否良好。主要检查车体（包括透光检查）、车门、车窗、盖、阀是否完整、良好；车内是否干净，是否被毒物污染。装载食品、药品、活性动物和有押运人乘坐时，还应检查车内有无恶臭、异味。

③ 货车定检是否过期，有无扣修通知、色票、货车洗刷回送标签或通行限制。检查若发现不符合使用情况，应采取适当措施，必要时予以更换。

（3）监装（卸）工作。装卸作业前货运员应向装卸工组详细说明货物的品名、性质，布置装卸作业安全注意事项和需要准备的消防器材及安全防护用品，装卸剧毒品应通知公安部门到场监护。进行装卸作业时要轻拿轻放，堆码整齐牢固，防止倒塌。

要严格按规定的安全作业事项操作，严禁将货物倒放、卧装（钢瓶及特殊容器除外）。包装破损的货物不准装车。装完后应关闭车门、车窗、盖、阀，整理好货车装备物品和加固材料。

装车后需要施封、苫盖篷布的货车由装车单位进行施封与苫盖篷布。

（4）装车后检查。为保证准确运送货物和行车安全，装车后还需要检查下列内容。

① 检查车辆装载。主要检查有无超重、偏重、超限现象，装载是否稳妥，捆绑是否牢固，施封是否符合要求。对装载货物的敞车，要检查车门插销、底开门搭扣和篷布苫盖、捆绑情况。

② 检查运单。检查运单有无误填和漏填，车种、车号和运单记载是否相符。

③ 检查货位。检查货位有无误装或漏装的情况。

**2. 卸车作业**

（1）卸车前检查。为使卸车作业顺利进行，防止误卸，以及确认货物在运输过程中的完整状态，便于划分责任，在卸车前要认真做好以下3方面的检查。

① 检查货位。主要检查货位能否容纳下待卸的货物，货位的清洁状态，相邻货位上的货物与卸下货物的性质有无抵触。

② 检查运输票据。主要检查运输票据记载的到站与货物实际到站是否相符，了解待卸货物的情况。

③ 检查现车。主要检查车辆状态是否良好，货物装载状态有无异状，施封是否有效，车内货物与运输票据是否相符，可能影响货物安全和车辆异状的因素等。

知识拓展

智能运输技术

（2）卸车后检查。卸车后检查主要检查以下3个方面。

① 检查运输票据。主要检查票据上记载的货位与实际堆放货位是否相符。

② 检查货物。主要检查货物件数与运单记载是否相符，堆码是否符合要求，卸后货物安全距离是否符合规定。

③ 检查卸后空车。主要检查车内货物是否卸净和是否清扫干净，车门、窗、端板、侧板是否关闭严密，标示牌是否撤除。

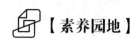

## 【素养园地】

### 中国高速，世界第一

四通八达的公路网是物流公路运输的基础，也决定了物流效率的高低。至2022年年底，中国公路总里程达到535万km，十年增长112万km，其中高速公路通车里程17.7万km，稳居世界第一。京沪、京港澳、沈海、沪昆等国家高速公路主线分段实施扩容升级，国家高速公路六车道以上路段增加1.84万km。普通国道二级及以上占比、铺装路面占比达到80%和99%，较十年前分别提高约10%和13%，路网结构进一步优化。

以京雄高速、津石高速等为主骨架的雄安新区的"四纵四横"对外骨干路网基本形成。由粤港澳三地首次合作共建的港珠澳大桥投入运营，南京五桥、芜湖二桥、武汉青山大桥等十余座跨越长江的通道相继建成，中俄合作建设的黑河大桥顺利建成通车，全长超2500km的京新高速公路全线贯通，我国不断打造公路重大工程新标杆。

## 【测验与答疑】

线上测验

线上问答

## 【自我测评】

在表7-2的□中打"√"（A表示未理解，B表示基本理解，C表示完全理解）。

表7-2　自我测评表

| 项目 | 任务体系 | 评价指标 | 自我测评 |
|---|---|---|---|
| 项目七 | 任务一 | 1. 汽车的介绍 | □A □B □C |
| | | 2. 车辆的使用管理 | □A □B □C |
| | | 3. 车辆的维护管理 | □A □B □C |
| | | 4. 公路的介绍 | □A □B □C |
| | | 5. 汽车货运站 | □A □B □C |
| | 任务二 | 1. 铁路机车与车辆 | □A □B □C |
| | | 2. 铁路线路与轨道 | □A □B □C |
| | | 3. 信号设备的介绍 | □A □B □C |
| | | 4. 铁路站场的介绍 | □A □B □C |
| | | 5. 铁路运输的装卸车作业 | □A □B □C |

# 项目八

# 航空、水路运输设备

航空运输具有快速、机动性强、安全等特点，对于运费承担能力强的货物或者抢险救灾货物的运输比较适宜。若是运输时间要求不高或者运费承担能力不强的货物，则比较适合采用水路运输方式。本项目即介绍航空运输作业与水路运输作业中所使用的设施与设备。

 【学习目标】

### ● 知识目标

1. 了解航空港内设施的组成，航空器的分类、用途、特点等；
2. 了解货物船舶的类型及特点、船舶的主要组成部分、船舶的装载能力；
3. 掌握货物装船前的设备准备知识及航行中的船、货管理知识。

### ● 能力目标

1. 能够根据货物特点、运送距离等选择最合适的运输方式和运输工具；
2. 能够做好货物装船前的设备准备工作及航行中的船、货管理工作。

### ● 德育目标

1. 培养创新精神；
2. 培养不畏艰苦的工作作风；
3. 培养优化意识；
4. 培养团队合作意识。

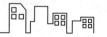

# 任务一　航空运输设施设备的使用

【课前讨论】

　　航空运输具有运送速度快、破损率低、安全性好的特点，适合附加值高、鲜活易腐、时效性要求高的货物运输。2021年5月，某市采购了一批急用的疫苗，现需要选择一种运输方式完成任务，你会怎样选择？请说明理由。

　　实施建议：

　　1. 可根据班级具体情况，分小组或个人在智慧树平台进行讨论、分析；

　　2. 课堂展示讨论结果，小组互评或教师点评；

　　3. 教师依据课前讨论情况反映的预习效果，调整授课重点。

【任务描述】

　　航空运输是长距离旅行或运输，特别是国际、洲际旅行或运输的主要方式，它是国家经济领域的重要行业。通过完成航空运输设施设备的使用学习任务，学习者要能够认识航空港内设施的组成，航空器的分类、用途、特点等；能够根据货物的不同，选用合适的航空运输设施设备。

【知识学习】

## 一、航空港

　　航空港为航空运输的经停点，又称航空站或机场，是供航空器起飞、降落、停放及组织、保障航空器活动的场所。近年来随着航空港功能的多样化，港内除配有装卸客货的设施外，一般还配有商务中心、娱乐中心、货物集散中心，以满足往来旅客的需求，同时吸引周边地区的生产、消费。

视频

航空港

　　航空港按照所处的位置分为干线航空港和支线航空港，按业务范围分为国际航空港和国内航空港。其中国际航空港需经政府核准，可以供国际航线的航空器起降、营运，航空港内配有海关、移民、检疫和卫生机构。而国内航空港仅供国内航线的航空器使用，除特殊情况外不对外国航空器开放。

　　通常来讲，航空港内配有以下设施。

　　**1. 跑道**

　　跑道体系由结构道面、道肩、防吹坪和跑道安全地带组成。结构道面在结构荷载、运转、控制、稳定性等方面支承航空器；道肩抵御喷气气流的吹蚀，并承载维护和应急设备；防吹坪防止紧邻跑道端的表面地区受各种喷气气流吹蚀；跑道安全地带支承应急和维护设备，以及可能出现的转向滑出的飞机。

　　跑道形式可分为：单条跑道、平行跑道、交叉跑道和开口V形跑道。

　　**2. 滑行道**

　　滑行道是航空器在跑道与停机坪之间出入的通道，提供从跑道到航站区和维修库的通道。

　　**3. 停机坪**

　　停机坪是供航空器停留的场所，也可称为"试车坪"或"预热机坪"，设置于邻近跑道端部的位置。

**4. 机场交通**

机场交通包括出入机场交通和机场内交通两部分。机场内交通设施包括供旅客、接送者、访问者、机场工作人员使用的公用通道，供特准车辆出入的公用服务设施和非公用服务道路，供航空货运车辆出入的货运交通通道。出入机场交通的客运交通方式有私人小汽车、出租汽车、机场班车、公共汽车、轨道交通等，货运交通方式主要是道路汽车交通。

**5. 指挥塔或管制塔**

指挥塔或管制塔为航空器进出航空港的指挥中心，其位置应有利于指挥与航空管制，以维护航空器安全。

**6. 助航系统**

助航系统是为辅助安全飞行的设施，包括通信、气象、雷达、电子及目视助航设备。

**7. 输油系统**

输油系统是为航空器补充油料的系统。

**8. 维护修理基地**

维护修理基地是为航空器在归航以后或起飞以前做例行检查、维护、保养和修理的地方。

**9. 货运设施**

机型大型化致使客货混合作业时间延长，因此，规划机坪门位系统时应考虑货物处理问题。货运量大的机场应将处理货物运输的系统与旅客运输系统分开。

航空货物包括空运货物和航空邮件。空运货物在飞机与航站楼之间由航空公司或货运商运送，需要提供运货卡车专门道路；航空邮件通常是用车辆直接运送至机场邮件中心。

高效率的装卸设备常见的是装卸一体运输联合机，升降式装卸机适用于不同机舱高度的航空器。

**10. 其他各种公共设施**

其他各种公共设施包括水、电、通信、消防系统等。

## 二、航空器

航空器主要指飞机，是航空运输系统的运载工具。

视频

航空器

**1. 飞机的分类**

飞机依其分类标准的不同，可有以下划分方法。

（1）按飞机的用途分类。飞机按用途可分为民用飞机和军用飞机两类。

军用飞机是指军队、警察和海关等使用的飞机。

民用飞机主要指民用的客机、货机、客货两用机、农业机、林业机、教练机（民用）、体育运动机及多用途轻型飞机等。客机主要运送旅客和邮件，一般行李装在飞机的深舱。到目前为止，航空运输仍以客运为主，客运航班密度高、收益大，所以大多数航空公司都采用客机运送货物。这种方式的不足是，由于舱位少，每次运送的货物数量十分有限。货机运量大，可以弥补客机货运量的不足，但经营成本高，只限在某些货源充足的航线使用。客货两用机可以同时在主甲板运送旅客和货物，并根据需要调整运输安排，是最具灵活性的一种飞机。

（2）按飞机发动机的类型分类。飞机按发动机的类型可分为螺旋桨飞机和喷气式飞机。

螺旋桨式飞机利用螺旋桨的转动将空气向机后推动，借其反作用推动飞机前进，所以螺旋桨转速越高，飞机飞行速度越快。但当螺旋桨转速高到一定程度时，会出现"空气阻碍"的现象，即螺旋桨四周已呈真空状态，再加快螺旋桨的转速，飞机的速度也无法提升。

喷气式飞机最早由德国人在20世纪40年代制成，是将空气多次压缩后喷入飞机燃烧室内，使空气与燃料混合燃烧后产生大量气体以推动涡轮，然后于机后以高速度将空气排出机外，借其反作用力使飞机前进。它结构简单，制造、维修方便，速度快，能节约燃烧费用，装载量大（一般可载

400～500人或100t货物），使用率高（每天可飞行16h），所以目前已经成为世界各国机群的主要机种。

（3）按飞机的发动机数量分类。飞机按发动机数量可分为单发（动机）飞机、双发（动机）飞机、三发（动机）飞机、四发（动机）飞机。

（4）按飞机的航程分类。飞机按航程可分为近程飞机、中程飞机、远程飞机。

近程飞机的航程一般小于1000km，近程飞机一般用于支线，因此又称支线飞机。中程飞机的航程为3000km左右。远程飞机的航程为11000km左右，例如中途不着陆的洲际跨洋飞机。中程、远程飞机一般用于国内干线和国际航线，又称干线飞机。

**2. 飞机主要组成**

飞机主要由机翼、机身、动力装置、起落装置、操纵系统等部件组成。

（1）机翼。机翼是为飞机飞行提供举力的部件。机翼受力构件包括内部骨架、外部蒙皮及与机身连接的接头。

（2）机身。机身是装载人员、货物、燃油、武器、各种装备和其他物资的部件。它连接机翼、尾翼起落架和其他有关构件。

（3）动力装置。动力装置是将航空燃料的化学能转化为动能、为飞机飞行提供动力的装置，一般有活塞式发动机、涡轮螺旋桨发动机、涡轮喷气发动机与涡轮风扇发动机4种。现代飞机上用得最多的是涡轮风扇发动机和涡轮喷气发动机。涡轮螺旋桨发动机也广泛应用于中小型亚音速飞机上。活塞式发动机只适用于低速轻型飞机，如农业飞机、运动机和游览机。

（4）起落装置。起落装置使飞机能在地面或水面上平顺地起飞、着陆、滑行和停放，吸收着陆撞击的能量，由减震器、机轮和收放机构组成。改善起落性能的装置则包括增举装置、起飞加速器、机轮刹车、阻力伞或减速伞等。

（5）操纵系统。操纵系统分为主操纵系统和辅助操纵系统。主操纵系统负责对升降舵、方向舵和副翼3个主要操纵面的操纵，辅助操纵系统负责对调整片、增举装置和水平安定面等的操纵。

**3. 民用航空器标志**

国籍标志是识别航空器国籍的标志，登记标志是航空器登记国在航空器登记后给定的标志。

国际民用航空组织理事会于1949年2月8日通过了《国际民用航空公约》附件7《航空器国籍标志和登记标志》，这是一个国际标准；1981年7月30日通过了附件7的第4次修改。各缔约国的规定如与附件7的规定有差异时，应通过国际民用航空组织的备案认可，并在该附件7的附录中加以说明。

（1）国籍标志。我国选定拉丁字母"B"为中国航空器的国籍标志，已载于《国际民用航空公约》附件7的附录中。

（2）共用标志。共用标志须从国际电联分配给国际民用航空组织的无线电呼叫信号的代号系列中选定。由国际民用航空组织给共用标志登记当局指定共用标志。

（3）登记标志。登记标志一般须是字母、数字或者两者的组合，列在国籍标志之后，第一位是字母，国籍标志与登记标志之间应有一短横线。我国航空器的登记标志由数位数字、字母或其组合组成，列在国籍标志"B"之后，两者之间有一短横线。

**4. 航空运输集装设备**

航空运输中的集装设备主要是指为了提高运输效率而采用的托盘和集装箱等成组装载设备。为了使用这些设备，飞机甲板和货舱都设置了与之配套的固定系统。由于航空运输的特殊性，这些集装设备无论是外形构造还是技术性能指标都具有自身的特点。

学有所思：

_____

_____

 任务二 水路运输设施设备的使用

 【课前讨论】

现有一批矿产资源需要出口至美国，货主将运输任务交给货代公司，由货代公司完成货物的装船及运送。如果你是货代公司的人，你会怎样安排这批货物的运输？运输中会使用到哪些设施设备？

实施建议：

1. 可根据班级具体情况，分小组或个人在智慧树平台进行讨论、分析；
2. 课堂展示讨论结果，小组互评或教师点评；
3. 教师依据课前讨论情况反映的预习效果，调整授课重点。

知识拓展

国内水路运输管理规定

【任务描述】

水路运输是利用船舶，在江、河、湖泊、人工水道及海洋上运送旅客和货物的运输方式，主要承担大批量货物，特别是集装箱的运输，承担国际贸易中的货物运输，是国际货物运输的主要运输方式之一。通过完成水路运输设施设备的使用学习任务，学习者应能够说出港口的功能、分类及港口的主要设施与设备；能说出货物船舶的类型及特点，并根据货物的不同，选用合适的船舶；能识别船舶的主要组成部分，掌握船舶的主要技术特征及主要性能；能够做好货物装船前的设备准备工作及航行中的船、货管理工作。

【知识学习】

## 一、港口基本知识

### 1. 港口及其相关概念

（1）港口。港口是水运货物的集散地，又是陆地与船舶及其他运输工具的衔接点。港口除提供船舶靠泊、旅客上下船、货物装卸、货物储存、货物驳运及其他相关业务外，还必须与陆路交通相接，并具有明确的水域范围。

（2）港区。港区是当地政府机关划定的并由港务部门管理的区域（包括陆域和水域），一般不包括所属小港、站、点。

视频

港口

（3）港界。港界是港口范围的边界线，根据地理环境、航道情况、港口设备及港内工矿企业的需求进行规定。一般利用海岛、山角、河岸突出部分、岸上显著建筑物，或者灯标、灯桩、浮筒等作为规定港界的标志，也有按地理上的经纬度划分港界的。

（4）港口作业区。根据货种、吞吐量、货物流向、船型和港口布局等因素，将港口划分为几个相对独立的装卸生产单位，称为港口作业区。划分作业区可提高生产效率，提高管理水平，避免不同货物相互影响，防止污染，保证货物的质量和安全，便于货物的存放和保管，充分利用仓库能

力等。

（5）泊位。泊位是供船舶停泊的位置，一个泊位可供一艘船停泊。泊位的长度依船舶的大小而有差异，一般还要留出两船之间的距离，便于船舶系解绳缆。

（6）码头。码头是供船舶靠泊，进行货物装卸作业的水上建筑物。码头前沿线称为港口的生产线，是港口水域和陆域的交接线。

（7）港口腹地。港口腹地是港口吞吐货物和旅客集散所涉及的地区范围。腹地内的货物经由该港进出，在运输上是比较经济合理的。其范围一般通过调查分析确定。

**2. 港口在现代物流中的地位和作用**

港口大体分为3代。第一代港口主要是海运货物的装卸、仓储中心；第二代港口增加了工业、商业活动，使港口成为能使货物增值的服务中心；第三代港口适应国际经济、贸易航运和物流发展的要求，得益于港航信息技术的发展，逐步成为国际物流中心。随着国际多式联运的发展与综合运输链复杂性的增加，港口作为全球综合运输网络的节点，其功能也将更加广泛。

**3. 港口的分类**

（1）按用途分。港口按照用途可分为以下几种。

① 货主港。货主港是主要为企业自身使用的港口，附属于某工矿企业。

② 军用港。军用港是专供海军舰船使用的港口。

③ 商业港。商业港是主要供旅客上下和货物装卸转运的港口，又可分为一般商业港和专业商业港。

④ 避风港。避风港是大风情况下供船舶临时避风的港口。

（2）按地理条件分。港口按照地理条件可分为以下几种。

① 河口港。河口港是地理位置位于内河流入海口处的港口。

② 海港。海港是地理位置处于海岸线上的港口。

③ 河港。河港是地理位置处于河流沿岸上的港口，如长江上的南京港、武汉港。

④ 湖港。湖港是处于湖泊岸壁的港口。

⑤ 水库港。水库港是处于水库壁的港口。

> **想一想**
>
> 避风港的作用是什么？

（3）按运输角度分。港口从运输的角度可分为以下几种类型。

① 支线集散型港口。这类港口拥有较小的码头或部分中型码头，主要挂靠支线运输船舶和短线干线运输船舶。世界上大多数港口都属于此类。

② 海上转动型港口。这类港口拥有大型码头，地理位置优越，在水路运输发展的过程中已成为海上运输主要航线的连接点，同时又成为支线的汇集点，主要功能是在港区范围接收、堆存货物和装船发送货物。

③ 水陆腹地型港口。这类港口是国际运输主要航线的端点港，与内陆发达的交通运输网相连接，是水陆交通的枢纽。它主要服务于内陆腹地货物的集散运输，同时兼营海上转运业务。在现代物流中，这类港口起着举足轻重的作用。

**4. 港口设施与设备**

（1）港区生产设施与设备。港区生产设施与设备主要包括以下几种。

① 港口机械。港口机械主要指各种作业机械，包括港口起重机械、港口输送机械、港口装卸搬运车辆及专用机械等。

② 生产设施。生产设施主要指用于生产或流通加工的设施。在港口中，如码头、仓库、货场、客运站、铁路、道路等；在造船企业中，如船坞、船台、轮机车间、船体制造车间等。

③ 辅助生产设施。辅助生产设施是指为生产提供辅助服务的设施，如港口的流动机械库、修

理所、供应站、航修站、变电所、候工室、作业区办公室、消防站、通信建筑及港务管理办公建筑等。

④ 港区作业调度室。港区作业调度室是所有日常装卸作业、生产的指挥中心。其任务是编制港口生产作业计划和组织船舶与港口的生产等活动。

（2）港口集疏运设施。港口集疏运设施主要包括以下几种。

① 港区道路。港区道路是港区内用于行人、各种流通机械和运输车辆通行的道路。为减少行车干扰，便利消防，港区道路一般布置成环行系统。

② 港口铁路。港口铁路是在港口范围内专为港口货物装卸、转运的铁路。

③ 港口铁路专用线。港口铁路专用线是不包括在铁路网的线路之内，而以轨道与铁路网的线路相连接，直接伸入港口、码头和库场等的线路。

④ 码头铁路线。码头铁路线是码头上直接为船舶装卸服务的铁路线，线路的布置取决于码头的位置和形式、机械设备的类型、货物的种类和性质、直取作业的比重等。

**5. 集装箱码头**

集装箱码头如图8-1所示，是专供停靠集装箱船舶、装卸集装箱的港口作业场所，是在集装箱运输过程中，水路和陆路运输的连接点，也是集装箱多式联运的枢纽。在整个集装箱运输过程中，其在加速车船周转、提高货运速度、降低运输成本等方面起着十分重要的作用。其主要业务是组织各种装卸机械在各个不同的运输环节中迅速有效地进行集装箱装卸和换装作业，以及负责装箱和箱内货物的交接和保管。

知识拓展

集装箱码头

图8-1 集装箱码头

集装箱码头作为运输系统中货物的交汇点，应具有的必要设施有泊位、码头前沿、集装箱码头堆场、集装箱货运站、大门、控制塔、维修车间等。

（1）泊位。这是专供集装箱船舶停靠的位置，应有一定的岸壁线，其长度应根据所要停靠的集装箱船舶的主要技术参数确定，并有一定的水深。一般集装箱船舶位长度为300m，水深在12m左右。

（2）码头前沿。码头前沿指码头岸线从码头岩壁到堆场前这一部分区域。前沿处设有岸边集装箱装卸桥，供船舶装卸集装箱之用。前沿的宽度主要根据岸边集装箱装卸桥的跨距及使用的装卸机械种类而定，一般为30～50m。

（3）集装箱码头堆场。广义的集装箱码头堆场可理解为装卸、交接和保管重箱、空箱的场地，包括前方堆场、后方堆场和码头前沿；狭义的集装箱堆场是指除码头前沿以外的堆场，其中也包括存放底盘车的场地。

前方堆场位于码头前沿和后方堆场之间，是为加快船舶装卸作业效率，用以堆放集装箱的场地。它的主要作用是：船到港前，预先堆放要装船出口的集装箱；卸船时，临时堆存卸船进口的集装箱。

后方堆场又称集装箱堆场，是指贮存和保管空箱、重箱的场地，是码头堆场中除前方堆场以外的部分，包括中转箱堆场、进口重箱堆场、空箱堆场、冷藏箱堆场、危险品箱堆场等。

（4）集装箱货运站。集装箱货运站俗称仓库，但与传统仓库不同的是，集装箱货运站是一个主要用于装、拆箱作业，并完成货物的交接、分类和短时间保管等辅助工作的场所，而不是主要用于保管货物的场所。

（5）大门。大门是集装箱码头的出入口，是集装箱和装箱货物的交接点，是划分集装箱码头与其他部门责任的分界点，又称道口、检查桥、闸口等。

（6）控制塔。控制塔是集装箱码头各项作业的指挥调度中心，又称控制中心、中心控制室。它的作用是监督、调整和指挥集装箱码头作业计划的执行。其一般设置在码头或办公楼的最高层，从这里可看到整个码头上的各作业现场。

（7）维修车间。维修车间是对机械设备进行维修、保养的地方，能保证集装箱码头机械化作业高效而顺利地进行。

**6. 货物在港口内的作业方式**

港口内的作业方式主要为操作过程和装卸过程。

（1）操作过程。操作过程是根据要求的装卸工艺完成的一次货物的搬运作业过程，通常有5种形式。

①卸车装船，或卸船装车（船—车）。

②卸车入库，或出库装车（库—车）。

③卸船装船（船—船）。

④卸船入库，或出库装船（库—船）。

⑤库场间倒载搬运（库—库）。

（2）装卸过程。装卸过程是货物从进港到出港所进行的由一个或多个操作过程所组成的全部作业过程。

学有所思：
_____
_____

## 二、船舶基本知识

船舶是在水域上航行、停泊及进行运输的工具，按不同的使用条件具有不同的技术性能、装备和结构形式。本书主要介绍以载运货物为主的货船。

货船是以载运货物为主的专用船舶，其大部分舱位是用于堆贮货物的货舱。货船的类型很多，大小悬殊，排水量可从数百吨至数十万吨。

**1. 货船分类**

货船可分为以下几种。

（1）干散货船。干散货船是用以装载无包装的大宗货物的货船，如图8-2所示。目前其数量仅次于油船。其特点是驾驶室和机舱布置在尾部，货舱口宽大；内底板与舷侧以向上倾斜的边板连接，便于货物向货舱中央集中，甲板下两舷与舱口处有倾斜的顶边舱以限制货物移动；有较多的压载水舱用于压载航行。干散货船按载运的货物不同，又可分为矿砂船、运煤船、散粮船、散装水泥船、运木船等。一般习惯把装载粮食、煤等积载因数（每吨货物所占的体积）相近的货物的货船称为散装货船，而装载积载因数较小的矿砂等货物的船舶称为矿砂船。用于装载粮食、煤、矿砂等大宗散货的货船通常分为如下几个级别。

视频

货船分类

图8-2 干散货船

① 好望角型船。好望角型船的总载重量为10万t级以上。

② 巴拿马型船。这是巴拿马运河所容许通过的最大船型，总载重量6万t级。

③ 轻便型散货船。轻便型散货船总载重量为3.5万～4万t级，吃水较浅，在世界上各港口基本都可以停靠。

④ 小型散货船。小型散货船总载重量为2万～2.7万t级，为可驶入美国五大湖的最大船型，最大船长不超过222.5m，最大船宽小于23.1m，最大吃水小于7.925m。

（2）杂货船。杂货船如图8-3所示，主要用于装载一般包装、袋装、箱装和桶装的普通杂货物，又称普通货船、通用干货船或统货船。由于件杂货物的批量较小，杂货船的吨位比散装货船和油船小，典型的载货量为1万～2万t。杂货船一般为双层甲板，配备完善的起货设备。货舱和甲板分层较多，便于分隔货物。新型的杂货船一般为多用途型，既能运载普通件杂货，也能运载散货、大件货、冷藏货和集装箱。

图8-3　杂货船

（3）冷藏船。冷藏船如图8-4所示，是专门载运如水果、蔬菜、肉类和鱼类等需冷藏的货物的货船，往往设多层甲板，货舱内通常分隔成若干独立的封闭空间。船上具有大功率的制冷装置，可以在比较恶劣的环境中，使各冷藏货舱内保持保存货物所需的适当温度。冷藏船所需的冷源由设置在机舱内的大型制冷机提供。为保证一定的制冷效率，冷藏舱的四壁、舱盖和柱子都覆有隔热材料，以防止外界热量传入。此外，为了有效地抑制各类微生物的繁殖和活动，舱内还设有臭氧发生器，可以使舱内在特定的持续时间内保持一定的臭氧浓度，从而起到杀菌消毒的作用。由于不同种类的货物所要求的冷藏温度不同，冷藏船还可按具体要求进行细分，如专门运输水果、蔬菜的保温运输船，专门运输鱼、肉等因需在较低的温度下以冻结的状态进行运输的冷冻船。

图8-4　冷藏船

（4）木材船。木材船如图8-5所示，是专门用于装载木材或原木的货船，船舱及甲板上均可装载木材。这种船舱口大，舱内无梁柱及其他妨碍装卸的设备。为防止甲板上的木材被海浪冲出舷外，船舷两侧一般设置有不低于1m的舷墙。

图8-5 木材船

（5）原油船。原油船如图8-6所示，是专门用于载运原油的货船，简称油船。由于原油运量巨大，原油船载重量可达50万t以上，是船舶中的最大者。其结构一般为单底形式，随着环保要求的提高，其结构逐渐向双壳、双底的形式演变。原油船的上层建筑设于船尾，甲板上无大的舱口，用泵和管道装卸原油。原油船还设有加热设施，可以在低温时对原油加热，防止其凝固而影响装卸。超大型原油船的吃水深度可达25m，往往无法靠岸装卸，必须借助水底管道来装卸原油。

图8-6 原油船

（6）成品油船。成品油船是专门载运柴油、汽油等石油制品的货船，其结构与原油船相似，但吨位较小。由于对安全性的要求较高，成品油船有很强的防火、防爆性能。

（7）集装箱船。集装箱船如图8-7所示，是一种专门载运集装箱的货船。其全部或大部分船舱用来装载集装箱，往往在甲板或舱盖上也可堆放集装箱。集装箱船具有瘦长形的外形，机舱设在尾部或中部偏后。集装箱的装卸通常由岸上的起重机进行，绝大多数集装箱船上不设起货设备。集装箱船按载装集装箱情况可分为全集装箱船、部分集装箱船和可变换集装箱船3种。

① 全集装箱船。全集装箱船全部货舱和上甲板均装载集装箱，舱内装有格栅式货架，以堆放集装箱，适用于货源充足而稳定的航线。

② 部分集装箱船。部分集装箱船一部分货舱专供装载集装箱，另一部分货舱可供装载一般杂货，适用于集装箱联运业务不太多或货源不甚稳定的航线。

③ 可变换集装箱船。可变换集装箱船货舱内装载集装箱的结构为可拆装式，因此它既可装运集装箱，必要时也可装运普通杂货。

图8-7　集装箱船

（8）滚装船。滚装船如图8-8所示，又称滚上滚下船。这种船本身无须装卸设备，一般船侧或船的首、尾有开口斜坡连接码头，载货汽车或载有集装箱的拖车直接从船的大舱里开至码头或由码头直接开进大舱里，进行装卸货。这种船的优点是不依赖码头上的装卸设备，装卸速度快，可加速船舶周转。

> **想一想**
>
> 液化气、铁矿石、小麦、集装箱等货物应分别选用哪种类型的货船装运？

图8-8　滚装船

（9）液化气运输船。液化气运输船如图8-9所示，是专门运输液化气体的货船。液化气运输船所运输的液化气体有液化石油气、液化天然气、氨水、乙烯、液氯等。这些液体货物沸点低，多为易燃、易爆的危险品，还有剧毒和强腐蚀性，因此液化气运输船货舱结构复杂，造价高昂。

液化气运输船按液化气体的贮存方式分为3类：压力式、冷压式和冷却式。在压力式液化气运输船中，货物在常温下装载于球形或圆筒形的耐压液罐内。冷压式和冷却式液化气运输船对货物的温度和压力可进行控制，因此需要液罐的隔热和货物的冷却装置。

图8-9　液化气运输船

（10）载驳船。载驳船如图8-10所示，是专门载运货驳的货船，又称子母船。其运输方式与集装箱运输方式相仿，因为货驳亦可视为能够浮于水面的集装箱。其运输过程是将货物先装载于统一规格的方形货驳（子船）上，再将货驳装上载驳船（母船），载驳船将货驳运抵目的港后，将货驳卸至水面，再由拖船将货驳分送到各自目的地。载驳船的特点是不需码头和堆场，装卸效率高，便于海河联运。但由于造价高、货驳的集散组织复杂，其发展也受到了限制。

图8-10　载驳船

**2. 船舶的基本组成**

船舶根据其组成的各部分的作用和用途，可综合归纳为船体、船舶动力装置、船舶舾装、船舶的其他装置与设备等部分。

（1）船体。船体是船舶的基本部分，可分为上层建筑和主体部分。

① 上层建筑。上层建筑位于上甲板以上，由左右侧壁、前后端壁和各层甲板围成。其内部主要用于布置各种用途的舱室，如工作舱室、生活舱室、贮藏舱室、仪器设备舱室等。上层建筑的大小、层楼的形式因船舶的用途和尺度而异。

② 主体部分。主体部分一般指上甲板以下的部分。它是由船壳（船底及船侧）和上甲板围成的具有特定形状的空心体，是保证船舶具有所需浮力、航海性能和船体强度的关键部分。主要包括以下部分。

• 船架。船架是支撑船壳的所有材料的总称，分为纵材和横材两部分。纵材包括龙骨、纵骨和桁材，横材包括肋骨、船梁和舱壁。

• 船壳。船壳即船的外壳，是由多块钢板铆接或电焊结合而成的，包括船底板、舭列板、舷侧板3部分。

• 甲板。甲板是铺在船梁上的钢板，将船体分隔成上、中、下3层，大型船的甲板可多至六七层，其作用是加固船体结构、便于分层配载及装货。

• 船舱。船舱是指甲板以下的各种用途空间，包括船首舱、船尾舱、货舱、机器舱和锅炉舱等。船舱一般用于布置动力装置、装载货物、储存燃油和淡水，以及布置其他各种舱室。

（2）船舶动力装置。船舶动力装置包括推进装置及为推进装置的运行服务的辅助机械设备和系统。推进装置作业（即推进器）由主机经减速装置、传动轴系带动推进器完成。推进器主要采用螺旋推进器。辅助机械设备包括燃油泵、润滑油泵、冷却水水泵、加热器、过滤器、冷却器等。

（3）船舶舾装。船舶舾装包括舱室内装结构（内壁、天花板、地板等）、家具和生活设施（炊事、卫生等）、涂装和油漆、门窗、梯和栏杆、桅杆、舱口盖等。

（4）船舶的其他装置与设备。除推进装置外，船舶还有锚设备与系泊设备、舵设备与操舵装置、救生设备、消防设备、船内外通信设备、海水和生活用淡水系统、压载水系统、液体舱的测深系统和透气系统、船舶电气设备和其他特殊设备等。

### 3. 船舶的主要技术特征及性能指标

（1）船舶的主要技术特征。船舶的主要技术特征有船舶主尺度、排水量、船体型线图、船体系数、船舶总设计图、船体结构图、舱容及登记吨位等。

① 船舶主尺度。船舶主尺度包括船舶总长、最大船宽、型宽、型深、设计水线长度、垂线间长、满载（设计）吃水等。

② 排水量。排水量即船体水线以下所排开水的质量，也就是船舶所受到的浮力，并等于船舶总质量。一般来说，排水量越大，船舶的容积也越大。

③ 船体型线图。船体型线图用于表示船舶主体的型表面的形状和尺寸，是设计和建造船舶的主要图样之一。它由3组线图构成：横剖线图、半宽水线图和纵剖线图。三者分别由横剖面、水线面和纵剖面体型表面切割而成。

④ 船舶总设计图。船舶总设计图是设计和建造船舶的主要图样之一。它反映船的建筑特征、外形和尺寸、各种舱室的位置和内部布置、内部梯道的布置、甲板设备的布局。船舶总设计图由侧视图、各层甲板平面图和双层底舱划分图组成。

⑤ 船体结构图。船体结构图是反映船体各部分的结构情况的图样。船体和相关部分的结构既相互独立又相互联系。船舶主体结构是保证船舶纵向和横向强度的关键，人们通常把它看成一个空心梁进行设计，并且用船中横剖面结构图来反映它的部件尺寸和规格。

⑥ 舱容及登记吨位。舱容是指货舱、燃油舱、小舱等的体积，它从容积能力方面表征船舶的装载能力、续航能力，影响船舶的营运能力。登记吨位是历史上遗留下来的用以衡量船舶装载能力的度量指标，作为买卖船舶、纳税、服务收费的依据之一。

（2）船舶的主要性能。船舶的主要性能包括浮性、稳性、抗沉性、快速性、耐波性、操纵性和经济性等。

① 浮性。浮性指船舶在各种装载情况下，能浮于水中并保持一定的首、尾吃水和干舷的能力。根据船舶的重力和浮力的平衡条件，船舶的浮性关系到装载能力和航行的安全。

② 稳性。稳性指船舶受外力作用离开平衡位置而倾斜，当外力消失后，船舶恢复到原平衡位置的能力。稳性是与船舶安全密切相关的一项重要性能。为使船舶具有良好的稳性，可采取措施降低船舶的重心，减小上层建筑受风面积等。

③ 抗沉性。抗沉性指船体水下部分如发生破损，船舱淹水后船舶仍能浮于水面而不沉和不倾覆的能力。船舶主体部分的水密分舱的合理性、分舱甲板的干舷值和船舶稳性的好坏等，是影响抗沉性的主要因素。安全限界线指船侧舱壁甲板边线下76mm平行于甲板边线的曲线。按《国际海上人命安全公约》的规定，船舶遭受海损船舱进水后，其吃水应不超过安全限界线。

④ 快速性。快速性是表征船舶在静水中直线航行速度与其所需主机功率之间关系的性能。它是船舶的一项重要技术指标，对船舶营运费用影响较大。快速性涉及船舶阻力和船舶推进两个方面。合理地选择船舶主尺度、船体系数和线型，是降低船舶阻力的关键。

⑤ 耐波性。耐波性指船舶在风浪中遭受由于外力干扰所产生的各种摇荡运动及拍击上浪、失速飞车和波浪弯矩时，仍具有足够的稳性和船体结构强度，并能保持一定的航速安全航行的性能。耐波性不仅影响船上乘员的舒适和安全，还影响船舶安全和营运效益等，因而日益受到重视。

⑥ 操纵性。操纵性指船舶能按照驾驶者的操纵保持或改变航线、航向或位置的性能，主要包括航向稳定性和回转性两个方面。它是保证船舶在航行中少操舵、保持最短航程、靠离码头灵活方便和避让及时的重要因素，关系到船舶航行安全和营运经济性。

⑦ 经济性。经济性指船舶投资效益的大小。它是促进新船型开发研究、改善航运经营管理和造船工业发展的最活跃因素，日益受到人们重视。船舶经济性属船舶工程经济学研究的内容，它涉及使用效能、建造经济性、营运经济性和投资效果等指标。

### 4. 船籍、船旗、船级及船舶文件

船籍指船舶的国籍。船舶的所有人向本国或外国有关管理船舶的行政部门办理所有权登记，取得本国或登记国国籍后才能取得船舶的国籍。

知识拓展

世界十大港口

船旗是指船舶在航行中悬挂的其所属国的国旗，船旗是船舶国籍的标志。按国际法规定，船舶是船旗国浮动的领土，无论是在公海还是在他国海域航行，均需悬挂船籍国国旗。船舶有义务遵守船籍国法律的规定并受到船籍国法律的保护。

船级是表示船舶技术状态的一种指标。在国际航运界，凡注册总吨在100t以上的海运船舶，必须在某船级社或船舶检验机构监督之下进行制造。每艘船建造完毕后，由船级社或船舶检验机构对船体、船上机器设备、吃水标志等项目进行鉴定，发给船级证书。

船舶入级可保证船舶航行安全，有利于国家对船舶进行技术监督，便于租船人和托运人选择适当的船只，以满足进出口货物运输的要求，便于保险公司决定船、货的保险费用。

船舶文件是证明船舶所有权、性能、技术状况和营运必备条件的各种文件的总称。船舶必须通过法律登记和技术鉴定并获得这类有关正式证书后才能参加营运。国际航行船舶的主要船舶文件有船舶国籍证书、船舶所有权证书、船舶船级证书、船舶吨位证书、船舶载重线证书、船员名册和航行日志等。

学有所思：

_____

_____

【素养园地】

## 航空危险品运输

美国加利福尼亚州一家电子厂将一批由零件、设备和化工产品组成的货物运往其位于苏格兰的工厂。一部分货物从加利福尼亚运出，另一部分货物（包括160只装有硝酸的木箱）从新泽西运出。这两部分货物在纽约组成一票货物并申报为"电子设备"。在拼板时，工人将一些包装件倒置并装上了飞机。飞机到达巡航高度不久，机组人员闻到了烟味。由于烟雾越来越大，机组决定在波士顿机场紧急迫降。在降落的过程中，飞机撞到地面，3名机组人员全部罹难，飞机坠毁，货物抛洒在波士顿湾。

美国VALUE JET航空公司的592航班（DC-9飞机）运输使用过的氧气发生器，因氧气发生器意外发生反应，造成货舱内剧烈燃烧（温度高达3000华氏度），592航班在起飞后15分钟坠毁，机上110名乘客和机组人员全部罹难。

在进行危险品航空运输时，尤其需要重视安全问题。这两起事故都是造成机毁人亡的重大事件，血的教训是惨痛的，我们在以后的工作、学习中应遵守相关规章制度，严格管理货物，杜绝类似的事情发生。

【测验与答疑】

线上测验

线上问答

【自我测评】

在表8-1的□中打"√"（A表示未理解，B表示基本理解，C表示完全理解）。

表8-1　自我测评表

| 项目 | 任务体系 | 评价指标 | 自我测评 |
|---|---|---|---|
| 项目八 | 任务一 | 1. 航空港的内涵 | □A □B □C |
| | | 2. 航空港的设施 | □A □B □C |
| | | 3. 飞机的分类 | □A □B □C |
| | | 4. 飞机的组成 | □A □B □C |
| | 任务二 | 1. 港口的概念 | □A □B □C |
| | | 2. 港口的分类 | □A □B □C |
| | | 3. 港口设施与设备 | □A □B □C |
| | | 4. 集装箱码头的组成 | □A □B □C |
| | | 5. 货船的分类 | □A □B □C |
| | | 6. 船舶的基本组成 | □A □B □C |
| | | 7. 船舶的主要技术特征 | □A □B □C |

# 学习情境四
# 物流设备管理

## 【情境描述】

中储发展股份有限公司西安分公司（以下简称"中储西安分公司"），是集物资储运、市场招商、钢材经销和加工等功能于一体的流通企业。其物流中心占地面积达40万㎡，拥有库房35栋，铁路专用线4条，起重运输设备60多台，其储存能力30万t，年吞吐量在80万t以上，是西北地区最大的物资集散地。凭着多年积累的仓储保管经验和日趋完善的服务功能，中储西安分公司赢得广大客户的信赖。它结合自身实际情况，延伸主业，开展钢材粗加工业务，开办了金属材料加工厂，为客户提供开平板等服务。它还将4条铁路专用线对外开放，拓展到货及发运业务；对货场、库房进行租借、租赁、联营，与广大客户联手共建大市场、大流通、大贸易体系。目前，中储西安分公司货场有大型龙门起重机7台，覆盖面积达10万㎡，能满足进出货场的装卸需求；有大型运输车辆10台，可为客户提供配送服务。中储西安分公司的事业可谓蒸蒸日上，这些都与该公司合理的物流设备配置有着不可分割的关系。该公司上下一致认为物流设备是开展现代物流业务的生产工具，现代物流的各项功能都要依赖物流设备才能够实现。高度发达的物流设备是现代物流系统的特征，它对提高物流系统的能力与效率、降低物流成本、保证物流服务质量等都有着非常重要的影响。那么，中储西安分公司都配备了哪些物流设备？它对这些物流设备是如何进行选择和配置的？过去、现在和未来，为保证公司业务的正常开展，它必须进行哪些物流设备管理工作？现在让我们走进中储西安分公司，分析、研究它是如何做好物流设备的管理工作的。

"工欲善其事，必先利其器"，物流设备管理是物流企业进行物流生产的保证。在中储西安分公司的生产经营活动中，物流设备管理的主要任务是为企业提供优良而又经济的技术装备，使企业的生产经营活动建立在最佳的物质技术基础之上，保证生产经营活动的顺利进行，以确保企业提高服务质量、提高生产效率、降低生产成本、进行安全文明生产，从而使企业获得更好的经济效益。物流设备管理水平也是企业的管理水平、生产发展水平和市场竞争能力的重要标志之一。中储西安分公司的物流设备管理工作主要有物流设备的选择配置、物流设备的维护保养和物流设备的检查维修。下面我们将对这3个方面进行学习。

## 【任务导入】

在进行物流活动时，使用不同的物流设备都能完成任务，但合理地选择物流设备，不仅可以保证货物的完好无损，还可以提高工作效率。

现拟采用某种通用汽车完成一项货运任务，已知其有关数据为：车辆的额定载荷为4t，装卸停歇时间为30min，里程利用率为50%，技术速度为25km/h。拟将该型号的汽车改装为自动装卸汽车，有效载荷降低为3.5t，装卸停歇时间减少到仅需5min。

建议分小组完成，每组3~4人最佳，也可适当调整，根据所在区域，选择特定的港口企业作为指定调研对象；调研需收集相关的数据，并对数据进行筛选、分析；小组讨论分析问题、得出结论，并进行汇报。

1. 请提出方案，确定在里程为多少前使用自动装卸汽车的工作效率及成本更优。

_____

_____

_____

_____

_____

2. 在里程为多少后使用通用汽车的工作效率及成本更优？

_____

_____

_____

_____

_____

# 物流设备配置选择

项目九

现代物流的本质就在于以系统的观念进行物流功能的整合，即将仓储、运输、装卸搬运、包装、流通加工、配送、信息处理等功能环节集成整合，进行一体化运作，从而有效降低物流成本，提高物流的效率和效益，增强企业和产品的竞争力。所以物流企业在物流设备选择和配置的过程中，一定要站在物流系统的角度，从物流系统的全局进行决策。本项目的主要学习任务就是用系统的观点进行物流设备的合理选择和配置。

 【学习目标】

### ● 知识目标

1. 掌握物流设备在物流系统中的地位与作用；
2. 掌握物流设备选择和配置的原则和步骤。

### ● 能力目标

1. 能够明确物流设备在物流系统中的地位与作用；
2. 能够能进行简单的物流设备选择和配置。

### ● 德育目标

1. 培养自主学习的意识；
2. 培养认真细心的工作态度；
3. 发扬艰苦奋斗的精神；
4. 激发爱国主义情怀。

 明确物流设备的地位与作用

 【课前讨论】

2023年"双11"的全网销售额达11386亿元，同比增长2.1%，传统电商体量仍然最大，销售额达到9235亿元，其中销量前三的平台是天猫、京东和拼多多。直播电商发展迅猛，总体量为2151亿元，排名前三的是抖音、快手和点淘。新零售打通了线上和线下双渠道，在"双11"期间销售额达236亿元，排名前三的是美团闪购、京东到家和饿了么。线上销售额转变为仓储订单，进而拉动物流高效作业，请同学们分析在这一过程中，物流设备起到了什么作用。

 【任务描述】

物流设备是物流活动过程中的核心要素之一，只有明确物流设备在现代物流系统中的地位与作用，才能站在物流系统的高度进行设备的管理和使用。通过完成明确物流设备的地位与作用的学习任务，学习者应能够明确什么是物流系统，物流系统都有哪些构成要素；能够准确把握物流设备在物流系统中的地位和作用，从而为选择、配置物流设备，以及管理、使用、维护物流设备奠定良好的基础。

 【知识学习】

## 一、物流系统的概念

物流活动作为物质资料流通活动的有机组成部分，自商品经济产生便已经存在了。但是，将物流作为企业经营的基本职能之一，对物流活动实施系统化的科学管理则是从20世纪50年代开始的。随着经济的迅速发展，高新技术的不断涌现，物流业已被赋予更新、更深刻的内涵，已进入一个蓬勃发展的全新阶段。我们所说的"现代物流"这一概念，就是把过去运输、仓储、搬运等分散环节的活动归纳成一个系统，用系统的观念，用系统工程的一些基本理论、基本方法，来实现系统的优化。

> **想一想**
> 物流和物流系统是否相同？二者之间有什么关系？

现代物流区别于传统物流，主要表现在现代物流以物的动态流转过程为主要研究对象，揭示了物流活动（运输、储存、装卸搬运、包装、流通加工、配送、信息处理等）之间存在相互关联、相互制约的内在联系，认定这些物流活动都是物流系统的组成部分，是物流系统的子系统。物流系统的界定使物流活动原来分散在社会经济活动潜隐处的状态显现了出来，结束了各种物流活动处于孤立、分散、从属地位的历史。

那么，何谓系统？何谓物流系统？

**1. 什么是系统**

系统是相关要素组成的具有特定功能的有机整体，具有以下特征。

① 集合性：系统整体由两个以上、有一定区别但又有一定相关性的要素组成。

② 目的性：系统内各要素是为达到一个共同的目的而集合在一起的。

③ 相关性：系统各要素之间存在相互联系、相互作用、相互影响的关系。

④ 环境适应性：系统是对于环境而言的，系统必须适应环境的变化，这样才能存在与发展。

> 视频
>
> 什么是物流系统

系统思想具有以下几个特征。

① 整体优化的思想。系统思想认为，局部优化不等于整体优化，必须从全局出发，综合协调各个局部的矛盾，统筹安排，才能实现整体最优，取得"1+1＞2"的效果。

② 相互联系、相互依存的思想。系统是复杂的，系统中一个因素的变化必将影响许多其他因素，"头痛医头、脚痛医脚"是无法解决根本问题的。

③ 动态思想。系统只有适合环境才能存在，而环境总是处于不断变化中的，系统必须适时调整其目标和结构才能不断适应环境。

④ 开放思想。系统必须是开放的，即能与外部环境不断进行信息、能量、人员的交换，这样系统才能不断地发展。

**2. 什么是物流系统**

物流系统是由物流各要素组成的，各要素之间存在有机联系并能使物流整体合理化的综合体。物流系统本来就客观存在着，但是一直未被人们认识。随着系统科学的发展和物流实践经验的总结，人们认识到以系统的观点将原本分散的各个物流功能要素有机结合起来，并将其视为一个物流系统，进行整体设计和管理，就能充分发挥物流的功能，提高物流的效率和效果，实现物流整体的合理化。

在物流系统中，任何部分功能的发挥都要有利于系统整体目标的达成。由于系统中各要素之间存在着"效益背反"关系，局部的优化并不等于系统整体的优化。因此，用系统的观点和方法来研究物流，对于正确把握物流设备在物流系统中的地位与作用，合理配置资源有着重要的意义。

## 二、物流系统的要素

物流系统的要素包括物流系统的功能要素、物流系统的一般要素、物流系统的支持要素和物流系统的物质基础要素。

**1. 物流系统的功能要素**

物流系统的功能要素是物流系统所具有的基本能力，这些基本能力有效地组合、联结在一起，便形成了物流的总功能，便能合理、有效地实现物流系统的总目标。

一般认为，物流系统的功能要素有运输、储存、装卸搬运、包装、流通加工、配送及信息处理等。从物流活动的实际工作环节来考察，物流也是由上述7项具体工作构成的。物流系统的功能要素反映了物流系统的能力，增强这些要素，使之更加协调、更加可靠，就能够提高物流系统运行的水平。在上述这些功能要素中，运输和储存分别解决了供给者及需求者之间场所和时间的分离问题，分别是物流创造"场所效用"和"时间效用"的主要功能要素，因此两者在物流系统中属于主要功能要素。

> **想一想**
> 物流系统的各要素中，人们最需要的是功能要素，那么在建立物流系统时是否可以忽略其他要素？

**2. 物流系统的一般要素**

物流系统的一般要素由4个方面构成：劳动者要素、资金要素、物的要素和信息要素。

劳动者要素是所有系统的核心要素和第一要素；资金要素在物流服务过程中也发挥着重要作用，因为物流服务本身需要以货币为媒介，物流系统的建设也是资本投入的一大领域；物的要素包括物流系统的劳动对象、劳动工具、劳动手段及各种消耗材料；信息要素包括物流系统所需要处理的信息，即物流信息。

**3. 物流系统的支持要素**

物流系统的建立需要许多支撑手段，尤其是物流系统处于复杂的社会经济系统中，要确定物流系统的地位，要协调物流系统与其他系统的关系，这些要素必不可少。物流系统的支持要素主要包括法律制度、行政命令、标准化系统和商业习惯等。

① 法律制度：物流系统的运行不可避免地涉及企业或人的权益问题，法律制度一方面限制和规范物流系统的活动，使之与更大的系统协调；另一方面则给予物流系统保障，如合同的执行、权益的划分、责任的确定都靠法律制度来维系。

② 行政命令：决定物流系统正常运转的重要支持要素。

③ 标准化系统：保证物流环节协调运行，保证物流系统与其他系统在技术上实现联结的重要支撑要素。

④ 商业习惯：是对整个物流系统为了使客户满意所提供的服务的基本要求，了解商业习惯，将使物流系统始终围绕客户运行，从而达到企业的目的。

**想一想**

若现在的物流设备依旧处于20世纪初的水平，这对我们的生活会带来哪些不便？

**4. 物流系统的物质基础要素**

物流系统的建立和运行，需要物流设施和大量的技术装备手段，这些手段的有机联系，对系统的运行有着决定性的意义。这些要素对实现物流某一方面的功能是必不可少的，主要有物流基础设施、物流设备、物流工具、信息技术及网络等。

① 物流基础设施：维持物流系统运行的基础物质条件，包括物流中心、仓库、公路、铁路、港口等。

② 物流设备：保证物流系统启动和运行的物质条件，包括仓库货架、进出库设备、加工设备、运输设备、装卸机械等。

③ 物流工具：物流系统运行的物质条件，包括包装工具、维修保养工具、办公设备等。

④ 信息技术及网络：掌握和传递物流信息的手段，包括通信设备及线路、传真设备、计算机等。

## 三、物流设备在物流系统中的地位与作用

物流设备是物流系统物质基础要素的主要组成部分，在物流系统中有着重要的地位与作用，主要表现在以下4个方面。

**1. 物流设备是物流系统的物质基础**

物流设备是为实现物流系统的特定功能而在物流基础设施的基础上配备的各种必要的技术装备，是生产力要素。因此，物流设备是物流系统的物质基础。提高物流设备的现代化水平，对于发展现代物流，促进现代化大生产、大流通，强化物流系统的功能，都有着十分重要的作用。

视频

物流设备在物流系统中的地位与作用

**2. 物流设备是物流系统中的重要资产**

随着科学技术的发展，物流设备的科技含量和技术水平日益提高。物流设备不仅成了技术密集型的生产工具，也成了资金密集型的社会资产。一个物流系统所需设备的购置或投资规模很大，维持设备正常运行还需持续投入大量资金。因此，企业应科学合理地配置物流设备，优化其效能，发挥物流设备的投资效益。

**3. 物流设备涉及物流活动的所有环节**

在整个物流活动中，物品从供应地向接收地进行转移要通过运输、储存、装卸搬运、包装、流通加工、配送及信息处理等物流作业环节。每一个环节都要依靠物流设备进行相应的物流作业。如果离开这些物流设备或者物流设备的现代化水平不高，就会影响物流作业的效率，最终影响整个物流系统的效率。不仅如此，物流基础设施的现代化水平也直接影响到物流作业的效率。在物流系统中，物流基础设施与物流设备不仅要有十分密切的关系，而且还要相互匹配。因此，企业选择和配置的物流设备一定要与其物流基础设施相适应。只有这样，才能更好地发挥物流系统的效率和效益。

#### 4. 物流设备的水平是现代物流水平的重要标志

随着生产力的发展和科学技术的进步，作为物流系统物质基础的物流设备在物流活动的各个环节、各个领域中的技术水平均在不断提高。现代化交通设施的建设（如高速公路、高速铁路）和先进运输设备的配置，极大地缩短了物流时间，提高了运输效率。综合交通枢纽的建设和托盘集装单元化技术的应用为发展多式联运创造了条件；装卸搬运设备的机械化、自动化提高了装卸搬运的效率和质量；高架自动化立体仓库技术的发展和应用大大节约了仓库的面积，提高了仓库的利用率；自动化分拣设备的应用大大提高了配送中心作业效率；计算机技术、网络技术的发展，为建立现代化物流信息系统提供了技术保证。可以说，一个完善的物流系统离不开先进的物流技术的应用，物流设备的现代化水平和技术水平代表了现代物流的水平。

学有所思：

_____

_____

## 四、物流设备的分类

物流设备也称为物流技术装备，它是在物流活动的各环节所使用的物流机械和器具的总称。我们在各种物流场合，如物流中心、仓库、码头、货场等，经常会看到各种物流设备繁忙地工作着：进进出出的叉车、吊着货物的起重机、各种货车，各种各样的货架、托盘、集装箱，还有先进的自动装卸搬运机器人、自动导引搬运车等，其结构、功能都不相同。面对如此繁多、复杂的物流设备，我们有必要对其进行有效的分类，以便有效

> **想一想**
> 包装机械设备和流通加工机械有哪些共同点？有哪些不同点？

地学习和未来在工作岗位上对物流设备进行正确的使用和管理。但是物流设备门类多、品种复杂、功能各异，有的物流设备可以一机多用，有的物流设备还可以组合配套使用。因此，在对物流设备分类时，很难进行严格的界定。目前对于物流设备的分类方法尚无统一的标准，我们可以根据物流设备的使用场合、功能特征和适合完成的物流作业等，将物流设备分为以下几个大类。

#### 1. 包装机械设备

包装的目的是保护产品、方便储存与运输，以及促进销售。包装机械设备是用于对产品进行全部或部分包装的机械设备，是使产品包装实现机械化、自动化的根本保证，主要包括填充设备、灌装设备、封口设备、裹包设备、贴标设备、清洗设备、干燥设备、杀菌设备等。

#### 2. 装卸搬运机械

装卸搬运机械是用于升降、装卸搬运物料和短距离运输的机械。主要用于升降、装卸搬运的机械有桥式起重机、龙门起重机、装卸桥、流动式起重机、门座起重机等。主要用于短距离运输的机械有叉车、自动导引搬运车、连续运输机、牵引车等。

#### 3. 集装单元化器具

集装单元化器具主要有集装箱、托盘和其他集装单元器具。应用集装单元化器具对货物进行组合包装，可提高货物的活性指数，使货物随时都处于准备流动的状态，便于实现储存、装卸搬运、运输、包装的一体化，进而实现物流作业的机械化、标准化。

#### 4. 仓储机械设备

仓储机械设备主要用于各类仓库、配送中心进行货物的存取、储存，有货架、堆垛机、自动导引搬运车、装卸搬运机器人、分拣设备、提升机、货物出入库辅助设备及计算机管理和监控系统等。这些设备可以组成自动化、半自动化、机械化的仓库，以堆放、存取和分拣货物。

小测验

**5. 流通加工机械**

流通加工是物品从生产地到使用地的过程中，根据需要进行的包装、分割、计量、分拣、刷标志、栓标签、组装等简单作业的总称。它是商品流通中的一种特殊形式，可弥补生产过程中的加工不足，更有效地满足客户多样化的需求，更好地衔接产需、促进销售。

**6. 运输设备**

运输在物流中的独特地位对运输设备提出了更高的要求，要求运输设备具有高速化、智能化、通用化、大型化和安全可靠的特性，以提高运输效率，降低运输成本，并使运输设备达到最优化利用。根据运输方式不同，运输设备可分为载货汽车、铁路货车、货船、空运设备和管道设备等。

# 任务二 配置、选择物流设备

## 【课前讨论】

在仓储中心，进行货物接收时，需要对人力、物力及设备等进行合理的规划，以低成本、高效率地完成货物的检验入库。设备准备不足、效率低下，易造成货物难以及时入库；设备准备过剩，易出现浪费，提高成本。那么，如何正确配置设备才能在保证高效作业的同时降低成本呢？

实施建议：

1. 可根据班级具体情况，分小组或个人在智慧树平台进行讨论、分析；
2. 课堂展示讨论结果，小组互评或教师点评；
3. 教师依据课前讨论情况反映的预习效果，调整授课重点。

## 【任务描述】

物流设备配置是物流中心作业效率的重要体现，合理的设备配置，能够最大程度节约资源，减少浪费，降低作业成本。通过完成配置、选择物流设备的学习任务，学习者应能够了解物流设备管理的目标、特点，能够掌握物流设备配置、选择的原则和步骤，能够对物流企业的物流设备配置和选择提供建设性的意见和建议，并对给定的物流设备配置和选择方案给予评价。

## 【知识学习】

### 一、现代物流设备管理的概念

#### 1. 设备的寿命周期

设备的寿命周期是指设备从规划、设计、制造、购置、安装、调试、使用、维护，直到更新、报废所经历的整个过程。其中规划、设计、制造等环节称为设备的前半生，购置、安装、调试、使用、维护、更新、报废等环节称为设备的后半生。设备制造部门只管研制，设备使用部门只管选用、维修，而这常常导致制造厂生产的新设备不符合或者不能完全符合使用单位的要求，因此造成不少企业设备的积压、闲置，造成巨大的经济损失。另外，传统的设备管理中，企业在设备更新、改造中的成功经验不能被设备制造单位吸取，不利于新设备技术水平的提高。

> **想一想**
> 现代物流设备管理的先进性表现在哪些方面？

视频
现代物流设备管理

#### 2. 寿命周期费用

寿命周期费用是指设备在寿命周期产生的总费用，它主要由原始费用和维持费用两部分组成，包括设备从规划、设计、制造、购置、安装、调试、使用、维护，直到更新、报废所产生的费用的总和。对于外购设备，原始费用包括购置、运输、安装、调试等的费用。对于自行研制的设备，原始费用则包括调研、设计、制造、安装、调试等的费用。维持费用包括运行费和维修费两部分。此外，在设备寿命终结时，拆除设备也需一些费用，报废的设备还有一些残值。因此：

设备寿命周期费用=原始费用+维持费用+拆除费-残值

在设备的寿命周期费用内，各阶段费用支出的发展变化规律如图9-1所示。

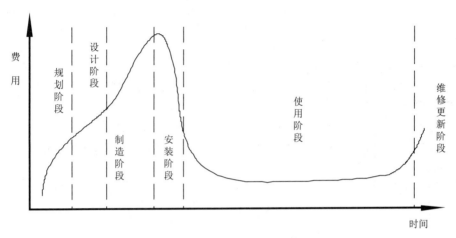

图9-1　各阶段费用支出的发展变化规律

设备的寿命周期费用涉及设备的寿命周期，因此要分析、研究设备的整个寿命周期内，不同阶段费用支出的关系、变化规律及对总费用的影响，采取行之有效的措施，使寿命周期费用最经济。

**3. 设备的综合效益**

设备的综合效益是设备寿命周期的输出与设备寿命周期费用的比值。

设备的综合效益=设备寿命周期的输出/设备寿命周期费用

设备寿命周期的输出是指设备一生在满足安全、卫生、环保、货物安全、交货期等条件下的作业量，用价值表示。

评价设备的经济性，不仅要考查设备寿命周期费用，还要看设备的综合效益。寿命周期费用相同时，要选择综合效益更高的设备。

现代物流设备管理是以企业生产经营目标为依据，运用各种技术、经济和组织措施，对物流设备的整个寿命周期进行全过程的管理。其目的是充分发挥设备效能，并寻求寿命周期费用最经济，从而获得最佳投资效果。

设备有两种形态：实物形态和价值形态。实物形态是价值形态的物质载体，价值形态是实物形态的货币表现。在整个寿命周期内，设备处于这两种形态的运动之中。对应设备的两种形态，设备管理也有两种方式，即设备的实物形态管理和价值形态管理。

（1）实物形态管理。设备从规划至报废的全过程即设备实物形态运动过程。设备的实物形态管理就是从设备实物形态运动过程出发，研究如何管理设备实物的可靠性、维修性、工艺性、安全性、环保性及使用中发生的磨损、性能劣化，进行检查、修复、改造等技术业务，其目的是使设备处于良好的技术状态，确保设备的输出效能最佳。

（2）价值形态管理。整个设备寿命周期内包含的最初投资、使用费用、维修费用的支出，折旧、改造、更新资金的筹措与支出等，构成了设备价值形态运动过程。设备的价值形态管理就是从经济效益角度研究设备

**想一想**

购置物流设备时，是否应以价格低为首要要求？

价值形态运动过程，即新设备的研制、投资及设备运行中的投资回收，运行中的损耗补偿，维修、技术改造的经济性评价等经济业务，其目的是使设备的寿命周期费用最经济。

现代物流设备管理强调综合管理，其实质就是设备实物形态管理和价值形态管理相结合，追求在输出效能最佳的条件下使设备的综合效率最高。只有把两种形态管理统一起来，并注意不同的侧重点，才可实现这个目标。

## 二、现代物流设备管理的特点

现代物流设备管理除具有一般管理的共同特征外，与企业的其他专业管理比较，还有以下一些特点。

### 1. 技术性

作为企业的主要生产手段，设备是物化了的科学技术，是现代科技的物质载体。因此，现代物流设备管理必然具有很强的技术性。首先，现代物流设备管理包含机械、电子、光学、计算机等许多方面的科学技术知识，缺乏这些知识就无法合理地设计、制造或选购设备；其次，正确地使用、维修这些设备，还需掌握状态监测和诊断技术、可靠性工程、磨损理论、表面工程、修复技术等专业知识。可见，现代物流设备管理需要以工程技术作为基础，不懂技术就无法做好设备管理工作。

### 2. 综合性

设备管理的综合性表现在以下几个方面。

① 现代物流设备包含了多种专业技术知识，是多种科学技术的综合应用。

② 设备管理的内容是工程技术、经济财务、组织管理三者的综合。

③ 为了获得设备的最佳寿命周期以及效益，必须实行全过程管理，它是对设备寿命周期各阶段的综合。

④ 设备管理涉及物资准备、设计制造、计划调度、劳动组织、质量控制、经济核算等多方面的业务，汇集了企业多项专业管理的内容。

> **想一想**
> 物流设备的管理是设备管理员的事，与使用人员无关。这个说法对吗？为什么？

### 3. 随机性

许多设备故障具有随机性，这使得设备维修及设备管理也带有随机性。为了减少突发故障给企业带来的损失和干扰，设备管理必须具备应对突发故障、承担意外突击任务的应变能力。这就要求设备管理部门信息渠道畅通、器材准备充分、组织严密、指挥灵活，人员作风过硬，业务技术精通，能够随时为现场提供服务，为生产排忧解难。

### 4. 全员性

现代企业管理强调应用行为科学调动广大职工参加的积极性，实行以人为中心的管理。设备的综合性更加迫切需要全员参加管理，只有建立从经理或厂长到一线员工都参加的企业全员设备管理体系，实行专业管理与群众管理相结合，才能真正做好设备管理工作。

## 三、现代物流设备管理的任务

现代物流设备管理的任务是由设备管理的目的确定的。总体来说，现代物流设备管理的任务是保证为企业的物流活动提供最优的技术设备，使企业物流系统或物流作业建立在最佳的物质基础之上，以获得设备最佳的经济效益。

这个任务包括以下几个方面。

### 1. 合理选用设备

现代物流设备管理要根据技术上先进、经济上合理的原则，通过全面规划、合理配置，对设备进行全面的技术经济评价，合理选用设备。相关人员应密切配合，掌握国内外技术发展动向，收集技术和经济两个方面的资料。技术方面的资料包括设备规格、性能、用途、效率、动力、材料、对环境的污染、可靠性、维修性、运输安全条件、备品配件的供应等；经济方面的资料包括设备的市场状况、价格、运费、相应的配套工程投资、安装费用、维修人员和操作人员的培训费，购买该设备的资金来源，估计设备投资效果等。

### 2. 保持设备完好

现代物流设备管理要通过精确安装、正确使用、精心维修、适时检修、安全作业等环节，使设备始终处于完好的技术状态，使其工作性能能够满足生产工艺或物流作业的要求，随时可以适应企业生产经营的需要投入正常运行。物流设备完好一般包括：设备零部件、附件齐全，运转正常；设备性能良好，动力输出符合标准；燃料、能源、润滑油消耗正常。行业、企业应当制定关于完好设备的具体标准，使操作人员与维修人员有章可循。

### 3. 改善和提高技术装备素质

技术装备素质是指在技术进步的条件下，技术装备适合企业生产和技术发展的内在品质，通常可以用以下几项标准来衡量：①工艺适用性；②质量稳定性；③运行可靠性；④技术先进性（包括生产效率、物料与能源消耗、环境保护等）；⑤机械化、自动化程度。现代物流设备管理要通过适时改造与更新，改善和提高设备的技术装备素质，使企业物流现代化水平不断提高。

改善和提高技术装备素质的主要途径，一是采用技术先进的设备替换技术陈旧的设备，二是应用新技术改造现有设备。后者通常具有投资少、时间短、见效快的优点，应该成为企业优先考虑的方式。

### 4. 充分发挥设备效能

设备效能是指设备的生产效率和功能。设备效能不仅包括单位时间内生产能力的大小，也包括适应多品种生产的能力。

充分发挥设备效能的主要途径有以下几点。

① 合理选用技术装备和工艺规范，在保证产品质量的前提下，缩短生产时间，提高生产效率。

② 通过技术改造，加强设备的可靠性与维修性，减少故障停机和修理停歇时间，提高设备的可利用率。

③ 加强生产计划、维修计划的综合平衡，合理组织生产与维修，提高设备利用率。

### 5. 取得良好的投资效益

设备投资效益是指设备寿命周期的产出与其投入之比。取得良好的设备投资效益，是以提高经济效益为中心的方针在设备管理工作上的体现，也是设备管理的出发点和落脚点。因此，企业应追求设备寿命周期费用最经济和设备的综合效益，而不是只考虑某一阶段的经济性。在寿命周期的各个阶段，一方面要加强技术管理，保证设备在使用阶段充分发挥效能，创造最佳的产出；另一方面要加强经济管理，实现最经济的寿命周期费用。在设备规划阶段，要谋求设备的经济性；在设备维修阶段，要谋求停机损失和维修费用之间的最佳平衡，追求设备维修的最佳经济效果。

## 四、现代物流设备管理的内容

设备管理以追求设备综合效率和寿命周期费用的经济性为目的，从工程技术、财务经济和组织管理3个方面对设备实行全寿命周期管理。因此，现代物流设备管理应包括以下3方面的内容。

小测验

### 1. 设备的技术管理

这方面主要包括设备的规划、选购、自制与安装、调试，设备的合理使用和维护保养，设备的计划检修，设备的状态监测与技术诊断，设备安全技术管理和事故处理，设备备件管理，设备技术资料管理，设备技术改造，设备技术档案管理等。

**2. 设备的经济管理**

这方面主要包括设备投资效益分析，资金筹措和使用，设备移交验收、分类编号、登记卡片和台账管理、库存保管、调拨调动、年终清查等，折旧的提取与管理，费用的收支核算，设备更新等。

现代物流设备的经济管理必须遵循价值规律和寿命周期费用变化规律，对设备管理的各项内容进行经济论证、经济核算、经济分析和成本控制等活动，开展多种形式的增收节支和经营，使企业取得最佳经济效益。

**3. 设备的组织管理**

这方面主要包括员工教育和培训，设备管理制度和规范的制定，设备管理、使用的监督检查和评比等。

企业必须遵循机械使用与磨损的客观规律，运用管理手段，科学地把物流设备技术管理和经济管理结合起来，全面完成物流设备管理任务。

现代物流设备管理3个方面的内容，是一个相互联系的整体。其中，技术管理是基础，经济管理是目的，组织管理是手段。只有三者结合，才能实现综合管理的目标。

## 五、物流设备配置、选择的原则

物流设备的配置、选择是物流设备前期管理的重要环节，是企业经营决策中的一项重要工作。物流设备具有投资大、使用期限长的特点，在配置和选择时，一定要进行科学决策和统一规划。正确地配置与选择物流设备，可为物流作业选择出最优的技术设备，使有限的投资发挥最大的技术经济效益。我们认为物流设备配置、选择一般应遵循以下的原则。

视频

物流设备配置、
选择的原则

**1. 系统化原则**

系统化就是在物流设备配置、选择中用系统的观点和方法，对物流设备运行所涉及的各个环节进行系统分析，把各个物流设备与物流系统总目标、物流系统各要素有机地结合起来，改善各个环节的机能，使物流设备配置、选择最佳，从而使物流设备发挥最大的效能，并使物流系统整体效益最优。

按系统化原则配置与选择物流设备，不仅要求物流设备与整个系统相适应、各物流设备之间相匹配，还要求全面、系统地分析物流设备的性能，从而进行综合评价，做出决策。

**2. 适用性原则**

适用性指物流设备满足使用要求的能力，包括适应性和实用性。在配置与选择物流设备时，应充分使物流设备与目前物流生产作业的需求和发展规划相适应；符合货物的特性、满足货运量的需求；适应不同的工作条件和多种作业性能的要求，操作使用灵活方便。只有生产上适用的设备才能发挥其投资效果，创造出高效益。实用性就涉及恰当选择设备功能的问题。物流设备并不是功能越多越好，因为在实际作业中并不需要太多的功能，如果设备不能被充分利用，就会造成资源和资金的浪费。同样，功能太少也会导致物流企业的低效率。因此要根据实际情况，正确选择设备功能。

**3. 技术先进性原则**

技术先进性是指配置与选择的物流设备能够反映当前科学技术的先进成果，在主要技术性能、自动化程度、结构优化、环境保护、操作条件、现代新技术的应用等方面具有先进性，并在时效性方面能满足技术发展的要求。但是先进性必须服务于适用性，尤其是要有实用性，必须以生产适用为前提，以获得最大经济效益为目的。坚持技术先进性原则要反对两种倾向：一是选择技术上落后的设备而低效益运转，二是脱离我国的国情和企业的实际需要而一味地追求技术上的先进。

**4. 经济合理性原则**

经济合理性是指所选择的物流设备应是费用最低、综合效益最好的设备，不仅是一次性购置费用低，更重要的是长期使用的费用低。购置费用与使用费用是一对矛盾的统一体，它们之间通常存在着效益背反关系。例如，有些物流设备一次性购置费用较低，但能耗大、故障率高、维修费用高，因而导致运行成本高。相反，有些物流设备购置费用较高，但性能好、能耗小、维修费用低，因而运行成本较低。因此，在实际工作中，应将生产上适用、技术上先进和经济上合理三者结合起来，全面考察物流设备的价格和运行费用，选择寿命周期费用低的物流设备。

**5. 可靠性和安全性原则**

可靠性指物流设备在规定的使用时间和条件下，完成规定功能的能力。它是物流设备的一项基本性能指标，是物流设备功能在时间上的稳定性和保持性。如果物流设备可靠性不高，无法保持稳定的物流作业能力，也就失去了其基本功能。物流设备的可靠性与物流设备的经济性是密切相关的。从经济上看，物流设备的可靠性高，就可以减少或避免因发生故障而造成的停机损失与维修费用支出。但是可靠性并非越高越好。因为提高物流设备的可靠性需要在物流设备开发制造中投入更多的资金，而这会使物流设备的原始费用上升。因此，不能片面追求可靠性，而应全面权衡提高可靠性所需的费用开支与物流设备不可靠造成的费用损失，从而确定最佳的可靠性。

> **想一想**
>
> 当企业资金不足时，为了买到满足使用要求的物流设备，可以牺牲一点安全性，使用时多注意就好，这样可以吗？

安全性指物流设备在使用过程中保证人身和货物安全，以及环境免遭危害的能力。它主要包括设备的自动控制性能、自动保护性能，以及对错误操作的防护和警示装置等。

随着物流作业现代化水平的提高，可靠性和安全性日益成为衡量设备好坏的重要因素。在配置与选择物流设备时，应充分考虑物流设备的可靠性和安全性，以提高物流设备的利用率，防止人身事故发生，保证物流作业顺利进行。

**6. 一机多用原则**

一机多用指物流设备具有多种功能，能完成多种作业的能力。用途单一的物流设备，使用起来既不方便，也不利于管理。因此，应发展一机多用的物流设备。配置和选择一机多用的物流设备，可以实现一机同时适应多种作业环境的连续作业，有利于减少作业环节、提高作业效率，并减少物流设备台数，便于物流设备管理，从而充分发挥物流设备潜能，确保以最低投入获得最大的效益。如叉车具有装卸和托运两种功能，正是这点使其得到极为广泛的应用。再如多用途门座起重机，可实现集装吊具、吊钩、抓斗等多种取物装置的作业，用途广泛，适用于装卸集装箱货物、杂货、散装货物等。在配置与选择物流设备时，要尽量优先考虑一机多用的物流设备。

此外，配置、选择物流设备还要考虑环保性原则，要使物流设备噪声小、污染小，具有较好的环保性。

---

学有所思：

_____

_____

---

## 六、物流设备配置、选择的步骤和方法

**1. 物流设备配置、选择的前期准备工作**

（1）了解设备规划的要求。设备规划是企业根据生产经营发展总体规划和本企业设备结构的现状而制定的，用于提高企业设备结构合理化程度和机械化作业水平的指导性计划。科学的设备规划能降低购置设备的盲目性，使企业的有限投资足以保证重点需要，从而提高投资效益。

设备规划主要包括设备更新规划、设备技术改造规划、新增设备规划。

视频

物流设备配置、选择的步骤和方法

设备规划的编制依据主要有企业生产经营发展的要求，现有设备的技术状况，国家有关安全、环境保护、节能等方面的政策法规要求，国内外新型设备的发展信息，可筹集的用于设备投资的资金。

在配置、选择物流设备之前，要根据设备规划，确定所需更新的物流设备。

（2）收集有关资料，并进行详细分析、比较。

① 经济资料。货物的种类及特性、货运量、作业能力、货物流向等是最主要的经济资料，它们直接影响着物流设备的配置与选择。因此，企业必须广泛地搜集这些资料。在搜集有关经济资料时，不仅要掌握目前和近期的情况，还要摸清发展远景或变化趋势。对调查所得的资料应进行整理、审查、核实、分析、研究，并做出有关的统计分析表。

② 技术资料。它包括物流设备技术性能现状及发展趋势，主要生产厂家技术水平的状况，使用单位对设备的技术评价等。这些资料可用于从整体上把握物流设备技术状况。

③ 自然条件资料。它主要包括货场仓库条件、地基的承受能力、地基基础、作业空间等资料。

**2. 拟定物流设备配置的初步方案**

对于同一类货物、同一作业线、同一个物流作业过程，可以选用不同的物流设备。因而在拟定初步方案时，可提出多个具有不同优缺点的配置方案。然后，按照配置原则和作业要求确定物流设备的主要性能，分析各个初步方案的优缺点，并进行初步选择，去劣存优，最后保留2～3个较为可行的、各具优缺点的初步方案，并估算出它们的投资，计算出物流设备的生产率或作业能力，以及初步的需要数量。

**3. 流设备配置方案的技术经济评价与方案确定**

为了比较各种配置方案，以便选择一个最有利的方案，必须进行技术经济评价。当然，在确定配置方案时，如果具体方案中出现不可比因素，就需要将不可比因素做一些换算，尽量使不同方案有可比性。

**4. 物流设备选择步骤**

物流设备配置方案确定后，接下来就是全面衡量各项技术经济指标，选择合适的机型。选择的步骤如下所示。

小测验

（1）预选。预选应在广泛收集物流设备市场货源情报的基础上进行。货源情报来源主要包括产品样本、产品购销指南、产品目录、广告、展销会、专业网站及销售人员收集到的情报等，应对其进行分类汇编，从中筛选出可供选择的机型和厂家。

（2）细选。细选是对预选出来的机型和厂家进行调查、联系和询问，详细了解物流设备的各项技术性能参数、质量指标、作业能力和效率，生产厂商的服务质量和信誉，使用单位对其设备的反映和评价，货源及供货时间、订货渠道、价格、随机件及售后服务等情况。将调查结果填写在"设备货源调查表"上，并经分析、比较，从中选择符合要求的两三个厂家作为联系目标。

（3）选定。选定是对选出的厂家进行联系，必要时，派专人做专题调查和深入了解，针对有关问题，如机械性能情况、价格及优惠条件，交货期及售后服务情况，附件、图纸资料、配件的供应等，同厂家进行协商谈判，并做出详细记录。然后由企业有关部门进行可行性论证，选出最优的机型和厂家作为第一方案，同时准备第二、第三方案以应对订货情况变化的需要，经主管领导及部门批准后定案。

## 【素养园地】

### 李稻葵：中国物流发展水平全球领先

清华大学中国经济思想与实践研究院院长李稻葵表示，中国的物流业在世界是领先的，我们的物流业已经到了"研究生"的水平，而美国相当于"大学生"的水平。这具体表现在速度快、网点多、微循环多，有类似于丰巢的存放点，更加灵活。

在to B一端，李稻葵分析，美国、德国、日本在生产上有准时制生产等很好的经验，不堆库存，并且有一批经理专门研究谁采购、谁生产零部件，怎么采购、以什么价格采购、以什么质量采购、按什么时间采购每一个重要的零部件，还要有两三个企业相互备份，做到"东方不亮西方亮"，这种供货体系也正是宝马等公司的核心竞争力之一。我们的创新是把这套体系延伸到消费者这一端，例如京东通过消费者的购买行为，预测、布局周边的仓库备货，再通过背后的量来指挥生产。

"十四五"规划建议对提升产业链、供应链现代化水平，构建现代物流体系，健全现代流通体系，加快数字化发展，畅通国内大循环提出要求。李稻葵认为，数字化、智能化供应链能更加精准地计算供应链应该布局在哪里、供应链怎么相互补充。

 【测验与答疑】

— 线上测验

— 线上问答

 【自我测评】

在表9-1中的□中打"√"（A表示未理解，B表示基本理解，C表示完全理解）。

表9-1　自我测评表

| 项目 | 任务体系 | 评价指标 | 自我测评 |
|---|---|---|---|
| 项目九 | 任务一 | 1. 物流系统的概念 | □A □B □C |
| | | 2. 物流系统的要素 | □A □B □C |
| | | 3. 物流设备在物流系统中的地位与作用 | □A □B □C |
| | | 4. 物流设备的分类 | □A □B □C |
| | 任务二 | 1. 现代物流设备管理的概念 | □A □B □C |
| | | 2. 现代物流设备管理的特点 | □A □B □C |
| | | 3. 现代物流设备管理的任务 | □A □B □C |
| | | 4. 现代物流设备管理的内容 | □A □B □C |
| | | 5. 物流设备配置、选择的原则 | □A □B □C |
| | | 6. 物流设备配置、选择的步骤和方法 | □A □B □C |

## 项目十

# 物流设备的维护保养

　　物流设备的正确使用与精心维护是物流设备后期管理的重要环节。物流设备使用期限的长短、生产效率的高低，固然取决于设备本身的结构、性能，但在很大程度上也取决于它的使用和维护情况。正确使用设备可以让其保持良好的技术状态，防止发生非正常磨损和突发性故障，延长其使用寿命，提高其使用效率；而精心维护设备则对设备起着"保健"作用，可改善其技术状态，延缓其劣化进程。因此，企业必须明确生产部门与使用人员对设备使用、维护的责任与工作内容，建立必要的规章制度，以确保设备使用、维护各项措施的贯彻执行。

 【学习目标】

### ●知识目标

1. 掌握物流设备正确使用的内容及应该采取的措施；
2. 熟悉物流设备维护、保养的方法与具体内容；
3. 熟悉物流设备的三级保养制度。

### ●能力目标

1. 能够正确选用物流设备；
2. 能够维护与保养物流设备。

### ●德育目标

1. 培养团队协作精神；
2. 培养认真负责的工作态度；
3. 具有良好的道德品质和健康的心理素质；
4. 培养安全生产的意识。

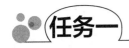 **任务一** 正确使用物流设备

 【课前讨论】

仓储中心在进行各项作业时会用到不同的设备，例如托盘搬运车、叉车、手持终端、拣选台车、智能拣选台车等，请分别说出每种物流设备在实际使用过程中的正确使用要求。

实施建议：

1. 可根据班级具体情况，分小组或个人在智慧树平台进行讨论、分析；
2. 课堂展示讨论结果，小组互评或教师点评；
3. 教师依据课前讨论情况反映的预习效果，调整授课重点。

 【任务描述】

正确使用物流设备不仅能够大大提高作业效率，还能降低操作过程中的风险，延长设备使用寿命。通过完成正确使用物流设备这个学习任务，学习者应该明确正确使用物流设备的方法；掌握物流设备在使用和管理过程中的注意事项；能够负责设备的日常管理工作，制定有关物流设备的技术操作规程，并严格遵守，确保物流设备的完好无损。

 【知识学习】

### 一、物流设备的正确使用

物流设备的正确使用，包括技术合理和经济合理两方面内容。

技术合理就是按有关技术文件上规定的物流设备性能、使用说明、操作规程、安全规则、维护和保养规程，以及不同的工作状况、工作环境、自然条件下的使用要求，正确操作物流设备。

经济合理就是在物流设备性能允许的范围内，充分发挥物流设备的效能，以高效、低耗获得较高的经济效益。

视频

什么是物流设备的正确使用

为了保证物流设备正确使用，应采取以下措施。

（1）严格按规程操作设备。设备操作规程规定了设备的正确使用方法和注意事项，以及对异常情况应采取的行动和报告制度。

（2）实行使用设备的各级技术经济责任制。操作者应按规程操作，按规定交接班，按规定进行维护保养。班组、车间、生产调度部门和企业领导都应对设备正确使用承担责任，不允许安排不符合设备规范和操作规程的工作。

（3）严格使用程序管理。对重要设备采取定人定机、教育培训、操作考试和持证上岗、交接班制度，以及严肃处理设备事故等措施。

（4）实行设备维护的奖励办法，把提高使用者的积极性同物质奖励结合起来。

### 二、物流设备的管理制度

（1）加强对物流设备的管理，提高完好率、利用率，充分发挥设备效能，保证设备安全、经济运行。

（2）坚持"安全第一、预防为主"的方针，建立健全物流设备安全生产制度。经常进行安全生产教育、检查，采取有效措施，确保安全生产。

**想一想**

一套先进、合理的物流设备管理制度对物流设备有哪些好处？

（3）对物流设备进行定期保养，做到不拖保、不失保、不带病运行，保持设备技术状况良好。

（4）物流设备操作人员必须熟练掌握设备的构造原理和性能，做到用好、管好、保养好，会使用、会检查、会保养、会维修。

（5）物流设备停驶、停用时，要做好清洁、润滑、密封和防水工作，防止其锈蚀、丢失而造成损失。

（6）建立健全各种物流设备的台账和技术档案。

（7）正确及时地填写各种物流设备的管理报表。

## 三、常用物流设备的安全操作规程

### 1. 叉车安全技术操作规程

（1）行车前检查。

① 按规定项目、标准检查车辆各部分技术状况，使之处于完好状态。

② 行车前应检查车辆行驶证、驾驶证等行车所需的各种证件，严禁缺证、少证、无证驾车。

（2）行驶。

视频

叉车安全技术
操作规程

① 厂内叉车司机在行驶时必须严格遵守《厂内交通安全管理标准》和《安全生产守则》。

② 起步前应观察车辆四周情况，确认安全后鸣笛起步。气压制动的车辆，制动气压表读数达到规定值后方可起步。

③ 厂内叉车行驶时，货叉底端距地高度应保持300～400mm，门架应后倾。

④ 叉车在运行时，不准任何人上下车，货叉上严禁站人。

⑤ 厂内叉车行驶时，不得将货叉升得过高。进出作业现场或行驶途中，要注意上空有无障碍物。禁止急刹车和急转弯。

⑥ 厂内叉车工作时，货叉起落必须平稳，如有必要须用绳子、锁链等加固货叉。必须严格按本车载荷曲线图所规定的数值叉运货物，严禁超载。

⑦ 厂内叉车载物行驶在超过7°的坡道和用高于1挡的速度上下坡时，非特殊情况不得使用脚制动器。

⑧ 厂内叉车停车后禁止将货物悬于空中，卸货后应先降低货叉再行驶。

⑨ 厂内叉车叉载物品时，货物质量应平均分担在两货叉上，货物不得偏斜，货物的一面应贴靠挡货架。小件货物应放入集物箱（板）内，防止掉落。叉车所载货物不得遮挡驾驶员视线。

⑩ 在货物装卸过程中，必须用制动器制动叉车。如果用吊车装卸货物，叉车司机必须离开驾驶室。

⑪ 货叉在接近或远离货物时，应缓慢平稳移动，注意车轮不要碾压货物、垫木（货盘），叉头不要刮碰货物扶持人员。

⑫ 在厂区和施工现场，时速不得超过10km/h；出入厂门、车间、库房和施工现场时，时速不得超过3km/h。行驶时要注意观察，防止伤人。

⑬ 厂内叉车货叉升降时，门架应与地面垂直，不得使门架前倾。

⑭ 厂内叉车起重升降或行驶时，禁止任何人员站在货叉上把持物件或起平衡作用。叉车叉物升降时，货物附近禁止有人。

⑮ 严禁用货叉等属具举升人员从事高处作业，禁止单叉作业或用货叉顶物、拉物，禁止用制动惯性溜放圆形或易滚物品，禁止用货叉挑翻货盘卸货，禁止高速叉取货物。

⑯ 禁止在码头岸边直接叉装船上的货物，禁止在火车车厢边缘直接叉装货物。

⑰ 叉车中途停止发动机怠速运转时，应使门架后倾。当发动机熄火停车时，应将起重滑架落

下，使货叉水平置于地面上。

⑱ 在厂内、车间内和施工现场停放叉车时，司机不得离车；如需暂时离开，必须把钥匙拔下、电闸拉下。

（3）收车后保养。

① 检修叉车时，应将变速杆置于空挡，采取制动、掩轮及支顶担重滑架等防护措施。

② 应清洁叉车及起重滑架，紧固螺丝，检查并补充燃油、润滑油等。

③ 采用蓄电池的叉车除应遵守上述有关安全技术操作规程外，还应遵守其自身有关安全技术操作规程。

**2. 机械化输送设备通用操作规程**

（1）操作者必须经过考试，持有本设备的设备操作证方可操作本设备。

（2）工作前应认真做到以下内容。

① 仔细阅读交接班记录，了解上一班设备情况。

② 沿设备全长检查，处理以下6个事项。

• 检查设备上及设备两侧，如有妨碍设备运行的障碍物，须将其清除。

> **想一想**
>
> 小明上完夜班后感觉太累了，和白班人员打好招呼，下班时临时将电动叉车停放在工作区域，可以吗？

• 检查走轮、导向轮、支承滚子、链节等，各部件须齐全，不得有严重磨损、掉轨、卡死现象。

• 检查轨道、链节、链板、护板、刮板、料斗等是否齐全，不得有妨碍正常运行的变形、剥落及松脱现象。

• 检查传动装置，拉紧装置应坚固牢靠，传动三角带或无级变速须齐全，松紧度须符合要求。

• 安全防护装置须齐全完好，事故开关必须合闸，电器接地良好。

• 减速器及其他储油部位的油量须充足，按设备润滑图表规定加油。

③ 停机一个班以上的设备须"点动"作空运转试车，确认设备运转正常后，方可工作运行。

（3）工作中应认真做到以下几点。

① 操作者不得擅离工作岗位，要专心操作，不做与工作无关的事。

② 纳入联动的设备须按照工艺流程的开车、停车顺序进行。开车或停车前须先鸣警铃或与上、下工序取得联系。

③ 先启动设备后下料，严禁在设备停止时下料。运送的工件、铸件、材料应符合工艺规定，不得超重、超宽运载。

④ 设备运行速度须符合工艺规定，不得擅自提高设备运行速度。

⑤ 非必要时不得使用事故开关急停设备，必须急停时要及时与上、下工序联系。

⑥ 保险销切断后必须查明原因才能更换新销。新的保险销必须是标准的，严禁随便以螺栓、铁棒代替。

⑦ 密切注意设备运行情况，发现有润滑不良、零件松动、跑偏、爬行、减速、卡死、震动、轮子不转或脱落、掉轨、锁板丢失、护板卡坏、卡持器卡爪不灵、链环堆积、噪声、电气失灵或混乱等异常现象须立即停机检查，排除故障后方可继续工作。

⑧ 设备发生事故后，须停机切断电源，保持事故现场，报告有关部门分析处理。

（4）工作后应认真做到以下几点。

① 停止设备运行，切断电源。

② 清扫设备及清理工作现场。

③ 认真将班中发现的设备问题填到交接班记录本上，做好交班工作。

> 小测验
>
>

学有所思：

_____

_____

 **任务二 物流设备维护保养**

 **【课前讨论】**

你所在实训室的机房计算机需要进行定期维护、保养吗？你了解如何开展计算机的维护保养吗？物流设备又如何开展维护保养才能保证正常运转呢？

实施建议：

1. 可根据班级具体情况，分小组或个人在智慧树平台进行讨论、分析；
2. 课堂展示讨论结果，小组互评或教师点评；
3. 教师依据课前讨论情况反映的预习效果，调整授课重点。

 **【任务描述】**

物流设备的维护保养是物流设备高性能使用的根本。合理的维护保养可以保证物流活动安全、高效地实施。通过完成物流设备维护保养的学习任务，学习者应能够明确物流设备维护保养的重要性；熟悉设备维护保养的具体内容；能够制订相应的保养计划，对物流设备进行巡回检查，组织维护、保养工作，确保设备完好。

**【知识学习】**

### 一、物流设备维护保养

设备维护保养是指通过擦拭、清扫、润滑、紧固、调整、防腐、检查等一系列方法对设备进行护理，以维持和保护设备的性能和技术状况。

要使物流设备经常处于完好的状态，除正确使用设备外，还要做好设备的维护保养工作。维护保养工作做得好，可以减少停机损失、降低维修费用、提高生产效率、延长设备的使用寿命，从而给企业带来良好的经济效益。

虽然不同物流设备的结构、性能和使用方法不同，设备维护保养工作的具体内容也不完全一致，但设备维护保养的基本工作内容是一致的，即清洁、安全、润滑、防腐、调整。

物流设备维护保养一般包括日常维护、定期维护、定期检查。定期检查又称为定期点检。

> 视频
> 什么是物流设备维护保养

### 二、物流设备的三级保养制度

三级保养制度是以操作者为主，对设备进行以保为主、保修并重的强制性维修制度。物流设备的三级保养制度包括日常维护、一级保养和二级保养。

**1. 日常维护**

物流设备的日常维护是全部维护工作的基础。它的特点是经常化、制度化。一般日常维护包括班前、班后和运行中的保养。

> 视频
> 物流设备的三级保养制度

日常维护一般由操作工人负责进行，要严格按操作规程操作，集中精力工作，注意观察设备运转情况和仪器、仪表，通过声音、气味发现异常情况，如有故障应停机检查并及时排除，并做好故障排除记录。

日常维护的内容大部分在设备的外部进行。其具体内容包括做好清洁卫生；检查设备的润滑情况，定时、定点加油；紧固易松动的螺丝和零部件；检查设备是否有漏油、漏气、漏电情况；检查各防护、保险装置及操纵机构、变速机构是否灵敏可靠，零部件是否完整。

### 2. 一级保养

小测验

一级保养是为了减少设备磨损、消除隐患、延长设备使用寿命，使设备处于正常技术状态而进行的定期维护。

一级保养一般以操作工人为主、维修工人为辅来完成，一般在每月或设备运行500～700h后进行。每次保养之后要填写保养记录卡，谁保养，谁记录，并将其装入设备档案。

一级保养的具体内容包括对部分零部件进行拆卸清洗；对部分配合间隙进行调整；除去设备表面斑迹和油污；检查、调整润滑油路，保持其通畅不漏；清洗附件和冷却装置等。

### 3. 二级保养

二级保养是为了使设备达到完好标准，提高设备完好率，延长大修期而进行的定期保养。

二级保养一般以维修工人为主、操作工人为辅来完成。保养时间一般按一班制考虑，一年进行一次，或设备累计运转2500h后进行。保养后要填写保养记录卡，由操作者验收，验收后交设备科存档。

二级保养的具体内容包括对设备进行部分解体检查和修理，更换或修复磨损件，清洗、换油和检查、修理电气部分，使设备的技术状况全面达到完好标准。

学有所思：
_____
_____
_____

 【素养园地】

#### 最美不过货运人，在劳动中奉献青春

南京禄口机场货运站是江苏最大的航空货物集散中心，每天有几十万件货物在这里交运，每年有30万t货邮吞吐量在机场进出港。航空货运站作为枢纽有各种保障车辆80余台，平板车800多台，肩负着内场货运站区和机坪间货物转运的使命，车辆平时的维护、保养、维修成了保障内场货物安全运输的重中之重。

2003年，姜桂林从机场运输部调到机场货运站车辆设备科修理所工作。为了确保车辆的安全运行，在12年的时间里，他不断翻阅各种车辆维修保养资料，做到对保障车辆性能的知识了如指掌。每逢上班，他总是背着工具包在货机坪、货物分拣区和货物集装区转悠，仔细巡查各种车辆的运行状态，只要发现问题就及时排查。

2013年夏天的一个下午，正在值班的姜师傅发现正在运行的同批购置的车辆中有4台腾达牵引车发动机异常。他翻看了报修记录和相关资料，经过仔细观察，终于找出了症结，这是车辆设计上的一个缺陷。发动机进气口朝下，容易将沙粒等杂物卷入，导致发动机受损。如果不及时修理，将会造成安全隐患，时间长了还会导致安全事故。要解决这一问题，必须在短时间内对进气口做个"弯曲向上"的小改动。当时骄阳似火，货机坪温度高达60℃，姜师傅和他的同事们在货机坪奋战了

4h，终于将故障牵引车的隐患排除了，仅此一项就节省了近3万元的维修成本。

姜师傅像熟悉自己的孩子一样，熟悉每一台车辆的性能和特点。只要同事、领导问起，他便能一口报出购置时间、使用年限、保养时间和维修次数等，同事们都称他是"货运车辆维修保养业务一口清"。

姜师傅说："在平凡的工作中实现劳动的价值，使保障车辆处于良好的工作状态，确保每一台保障车辆不带安全隐患、故障运行，是我的工作，我的责任。如果我能用300%的努力换来机场货运100%的安全，苦点、累点也值得。"

 【测验与答疑】

线上测验

线上问答

【自我测评】

在表10-1的□中打"√"（A表示未理解，B表示基本理解，C表示完全理解）。

表10-1 自我测评表

| 项目 | 任务体系 | 评价指标 | 自我测评 |
|---|---|---|---|
| 项目十 | 任务一 | 1. 物流设备的正确使用 | □A □B □C |
| | | 2. 物流设备管理制度 | □A □B □C |
| | | 3. 常用物流设备的安全操作规程 | □A □B □C |
| | 任务二 | 1. 物流设备维护保养 | □A □B □C |
| | | 2. 物流设备的三级保养制度 | □A □B □C |

# 项目十一

# 物流设备的检查维修

现代化生产企业中，生产设备的自动化程度不断提高，设备投资占企业固定资产投资的60%~70%，备品备件维修材料占用流动资金为企业全部流动资金的40%。因此，改善设备技术状态，提高设备利用率，减少设备资金占用额，降低维修费用，对完成企业的生产经营目标和提高经济效益有着重大意义。因此，物流企业必须普遍重视物流设备的检查维修作业。

 【学习目标】

## 知识目标

1. 了解设备点检的概念、类别及主要工作内容；
2. 了解物流设备的维修方式和类别。

## 能力目标

1. 能够初步确定点检的部位；
2. 能够制订点检计划；
3. 能够编制点检表等。

## 德育目标

1. 培养认真负责的工作态度；
2. 做到自觉遵纪守法；
3. 培养干净整洁的生活习惯；
4. 培养安全生产的意识。

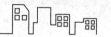
## 任务一　物流设备的检查

### 【课前讨论】

秋收时节，某食品加工公司（甲方）与果农（乙方）约定上门收货，由甲方提供运输车辆，乙方提供装卸搬运设备，请分别为甲方和乙方设计检查内容及对检查人员的要求。

实施建议：

1. 可根据班级具体情况，分小组或个人在智慧树平台进行讨论、分析；
2. 课堂展示讨论结果，小组互评或教师点评；
3. 教师依据课前讨论情况反映的预习效果，调整授课重点。

### 【任务描述】

物流设备的检查是物流活动的一项重要内容，而合理地安排点检工作是物流设备检查的一项重要工作内容。通过完成物流设备的检查学习任务，学习者应能够对简单的物流设备进行点检工作；对于较为复杂的物流设备，应能够知道点检工作的具体工作内容。

### 【知识学习】

#### 一、设备点检的概念

设备点检是一种科学的管理方法，其主要任务就是通过一套科学的管理方法来克服人的惰性，避免低级错误所导致的恶性事故，并为企业整体设备管理打下基础。

点检又称预防性检查。点检的"点"是指设备的关键部位或薄弱环节。点检是利用人的五感（视、听、嗅、味、触）和简单的工具仪器，按照预先设定的方法、标准，定点、定周期地对指定部位进行检查，找出设备的隐患和潜在缺陷，掌握故障的初期信息，及时采取对策将故障消灭于萌芽状态的一种设备检查方法。点检的目的，就是防患于未然，保持设备性能的高度稳定，延长设备使用寿命，提高设备工作效率。

点检制全称为设备点检管理制度，是设备管理工作中的一项基本责任制度，是指通过点检人员对设备进行点检准确掌握设备技术状况，实行有效的维修计划，从而维持和改善设备工作性能，预防事故发生，延长机件寿命，减少停机时间，提高设备工作效率，保障正常生产，降低维修费用。所谓点检制，就是以点检为核心的设备维修管理体制。在该体制下，点检、运行、维修三方按照分工协议共同对设备的正常使用负责，但在点检、运行、维修三者之间，点检制明确点检员处于核心地位，是设备维修的责任者、组织者和管理者，具有设备点检和设备管理职能。点检员对辖区内的设备负有全部责任。

点检制包括操作者日常点检、专业点检员的定期点检和专业技术人员的专项点检，三者对同一台设备进行维护、诊断、修理。

设备点检是一种科学的管理方法，设备管理的基础源于点检，点检是预防维修的基础，是现代化管理体制的核心。

#### 二、设备点检的类别

（1）设备点检按目的分为倾向点检（包括劣化倾向、突发故障、更换周期）和劣化点检（包括劣化程度、性能降低和修理判断）。

（2）设备点检按是否解体分为解体点检和非解体点检。

（3）设备点检按周期和业务范围分为日常点检、定期点检和专项点检。日常点检主要由操作工人完成，定期点检和专项点检由专职点检员完成。三者在维护保养和点检内容上的分工应按照事先制定的协议执行，以消除盲区。

① 日常点检。日常点检是操作工人和专业维修人员每日进行的例行维护作业，主要是利用感官、简单的工具或装在设备上的仪表和信号标志检查设备状态，目的是及时发现设备异常，保证设备正常运转。

② 定期点检。定期点检以专业维修人员为主、操作工人为辅，定期对设备进行检查，记录设备异常、损坏及磨损情况，确定修理部位、需更换零件、修理类别和时间，以便安排修理计划。定期点检主要是测定设备的劣化程度、性能状况及缺陷和隐患，确定修理的方案和时间。定期点检主要凭借感官进行，但也使用一定的检查工具和仪器。

③ 专项点检。专项点检一般指由专业维修人员（含工程技术人员）针对某些特定的项目进行的定期或不定期的检查测定，目的是了解设备的技术性能和专业性能，通常需使用专用工具和仪器。

## 三、设备点检的内容

### 1. 传统设备检查的形式

① 事后检查：设备突发故障后，为恢复设备性能及确定修复方案所采取的对应性检查，无固定的检查周期、检查内容、检修人员。

② 巡回检查：按照预先设定部位的主要内容进行的设备检查，用于保证设备正常运转，消除运行中的缺陷和隐患。

③ 计划检查：有预先设定的检查周期和项目，广泛应用于设备检修，一般由技术人员提出计划、检修人员实施，包括事前检查和部件的解体检查。

④ 特殊检查：对于有特殊要求的设备进行的检查，如设备精度的定期检查、液压油的品质检查等。

⑤ 法定检查：国家法规规定的检查。

### 2. 点检与传统设备检查的区别

点检是一种管理方法，而传统设备检查只是一种检查方法。点检具体包括以下内容。

① 定人：点检作业的核心是事先划分点检作业区，并且确定专职点检员对点检作业区内的设备进行点检，即定区定人定设备，同时保持人员的相对固定。一般在一个点检作业区安排2～4人，实行长白班工作制。专职点检员纳入岗位编制，对于人员的素质要求既不同于检修人员也不同于设备技术人员，具体要求包括：具备一定的设备管理知识，有实践经验，会使用简易诊断仪器；有必要的办公条件和交通工具；点检作业和管理、协调业务相结合；具有一定的维修、组织协调和管理技能。

> **想一想**
> 物流设备点检员如果在点检过程中只是走个过场，会造成什么后果？

② 定点：明确点检部位。

③ 定量：在点检中把设备故障诊断和倾向性管理结合起来，将能够量化的设备运行数据进行劣化倾向的定量化管理，为设备预防维修提供依据。

④ 定周期：对于点检部位预先设定点检周期，在点检员经验积累的基础上不断修改、完善、补充，以寻求最佳点检项目及点检周期。

⑤ 定标准：明确衡量和判断点检部位是否正常的依据。

⑥ 定点检计划表：按照点检部位和点检周期编制点检计划表，并将其作为指导点检员日常点检工作的依据。

⑦ 定记录：点检信息记录有固定的格式，为点检业务的信息传递提供原始数据。

⑧ 定点检业务流程：点检作业和点检结果的处理对策称为点检业务流程，它明确规定点检结果的处理程序。急需处理的故障隐患由点检员通知检修人员进场立即处理，不需紧急处理的隐患做好记录并纳入计划检修，并在定期修理中加以解决。它简化了设备维修管理的程序，做到了应急反应快，计划项目落实早。

**3. 点检的环节**

① 定点：科学地确定设备维护点的数量，一般包括6个部位，分别是滑动部位、转动部位、传动部位、与原材料接触部位、负荷支撑部位、易腐蚀部位，有计划地对每个维护点进行点检可以及时发现故障。

② 定标：针对每个维护点制定点检标准，尽可能采用量化标准，如间隙、温度、压力、流量等。

③ 定期：确定检查周期，即多长时间检查一次。

④ 定项：明确维护点的检查项目。

⑤ 定人：明确由谁来进行检查。

⑥ 定法：明确检查方法，如人工观察还是用工具测量。

⑦ 检查：指检查环境，明确点检时是否停机检查，是否解体检查。

⑧ 记录：按照规定格式详细记录，包括检查数据、判定印象处理意见、签名及检查时间。

⑨ 处理：分为及时处理或调整和延期处理。

⑩ 分析：定期对检查记录、处理记录进行系统分析，针对故障率高的维护点提出处理意见。

⑪ 改进：根据分析结果及处理意见修订点检标准。

⑫ 评价：根据设备管理指标的变化趋势判定点检绩效。

**4. 点检的要求**

点检在负责检查设备的同时还承担了设备管理职能，其工作结果直接影响了设备的运行质量，因此有必要对点检工作提出明确的要求。

① 要定点记录：重要性在于积累数据和发现规律性的、系统性的故障。

② 要定标处理：对维护点要按照标准进行维护，达不到标准的维护点要标注明显记号并加以重点关注。

③ 要定期分析：点检记录要逐月分析，重点设备每一个定期修理周期分析一次；每季对检查和处理结果进行汇总、整理以备查；每年要系统地总结、分析，依次找出规律性、系统性故障，分析其原因并提出技术改造计划；根据维护点年发生故障频率修订点检周期，以提高工作效率。

④ 要定项设计：系统性因素导致的故障不是简单修理就能够避免的，需要通过技术改造予以排除，应推出课题集思广益，发动全体职工积极参与。

⑤ 要定人改进：从课题推出直至评价和再改进的全过程都要有专人负责，保证工作的连续性和系统性。

⑥ 要系统总结：系统地总结上一阶段的点检工作，找出经验和不足以方便下一阶段工作的展开。

— 小测验 —

## 任务二　物流设备的维修

### 【课前讨论】

为响应国家乡村振兴战略规划，供应商A采购了大批农产品，包括葡萄、猕猴桃、苹果等3种货物，现需根据货物特性及包装单位选择合适的集装箱运输。为保障贸易正常开展，应该开展什么维修？请说明理由。

实施建议：

1. 可根据班级具体情况，分小组或个人在智慧树平台进行讨论、分析；

2. 课堂展示讨论结果，小组互评或教师点评；

3. 教师依据课前讨论情况反映的预习效果，调整授课重点。

## 【任务描述】

物流设备的维修是物流中心的重要作业。好的维修方式，能起到延长物流设备使用寿命的作用。通过完成物流设备的维修学习任务，学习者应了解物流设备维修的意义、修理的方式和设备预防维修的具体内容。

## 【知识学习】

### 一、物流设备的维修方式

物流设备的维修是针对那些由于技术状态劣化而发生故障的设备，通过更换或修复磨损失效零件，对整机或局部进行拆装、调整的技术活动。其目的是恢复设备的功能，保持设备的完好。物流设备的修理方式如下。

**1. 事后修理**

物流设备发生故障甚至不能使用后，再对其进行修理的方式称为事后修理，也称为故障修理。事后修理一般适用于利用率较低、能及时提供备件的中小型物流设备，如中小型起重机等。

**2. 预防修理**

根据物流设备的工作环境、零部件及控制系统的工作状况，利用监测信息，事先编制修理计划和修理项目相应的工艺方案及程序，开展对物流设备的修理作业的方式称为预防修理。预防修理主要有以下两种。

① 定期修理。它是在规定时间的基础上执行的预防维修活动，具有周期性特点。这种维修方式适用于连续或多班作业场合，使用频繁、平时难以停机修理的物流设备。

② 状态监测修理。这是一种以设备技术状态为基础，按实际需要进行修理的预防维修方式。它是在状态监测和技术诊断基础上，掌握设备劣化发展情况，在高度预知的情况下，适时安排的预防修理。这种修理方式常适用于大中型物流设备，如门座起重机、岸边集装箱装卸桥等。

**3. 改善修理**

根据故障记录和状态监测的结果，在修复故障部位的同时对设备性能或局部结构加以改进，根除故障根源的修理方式，称作改善修理。改善修理适用于某些物流设备的原设计不合理的情况，目的是提高和改善局部结构或系统的可靠性和维修性。

以上修理方式各有其优缺点，企业可根据自己的物流作业特点、各类物流设备的特点、故障大小、修理费用、停机损失、资金、修理效果等择优选用。

### 二、物流设备的预防修理类别

物流设备的预防维修分为大修、项修、小修等。

**1. 大修**

大修是工作量较大的全面修理。大修时，要将物流设备全部拆解，修复基准件和不合格零件、更换部分磨损零件、修理电气系统及整修外形等，以恢复设备原有性能，延长设备寿命。

小测验

**2. 项修**

项修是指对物流设备中性能已经劣化的结构进行针对性的局部修理，一般只需对局部进行拆卸、检查，更换或修复失效的零件，通过局部性调整恢复设备的技术性能。

**3. 小修**

小修是工作量最小的一种预防修理，是维持性修理，不对物流设备进行较全面的检查、清洗和调整，只结合掌握的技术状态信息对设备进行局部拆卸、更换和修复部分失效零件，以保证设备的工作能力正常。

 **【素养园地】**

### 平凡的岗位，伟大的事业

中国铁路物资成都有限公司在重庆中梁山有个仓库，仓库有个维修班。每天，火车专用线送进来几十个车皮的钢材，再由100多辆卡车把这些物资运出去。各种起重设备随着货物的进进出出而忙碌。仓库维修班的职责，就是保障这些设备正常运转。

维修班多年的维修经验凝结成"维护保养为主，计划检修为辅，技术革新不断"的维修宗旨。为落实这个维修宗旨，维修班想了不少办法，例如制定设备日常和定期保养计划，加强设备日常巡检力度，对设备经常出现的故障进行及时分析，并同专业生产厂家沟通，了解当前的技术革新状况，找出最佳解决方案。同时，维修班还备好常规易损配件，一旦出问题，马上更换、维修，从而缩短设备故障维修和停机时间。

对即将报废的一些配件，维修班不是一扔了之，而是对它们进行"小改小革"，让这些报废的配件重新焕发生机，在新的"岗位"上发挥作用。有一次，3号库房屋顶漏雨，影响设备和物资安全。维修班本可以请专业防水公司来处理，但为了降本增效，维修班自己动手挑战这个难题。3号库房有几米高，没有楼梯上屋顶，他们便租来吊车，购买防水涂料，自己上屋顶进行维修。经过一天的劳作，屋面漏水的问题得到了基本解决，他们为公司节约了几千元的费用。随着中梁山仓库物流品种的调整，供电情况发生了变化，维修班根据经验提出了"对原有的铁路专用供电予以报停，只保留地方供电"的建议，这个建议实施后每年为公司节约电费支出12余万元。

这就是中梁山仓库维修班的平凡工作。他们像螺丝钉一样，在这台永不停歇的物流设备上，默默地发挥着稳固的作用。

 **【测验与答疑】**

线上测验

线上问答

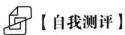【自我测评】

在表11-1的□中打"√"（A表示未理解，B表示基本理解，C表示完全理解）。

表11-1　自我测评表

| 项目 | 任务体系 | 评价指标 | 自我测评 |
|---|---|---|---|
| 项目十一 | 任务一 | 1. 设备点检的概念 | □A □B □C |
| | | 2. 设备点检的类别 | □A □B □C |
| | | 3. 设备点检的内容 | □A □B □C |
| | 任务二 | 1. 物流设备的维修方式 | □A □B □C |
| | | 2. 物流设备的预防修理类别 | □A □B □C |

# 参 考 文 献

[1] 张翠花. 物流设备使用与维护[M]. 北京：机械工业出版社，2017.

[2] 孙颖荪，胡子瑜. 物流设施设备[M]. 北京：高等教育出版社，2022.

[3] 蒋亮. 物流设施设备[M]. 北京：清华大学出版社，2021.

[4] 王猛，魏学将，张庆英. 智慧物流装备与应用[M]. 北京：机械工业出版社，2021.

[5] 齐伟，王恒. 物流设施与设备[M]. 南京：南京大学出版社，2019.

[6] 商磊，庞志康. 物流设备操作与维护[M]. 北京：机械工业出版社，2020.

[7] 徐馥. 物流设施与设备操作实务[M]. 北京：电子工业出版社，2018.

[8] 荆振坤，阳群. 物流智能设备与应用[M]. 广州：广东高等教育出版社，2019.

[9] 何晓光，张玲雅. 物流设备与技术应用实务[M]. 南京：南京大学出版社，2021.

[10] 唐四元，马静. 现代物流技术与装备[M]. 北京：清华大学出版社，2018.

[11] 郑丽. 仓储与配送管理实务[M]. 北京：清华大学出版社，2021.

[12] 王转. 配送中心运作管理[M]. 北京：清华大学出版社，2022.

[13] 徐丽蕊，李静. 仓储与配送管理[M]. 北京：高等教育出版社，2022.

[14] 李静，高贺云. 配送作业组织与实施[M]. 北京：航空工业出版社，2022.